Institut für ausländisches öffentliches Recht und Völkerrecht

Beiträge

zum

ausländischen öffentlichen Recht und Völkerrecht

Herausgegeben in Gemeinschaft mit

Friedrich Glum, Ludwig Kaas, Erich Kaufmann, Rudolf Smend, Heinrich Triepel

von

Viktor Bruns

Heft 12

Berlin und Leipzig 1929

Walter de Gruyter & Co.

vormals G. J. Göschen'sche Verlagshandlung — J. Guttentag, Verlagsbuchhandlung
Georg Reimer — Karl J. Trübner — Veit & Comp.

Der deutsche und der französische Reichswirtschaftsrat

Ein Beitrag zu dem Problem der Repräsentation der Wirtschaft im Staat

von

Dr. Friedrich Glum
Privatdozent an der Universität Berlin
Wissenschaftliches Mitglied des Instituts für ausländisches öffentl. Recht und Völkerrecht

Berlin und Leipzig 1929

Walter de Gruyter & Co.

vormals G. J. Göschen'sche Verlagshandlung — J. Guttentag, Verlagsbuchhandlung
Georg Reimer — Karl J. Trübner — Veit & Comp.

Druck von Walter de Gruyter & Co., Berlin W 10

Vorbemerkung.

Die vorliegende Arbeit erscheint zu Beginn der Parlamentsverhandlungen in Deutschland und Frankreich über die Errichtung endgültiger Volkswirtschaftsräte. Sie wird in einem Anhang zum erstenmal das Material über beide Volkswirtschaftsräte enthalten und damit hoffentlich entsprechend dem Programm, das der Errichtung des Instituts für ausländisches öffentliches Recht und Völkerrecht zugrunde lag, der gesetzgeberischen Arbeit nützen. Der Vergleich beider Volkswirtschaftsräte, die zwei Haupttypen darstellen, wird vielleicht auch über Deutschland und Frankreich hinaus interessieren. Der Verfasser hat die Gelegenheit, beide Typen staatsrechtlich charakterisieren zu müssen, gern benutzt, sich vorläufig über das Problem der Repräsentation der Wirtschaft im Staat zu äußern. Der Verfasser würde es begrüßen, wenn für dieses Problem, hinter dem das größere, der Einordnung der mit öffentlichen Aufgaben befaßten Gemeinschaften in den Staat steht, sich nicht nur die Theoretiker sondern auch im öffentlichen Leben stehende Persönlichkeiten interessieren würden.

Herrn Regierungsrat Dr. Barth vom Reichswirtschaftsministerium und den Herren Dr. Blass und Mandry vom Institut für ausländisches öffentliches Recht und Völkerrecht bin ich für ihre Hilfe zur Beschaffung des Materials, zu Dank verbunden.

Berlin-Dahlem, im November 1928.

Übersicht.

I.

Die Rechtstellung des deutschen Reichswirtschaftsrats und des französichen Conseil National Economique auf Grund ihrer funktionellen Bedeutung für den Staat.

1. Der Deutsche Reichswirtschaftsrat und der französische Conseil national économique, zwei Typen von Volkswirtschaftsräten. Verwandtschaft zwischen dem Conseil national économique und dem Preußischen Volkswirtschaftsrat von 1880.

In Deutschland [1]) und Frankreich [2]) sind den gesetzgebenden Körperschaften Entwürfe zu Gesetzen zugegangen, die die Errichtung, die Organisation und die Zuständigkeit der in beiden Ländern bisher im Verordnungswege geschaffenen vorläufigen Volkswirtschaftsräte dauernd regeln sollen. Als im Jahre 1917 der Ingenieur Wichard v. Möllendorff, der intime Berater Walther Rathenaus bei der Gründung der Kriegsrohstoffabteilung, durch einen Zufall die Akten des preußischen Handelsministeriums über den von Bismarck in seiner Eigenschaft als Handelsminister im Jahre 1880 konzipierten und später für eine Reihe von Jahren auch tatsächlich in Funktion gesetzten Preußischen Volkswirtschaftsrat in die Hand bekam und durch ihr Studium angeregt wurde, diesen ganz vergessenen Organisationsgedanken

---

1) »Entwurf eines Gesetzes über den Reichswirtschaftsrat und eines Gesetzes zur Ausführung des Gesetzes über den Reichswirtschaftsrat« (Reichstagsdrucksache IV. Wahlper. 1928 Nr. 348) vgl. Anhang S. 96 ff.

2) »Projet de Loi portant institution, organisation et fonctionnement d'un conseil national économique« (Documents Parlamentaires Chambre 1927 Annexe No. 5057) vgl. Anhang S. 182.

wieder aufzugreifen [1]), da ahnte er wohl nicht, daß im Verlauf eines Jahrzehnts nicht nur fast alle großen und kleinen Staaten dem deutschen Vorbild folgen und zur Errichtung staatlicher Volkswirtschaftsräte schreiten würden [2]), sondern auch auf einer Tagung des Völkerbundes von Jouhaux und Loucheur die Einsetzung eines permanenten Wirtschaftsrats beim Völker-

---

[1]) Über einen engeren Freundeskreis hinaus sind diese Pläne zum erstenmal durch einen Zeitungsartikel in der Vossischen Zeitung Nr. 470 vom 14. 9. 1918, »Deutscher Reichswirtschaftsrat«, bekannt geworden, vgl. auch Deutsche Gemeinwirtschaft, Berlin 1916, S. 32, Von Einst zu Einst, Jena 1917, S. 6 und 19. Der Aufbau der Gemeinwirtschaft, Denkschrift des Reichswirtschaftsministeriums vom 7. Mai 1919. Jena 1916, S. 16 und 26.

[2]) Vgl. abgesehen von Frankreich in Japan die Kaiserliche Verordnung Nr. 70 vom 1. 4. 1924 über die Organisation des Reichswirtschaftsrats vom 2. 4. 1924, Japanischer Staatsanzeiger vom 2. 4. 1924, in der Čechoslowakei die Verordnung der Regierung der Čechoslowakischen Republik vom 29. 12. 1921, betreffend Erlassung eines neuen Statuts des Beirats für wirtschaftliche Fragen, Sammlung der Gesetze und Verordnungen des čechoslowakischen Staates 1922, S. 31, in Polen, Art. 68 der Polnischen Verfassung, Constitution de la Republique de Pologne du 17. Mars 1921, in Spanien das Königliche Dekret vom 8. 3. 1924, durch das der Consejo de la Economia Nacional geschaffen wurde, Boletin de la Revista General de Legislacion y Jurisprudencia 1924, Tom. 188, p. 270 ff., in Italien das decreto legge v. 6. 9. 1923 über den Conziglio Superiore dell' Economia Nazionale, in der Türkei Gesetz vom 24. 7. 1927 im türkischen Amtsblatt Nr. 640. Auch in Mexiko ist neuerdings ein Reichswirtschaftsrat gegründet worden. Abdruck des Gesetztextes in engl. Übersetzung findet sich in United States Daily v. 28. 9. 1928 p. 2. In Jugoslavien ist in der Verfassung Art. 44 die Bildung eines Wirtschaftsrats vorgesehen. Über die Pläne zur Ausführung dieses Art. vgl. Sava Moyitch, Le Parlement Économique, Paris 1927, S. 105—128. Weitere Pläne schweben in Griechenland, Österreich, Rumänien, Portugal. In England sind seit dem Kriegsende wiederholt Pläne, die auf die Schaffung eines Industrieparlaments oder Volkswirtschaftsrats hinausliefen, erörtert worden. Neuerdings sind diese durch die Verhandlungen zwischen den Industriellen (sogenannte Mond-Gruppe) unter Führung von Lord Melchett (früher Sir Alfred Mond) und den Gewerkschaften wieder in ein aktives Stadium geraten. Geplant zu sein scheint allerdings zunächst ein nicht auf gesetzlicher Grundlage, sondern auf privater Vereinbarung beruhender ständiger Landesindustrierat, paritätisch aus Unternehmern und Arbeitnehmern zusammengesetzt. Vgl. dazu W. Milne-Bailey, Wirtschaftsdemokratische Strömungen in England deutsche Übersetzung von Lothar Erdmann, Berlin 1928, insbes. S. 40, 42 ff.

bund, also einer Art von Weltwirtschaftsrat gefordert werden würde [1]).

Die Gestalt, die der deutsche Reichswirtschaftsrat durch den Unterstaatssekretär im Reichswirtschaftsministerium Wichard v. Moellendorff unter dem Minister Rudolf Wissell erhielt, war allerdings eine andere wie die, die Bismarck zu formen versucht hatte. Hatte Bismarck in erster Linie angestrebt, den Gesetzentwürfe produzierenden Geheimrat bei seiner Arbeit von den zufälligen Einflüssen privater und unverantwortlicher Berater zu befreien und deshalb ein Gremium von Sachverständigen zusammenberufen wollen, das die Regierung bei der Vorbereitung wirtschafts- und sozialpolitischer Gesetzentwürfe verantwortlich beraten sollte, so träumte Moellendorff letzten Endes von größerem. Er wollte der gesamten Wirtschaft ein Organ geben, das diese aus sich selbst bilden und das eine unbedingt führende Rolle in allen großen die Volkswirtschaft angehenden Fragen beanspruchen und durchführen sollte. So ist es zu verstehen, daß in der Ankündigung des Reichswirtschaftsrats im Artikel 165 der Reichsverfassung dieser keineswegs nur als ein technischer Beirat der Regierung, sondern als ein mit Rechten und zwar nicht nur gegenüber der Regierung, sondern auch gegenüber dem Reichstag begabtes, auch in anderer Beziehung mit einer großen Selbständigkeit ausgestattetes Gremium erscheint. Die Vorgeschichte des Preußischen Volkswirtschaftsrats, insbesondere die wuchtigen und eindeutigen Marginalien Bismarcks in den Akten des Handelsministeriums lassen erkennen, daß auch Bismarck später dem Deutschen Volkswirtschaftsrat, zu dem er gegen den Willen des Reichstags den Preußischen Volkswirtschaftsrat hatte erweitern wollen, eine ganz andere Stellung zu geben geplant hatte wie die einer kombinierten Reichs=Landwirtschafts-, Industrie-, Handels- und Arbeiterkammer, und zwar auch dann, wenn die meines Erachtens nicht beweisbare Ver-

[1]) Journal de la Société des Nations Nr. 18 v. 22. 9. 1928.

mutung, daß Bismarck mit dem Deutschen Volkswirtschaftsrat das Parlament aus den Angeln zu heben bestrebt gewesen war, nicht zutrifft. Dem Preußischen Volkswirtschaftsrat, den er durch die Verordnung vom 17. 11. 1880 [1]) geschaffen hat, haben die Voraussetzungen für eine so starke und selbständige Stellung zunächst gefehlt. Er ist ein aus teils präsentierten, teils von der Regierung frei ernannten Sachverständigen der Industrie, des Handels, der Landwirtschaft, des Handwerks und der Arbeiterschaft gebildetes Gremium unter dem Vorsitz eines Ministers gewesen, das, da es ausschließlich die Begutachtung von Gesetzen und Verordnungen sowie von preußischen Anträgen im Bundesrat von wesentlicher wirtschaftlicher Bedeutung vorzunehmen hatte, lediglich als technischer Beirat der Regierung angesprochen werden kann. Angesichts der größeren Bedeutung, die die Reichspolitik gegenüber der preußischen auf wirtschaftlichem Gebiete gerade in den achtziger Jahren mit Bismarcks Willen gewann, ist er bald zum Sterben verurteilt gewesen und bereits 1884 sanft entschlafen.

Den Reichswirtschaftsrat des Art. 165 der deutschen Reichsverfassung mit dem Preußischen Volkswirtschaftsrat der Verordnung vom 17. 11. 1880 zu vergleichen, ist deswegen wichtig, weil durch beide gewissermaßen zwei Typen verkörpert werden, deren man sich in der Welt bedient hat, um das der Errichtung von Volkswirtschaftsräten zugrunde liegende Problem zu lösen. Beide Typen werden heute in besonders charakteristischer Weise durch den deutschen Reichswirtschaftsrat und den fran-

---

[1]) Vgl. Anhang S. 71, dazu auch den Immediatbericht Bismarcks vom 10. 9. 1880, Anhang S. 75, an Literatur Julius Curtius, Bismarcks Plan eines deutschen Volkswirtschaftsrats. Heidelberg 1919, ferner ders., der preußische Volkswirtschaftsrat. Seine Errichtung, seine Tätigkeit, die Ursachen seines Eingehens in Wirtschaftliche Nachrichten aus dem Ruhrbezirk v. 30. 4. 1921. S. 593 ff., Paul Kirschner, Berufsparlamente, Ein historischer Beitrag zur Frage der Wirtschaftsräte, ebendort S. 607 ff., v. Helldorf, Beratungen über Bismarcks Volkswirtschaftsrat, Stenographische Berichte über die Verhandlungen des Reichstags 1881, S. 1607 ff.

zösischen Conseil national économique verkörpert. Der französische Conseil national économique zeigt mit wenigen, aber interessanten Ausnahmen auffallende Ähnlichkeiten mit dem Bismarckschen Volkswirtschaftsrat. Geschichtlich von beiden der jüngere [1]), repräsentiert der französische gegenüber dem deutschen Reichswirtschaftsrat der Weimarer Verfassung ein sehr viel früheres Stadium der Entwickelung. Das zeigt ein Vergleich der Funktionen beider Volkswirtschaftsräte.

2. Die Funktionen des deutschen Reichswirtschaftsrats im Staat.

Daß der deutsche Reichswirtschaftsrat [2]) nicht nur wie der Bismarcksche Volkswirtschaftsrat die Funktion eines technischen Beirats der Regierung ausfüllt, ergibt sich bereits aus der Rechtsstellung, die der vorläufige, heute noch amtierende Reichswirtschaftsrat durch die Verordnung vom 4. 5. 1920 (RGBl. S. 858) [3]), die auf Grund des Gesetzes über eine vereinfachte Form der Gesetzgebung für die Zwecke der Übergangs-

---

[1]) Allerdings hat sich Bismarck eines Conseil supérieur du commerce, de l'industrie et de l'agriculture in Frankreich, dessen Anfänge bis auf Heinrich IV. zurückgehen, als Vorlage bedient. Dieser Conseil supérieur, der heute noch besteht und zwar ohne jede Verbindung mit dem conseil national économique, hat lediglich die Bedeutung eines speziellen Fachbeirats des Handelsministeriums.

[2]) Wichtigste Literatur über den Reichswirtschaftsrat. Hans Schäffer, Der Vorläufige Reichswirtschaftsrat, Kommentar der Verordnung vom 4. 5. 1920, München 1920, Friedrich Glum, Selbstverwaltung der Wirtschaft, eine öffentlich-rechtliche Studie, Berlin 1924, Heinrich Herrfahrdt, Das Problem der berufsständischen Vertretung von der französischen Revolution bis zur Gegenwart, Stuttgart 1921, Edgar Tatarin-Tarnheyden, Die Berufsstände, ihre Stellung im Staatsrecht und in der deutschen Wirtschaftsverfassung. Berlin 1922, Georg Bernhard, Wirtschaftsparlamente, Von den Revolutionsräten zum Reichswirtschaftsrat, Wien 1923, M. Vermeil, Le conseil économique du Reich. Revue des Études coopératives, Juli-September, Oktober-Dezember 1924, Hauschild, Der vorläufige Reichswirtschaftsrat 1920—1926, Berlin 1926, wertvoll auch durch die beigegebene Bibliographie S. 641—670, in der auch die ausländische Literatur verzeichnet ist und auf die daher hier, was die Spezialliteratur anbelangt, verwiesen werden kann.

[3]) Siehe Anhang S. 84.

wirtschaft vom 17. 4. 1919 (RGBl. S. 394) Gesetzeskraft hatte, erhalten hat. Entsprechend der im Art. 165 Abs. 4 RV. enthaltenen Vorschrift »sollen [1]) sozialpolitische und wirtschaftspolitische Gesetzentwürfe von grundlegender Bedeutung von der Reichsregierung vor ihrer Einbringung dem Reichswirtschaftsrat zur Begutachtung vorgelegt werden. Er hat das Recht, selbst solche Gesetzesvorlagen zu beantragen.« (Art. 14). Die Bedeutung dieser Bestimmung ist, daß, trotzdem es sich hier um eine Sollvorschrift handelt, für die Regierung faktisch eine Rechtspflicht besteht, zumal da diese wiederholt durch Regierungserklärungen und durch die Staatspraxis anerkannt ist, dem Reichswirtschaftsrat sozialpolitische und wirtschaftspolitische Gesetzentwürfe, zu denen nach der bisherigen Staatspraxis auch finanzpolitische Gesetzentwürfe gehören, zur Begutachtung vorzulegen. Schon daraus, daß die Regierung durch eine Sollvorschrift, nicht durch eine Kannvorschrift (in der Verordnung, betreffend die Errichtung eines Preußischen Volkswirtschaftsrates hieß es, »sind in der Regel [2]) zu begutachten«) gebunden ist, den Reichswirtschaftsrat anzuhören, ergibt sich, daß der Reichswirtschaftsrat mehr als ein technischer Beirat der Regierung ist. Hinzukommt, daß der Reichswirtschaftsrat auf den gleichen Gebieten ein Initiativrecht besitzt. Und zwar soll dieses Initiativrecht, das dem Vorläufigen Reichswirtschaftsrat nach der Verordnung von 1920 nur gegenüber der Reichsregierung zusteht — entsprechend einer weiteren Bestimmung des Art., 165 Abs. 4 RV., nach der die Reichsregierung, wenn sie den vom Reichswirtschaftsrat selbst beantragten Gesetzesvorlagen nicht zustimmt, trotzdem die Vorlage unter Darlegung ihres Standpunktes beim Reichstag einzubringen hat —, durch den jetzt dem Reichstag vorliegenden Entwurf eines Gesetzes über den Reichswirtschaftsrat (§ 4) zu einer richtigen

---

[1]) Sperrung vom Verfasser.

[2]) Sperrung vom Verfasser.

Gesetzesinitiative ausgebaut werden. Der Reichswirtschaftsrat wird sogar, wenn der Entwurf des vorhergenannten Gesetzes angenommen worden ist, ebenfalls entsprechend Art. 165 Abs. 4 RV., seine Vorlagen vor dem Reichstag durch eines, vor den Ausschüssen des Reichstages auch durch mehrere seiner Mitglieder, vertreten lassen können (§ 4). Schon nach der jetzt bestehenden Regierungspraxis dienen die Gutachten des Reichswirtschaftsrates nicht nur der Regierung zur Erleichterung ihrer gesetzgeberischen Vorarbeiten, sondern sie werden von der Regierung mit den Gesetzentwürfen dem Reichstage vorgelegt. Der Gesetzentwurf enthält auch diesbezüglich eine Sollvorschrift, die sich auch auf den Reichsrat erstreckt. »Die Reichsregierung soll die Gutachten dem Reichsrat und dem Reichstag zusammen mit den Gesetzentwürfen vorlegen« (§ 3 Abs. 2). Einem Wunsche des Reichswirtschaftsrats entsprechend, dem auch bisher schon in der Regierungspraxis stattgegeben wurde, ist in den Gesetzentwurf über den Reichswirtschaftsrat nämlich die Bestimmung aufgenommen worden, daß, soweit die Reichsregierung den Reichswirtschaftsrat schon bei den Vorarbeiten zu einem solchen Gesetzentwurf hört, sie den Entwurf dem Reichswirtschaftsrat spätestens mit der Vorlegung beim Reichsrat bekannt gibt, auch wenn sie die Abgabe eines nochmaligen Gutachtens hierzu nicht erfordert. (§ 3 Satz 2.) Auch die aus der Mitte des Reichstages eingebrachten Gesetzentwürfe soll die Reichsregierung, was bisher weder in der Verfassung noch in der Verordnung über den vorläufigen Reichswirtschaftsrat vorgesehen war, dem Reichswirtschaftsrat und zwar nicht später wie dem Reichsrat zugänglich machen. Erstattet der Reichswirtschaftsrat ein Gutachten, so soll die Reichsregierung dieses dem Reichsrat und dem Reichstag unverzüglich vorlegen. Ferner ist in dem Entwurf des Ausführungsgesetzes zu dem Gesetz über den Reichswirtschaftsrat (§ 50) vorgesehen, daß — neben den Vertretern der Reichsregierung, der

Reichsbank und der Deutschen Reichsbahngesellschaft, die zu den Sitzungen des Reichswirtschaftsrats Zutritt haben, jederzeit gehört werden, aber auch auf Verlangen des Reichswirtschaftsrats erscheinen müssen — auch von den Regierungen der Länder Bevollmächtigte zu den Sitzungen entsandt werden können und auf Grund eines Beschlusses des Reichstages oder eines seiner Ausschüsse auch Mitglieder des Reichstages. Diese sich auf den Reichstag beziehende neue Bestimmung ist offenbar von der Verordnung über den französischen Conseil national économique von 1925 [1]) beeinflußt worden, die im Art. 13 die Bestimmung enthält, daß außer den Ministern und anderen Regierungsvertretern auch die zuständigen Kommissionen der Kammer und des Senats das Recht haben sollen, sich bei den Beratungen des Conseil national économique vertreten zu lassen, und daß auch der Conseil national économique das Recht hat, von den zuständigen Kommissionen der einen oder anderen Kammer gehört zu werden, eine Bestimmung, die in dem Gesetzentwurf über den zukünftigen Conseil national économique fehlt. Deutschland hat sie aufgegriffen, jedoch nicht in ihrem ganzen Umfange. Denn während der Reichswirtschaftsrat bei der Ausübung seines Initiativrechts zwar einen Anspruch auf Gehör vor dem Reichstag haben wird, wird er es in allen übrigen Fällen nur haben, wenn Reichsregierung oder Reichstag es verlangen [2]).

Die Tätigkeit des Reichswirtschaftsrats soll sich nach dem

---

[1]) Siehe Anhang S. 163.

[2]) Vgl. dazu die sich gegen diese Einschränkung richtenden Leitsätze des vorl. Reichswirtschaftsrats über die Zuständigkeit und die Begründung zu dem Ges. über den künftigen Reichswirtschaftsrat, Anhang S. 156. Wenn darin darauf hingewiesen wird, daß eine Erweiterung der Rechte des Reichswirtschaftsrats nach dieser Richtung sich mit seiner Stellung als Gutachterkörperschaft nicht vertrage, so ist diese Ausführung als inkonsequent zu bezeichnen. Denn in einer Reihe von anderen Punkten hat der Entwurf, wie wir gesehen haben, den Reichswirtschaftsrat bereits über die Stellung einer bloßen Gutachterkörperschaft hinausgehoben.

Entwurf eines Gesetzes über den Reichswirtschaftsrat künftig aber nicht nur auf die Begutachtung und Beantragung von wirtschaftspolitischen Gesetzentwürfen erstrecken. Er soll auch wirtschaftspolitische und sozialpolitische Maßnahmen von sich aus anregen und auf Veranlassung der Reichsregierung zu solchen von dieser geplanten sich gutachtlich äußern können [1]). Er wird ferner danach auf Verlangen oder mit Zustimmung der Reichsregierung wirtschaftliche und soziale Erhebungen vorzunehmen haben, eine Aufgabe, der er sich jetzt bereits in großem Umfange unterzogen hat [2]). Diese zuletzt erwähnten beiden Funktionen waren bisher in der Verordnung über den vorläufigen Reichswirtschaftsrat nicht geregelt worden. Auch in der Verfassung sind sie nicht ausdrücklich erwähnt worden. Man kann höchstens aus der allgemeinen und nicht ganz klaren Zweckbestimmung des Reichswirtschaftsrats (Art. 165 Abs. 3 RV.), die zudem mit dem nicht ins Leben getretenen Unterbau (Bezirksarbeiterräte, Reichsarbeiterrat, Bezirkswirtschaftsräte) verknüpft ist, »Erfüllung der gesamten wirtschaftlichen Aufgaben« schließen, daß die Anregung und Begutachtung wirtschaftspolitischer und sozialpolitischer Maßnahmen und die Veranstaltung von Erhebungen zu den Aufgaben des endgültigen

---

[1]) Auch nach dieser Richtung hat sich die Tätigkeit des Reichswirtschaftsrats bisher schon praktisch erstreckt. So hat er zu dem von der Reichsregierung 1928 entworfenen Arbeitsbeschaffungsprogramm Stellung genommen.

[2]) Diese Tätigkeit des Reichswirtschaftsrats ist in weiteren Kreisen verhältnismäßig unbekannt geblieben. Auch weiß man selbst im Parlament vielfach nicht, welchen Anteil der Reichswirtschaftsrat an den Entwürfen der Regierung hat, da diese in vielen Fällen bereits im Referentenentwurf dem Reichswirtschaftsrat zugehen. In einer großen Anzahl von Fällen, z. B. bei der Vorbereitung der Zolltarifgesetzgebung des Jahres 1925, sind dem vorl. Reichswirtschaftsrat Rohentwürfe vorgelegt worden, die im Reichswirtschaftsrat von den Referenten der Ministerien zusammen mit den Mitgliedern des Reichswirtschaftsrats zu Regierungsentwürfen umgearbeitet wurden.

Über die umfangreiche Tätigkeit der vorl. Reichswirtschaftsrats insbesondere seiner Ausschüsse in den Jahren 1920—1926 orientiert eine ausgezeichnete Denkschrift von Dr. Hauschild, Bürodirektor beim Reichswirtschaftsrat, Der vorläufige Reichswirtschaftsrat 1920—1926. Berlin 1926.

Reichswirtschaftsrates gehören sollte. Bei dem Erlaß der Verordnung über den vorläufigen Reichswirtschaftsrat hat man, wie aus der Begründung zu Art. 12 [1]) hervorgeht, Bedenken getragen, dem Reichswirtschaftsrat das Recht zu geben, selbst Auskünfte zu fordern und ihm daher im Artikel 12 nur das Recht eingeräumt, »zu verlangen, daß die Reichsregierung oder eine von ihr damit betraute Stelle von ihrem Rechte, Auskünfte über wirtschaftliche Verhältnisse einzuziehen, Gebrauch macht und soweit nicht das Gesetz dem entgegensteht, ihnen die Ergebnisse ihrer Mitteilungen vorlegt.« In Zukunft dagegen wird, wenn Erhebungen vorgenommen werden sollen, der Vorstand des Reichswirtschaftsrats auf Verlangen oder mit Zustimmung der Reichsregierung einen Ermittlungsausschuß bestellen (§ 36 des Entw. d. Ausfgges.), und dieser wird dann von jedermann mündliche oder schriftliche Auskünfte und Gutachten über wirtschaftliche und soziale Verhältnisse, auch in Form von Abschriften und Zusammenstellungen, sowie die Vorlage von Unterlagen verlangen und Besichtigungen vornehmen können. Ja, der Vorsitzende des Ausschusses und von ihm damit beauftragte Mitglieder werden auch eidliche Vernehmungen vornehmen können. Ferner werden durch den Vorsitzenden des Ausschusses und die Vorsitzenden von Unterausschüssen bei den obersten Reichsbehörden und durch deren Vermittlung bei den Reichs- und Landesbehörden alle zur Durchführung der Arbeiten erforderlichen Auskünfte eingeholt werden können. (§ 39 d. Entw. d. Ausfgges.) In dem Entwurf zu dem Gesetz über den künftigen Conseil national économique ist dagegen nur davon die Rede, daß »le conseil national économique, le comité permanent et les commissions peuvent faire appel [2]) comme experts, à toutes les personnes, qu'il leur paraît utile de consulter«. (Art. 13.) Der

---

[1]) S. Schäffer, Der vorläufige Reichswirtschaftsrat, München 1920 S. 157 ff.

[2]) Sperrung vom Verfasser.

Entwurf zu einem Gesetz über den Reichswirtschaftsrat spricht diesem schließlich noch (§ 1 Abs. 2) das Recht zu, bei der Vorbereitung von Gesetzentwürfen zur weiteren Ausführung des Art. 165 der Reichsverfassung, d. h. bei der Schaffung eines geeigneten Unterbaues, mitzuwirken.

Aus den vorher aufgezählten Funktionen des Reichswirtschaftsrats geht hervor, daß der Reichswirtschaftsrat etwas ganz anderes als ein technischer Beirat der Regierung ist. Schon jetzt ist er ein von der Regierung unabhängiges, ihr selbständig gegenüberstehendes Gremium, demgegenüber die Regierung verpflichtet ist, das Rechte gegenüber der Regierung hat, und das dadurch, daß die Regierung sich tatsächlich verpflichtet hat, Gesetzesvorlagen, die sie vor ihrer Einbringung beim Reichstag dem Reichswirtschaftsrat hat zugehen lassen, mit dem Gutachten des Reichswirtschaftsrats dem Reichstag vorzulegen, auch eine sachliche Einwirkung auf die Gesetzgebung gehabt hat. In Zukunft, wenn das Gesetz über den Reichswirtschaftsrat verabschiedet sein wird, wird diese Stellung des Reichswirtschaftsrats noch eine sehr viel größere sein, da dann die Vorlage dieser Gutachten der Reichsregierung, wenn auch nur durch eine Sollvorschrift — zur Pflicht gemacht sein wird, außerdem aber der Reichswirtschaftsrat über eine unmittelbare Gesetzesinitiative verfügen wird. Steht dem Reichswirtschaftsrat auch keine Entscheidung zu, so ist er doch ein auf die Gesetzgebung und Verwaltung des Reiches, soweit sie sich auf das wirtschaftliche Gebiet erstreckt, mittelbar und unmittelbar einwirkendes Organ des Reichs, dessen Bedeutung dadurch gesteigert wird, daß es, worauf später näher einzugehen sein wird, eine Repräsentation der Wirtschaft darstellt.

Daß der selbständigen Stellung des Reichswirtschaftsrats als eines besonderen Reichsorgans auch seine innere Organisation entspricht, daß er sowohl nach den jetzt geltenden wie den künftig geltenden Bestimmungen seinen Vorstand selbst bestimmt, seine

Geschäftsordnung sich selbst gibt [1]), Immunität [2]) und das Recht aut freie Bahnfahrt und Diäten besitzt [3]), über seinen Zusammentritt beschließt und die Anwesenheit von Vertretern der Reichsregierung [4]) verlangen kann, sei hier nur nebenbei erwähnt.

3. Die Funktionen des französischen Conseil national économique im Staat.

Der Conseil national économique [5]) stellt gegenüber dem Deutschen Reichswirtschaftsrat einen ganz anderen Typus dar. Dem im bloßen Verordnungswege [6]), nicht wie der vorläufige deutsche Reichswirtschaftsrat durch eine Verordnung mit Gesetzeskraft errichteten heute noch aut ihr beruhenden Conseil national économique war keine selbständige Stellung im Gesamtaufbau der französischen Staatsverfassung zugewiesen worden. In dem zugleich mit der Verordnung veröffentlichten Begleitbericht des Ministerpräsidenten Herriot an den Präsidenten der französischen Republik wird besonders hervorgehoben, daß er »in keiner Art ein Parlament oder selbst eine Berufskammer darstellen soll, wie dies in gewissen benachbarten Ländern versucht worden sei und daß er die Souveränität des Parlaments

---

[1]) § 46 des Entwurfs d. Ausführungs-Ges. des Gesetzes über den Reichswirtschaftsrat.

[2]) § 17 des Entwurfs des Ausführungsgesetzes Abs. 2.

[3]) § 51 des Entwurfs des Ausführungsgesetzes.

[4]) nach dem Entwurf des Ausführungsgesetzes § 50 Abs. 1 auch der Reichsbank und der deutschen Reichsbahngesellschaft.

[5]) Wichtigste Literatur, Sava Moyitch, Le Parlement économique, Étude Politique et juridique. Paris 1927, Léon Jouhaux, Le conseil économique du Travail. Revue Internationale du Travail, Genf 1921 Bd. I Nr. 2, S. 179—186, Georges Scelle, Le conseil national économique. Revue des Études coopératives. Januar-März 1925, Roger Picard, Der deutsche Reichswirtschaftsrat und der französische Landeswirtschaftsrat 1925. Internationale Rundschau der Arbeit. 8. Heft. Henri Mazel, Le conseil National Économique in Revue Politique et Parlementaire. März 1927.

[6]) Vgl. décrête d. 16. 1. 1925. Veröffentlicht im journal officiel am 17. 1. 925 (p. 649) siehe Anhang S. 163.

und die Regierungsgewalt (l'autorité gouvernementale) unangetastet lasse«. Er ist daher, wie es im Art. 2 der Verordnung heißt, »rattaché à la présidence du conseil«. Der Ministerpräsident ist auch »président de droit du Conseil national économique«. Er ist, wie aus den einzelnen Bestimmungen der Verordnung hervorgeht, ein technischer Sachverständigenbeirat der Regierung. Das zeigt sich vor allem darin, daß er, wie die Verordnung an erster Stelle hervorhebt, »die Aufgabe hat, die wichtigen Fragen des wirtschaftlichen Lebens des Landes zu studieren«. Allerdings soll er »daraus Lösungen suchen und diese den Regierungsstellen zur Annahme vorschlagen«, eine Aufgabe, die ja wohl jeder Enquêtekommission zusteht. Trotzdem ist ausdrücklich hervorgehoben, daß er, obwohl »autonome dans sa composition«, Befugnisse hat, die ausschließlich verwaltungsmäßig beratender Natur sind (administrativement d'ordre consultatif). (Art. 1.)

Daß der Conseil national économique nur ein technischer Beirat der Regierung ist, ergibt sich vor allem daraus, daß für die Regierung keine Verpflichtung zur Einholung von Gutachten beim Conseil national économique besteht. Nach Art. 18 der Verordnung hat die Regierung nur dem Conseil national économique »alle Gesetzentwürfe oder Gesetzesvorschläge die ein wirtschaftliches Interesse haben, nach ihrer Vorlage (après leur dépôt) bei den gesetzgebenden Körperschaften zur Kenntnis mitzuteilen«. In jedem Gesetze wirtschaftlicher Art soll allerdings vorgeschrieben werden können, daß für die Ausarbeitung der zu seiner Anwendung nötigen Ausführungsvorschriften das Gutachten des Conseil national économique eingeholt werden muß. Im Normalfalle beschäftigt sich der Conseil national économique (Art. 18 Abs. 2) mit den Beratungsvorlagen, die ihm vom Ministerpräsidenten zugehen, deren Auswahl diesem überlassen ist. Allerdings kann er nach Art. 15 Satz 2 mit Zweidrittelmehrheit der anwesenden Mitglieder sein Büro beauftragen, daß auf die Tagesordnung der nächsten Sitzung Fragen gesetzt werden, von denen er glaubt, daß sie entweder vom Standpunkt des Landes oder in ihren internationalen Auswirkungen wirtschaftliches Interesse haben. Diese Bestimmung kann aber der Wirksamkeit entbehren, da alljährlich nur vier ordentliche Sitzungen abgehalten werden (Art. 7) und es durchaus möglich ist, daß bis zu der nächsten Sitzung die Tätigkeit des Conseil national économique in einer von ihm als besonders wichtig angesehenen Frage verspätet sein würde. Außerordentliche Sitzungen kann der Conseil national économique aber nur anregen. Die Einberufung ist in das Belieben des Ministerpräsidenten gestellt. Da außerdem die Vorschläge und Berichte des Conseil national économique nicht von der Regierung den gesetzgebenden Körperschaften vorgelegt zu werden brauchen, sondern nur ihr wesentlicher Inhalt im Journal officiel veröffentlicht wird, so ist es sehr unwahrscheinlich, daß eine Zweidrittelmehrheit im Conseil national économique die Erörterung eines bereits den gesetzgebenden Körperschaften zugegangenen Gesetzes verlangen wird. Diese Bestimmung dürfte vielmehr nur Anwendung finden, wenn der Conseil national économique eine von der Regierung bisher nicht in Angriff genommene Frage von sich aus weiterbringen will. Aber auch durch dieses Recht, von sich aus ein wirtschaftliches Problem zur Erörterung zu bringen, wird seine Stellung als ein technischer Sachverständigenbeirat der Regierung nicht verändert, da er seine aus einer solchen Erörterung sich ergebenden Vorschläge lediglich dem Ministerpräsidenten übermitteln kann[1]). Ja er ist sogar noch durch eine Bestimmung im Art. 17 gebunden, wonach Empfehlungen, (recommandations) mit den Stimmen von Zweidrittel der anwesenden Mitglieder angenommen werden müssen. In diesem Falle hat der Ministerpräsident dem Conseil national économique innerhalb eines Monats mitzuteilen, was

[1]) Dies verkennt Moyitch, Le Parlement économique, S. 85, 86.

darauf geschehen ist, oder hat um eine nochmalige Prüfung der Frage zu ersuchen.

Vergleicht man die Rechte des Conseil national économique, die er durch die Verordnung von 1925 erhalten hat, mit dem Entwurf des Gesetzes, durch das er endgültigen Charakter erhalten soll, so ist als Ergebnis festzustellen, daß durch dieses die rechtliche Stellung des Conseil national économique gegenüber Regierung und Parlament nicht geändert werden würde. In der Begründung (VI) [1]) ist mit betonter Schärfe an die Spitze der Satz gestellt worden: »Le Conseil doit être exclusivement un organe consultatif«. Infolgedessen ist auch die Angliederung an das Ministerpräsidium belassen worden; nicht nur ist der président de droit des Conseils der Ministerpräsident geblieben, (Art. 7), auch der ständige Generalsekretär, der auf Vorschlag des Ministerpräsidenten nach Anhörung des Vizepräsidenten durch Verordnung ernannt wird (Art. 8 Abs. 2), ist »rattaché à la présidence du conseil«. (Art. 15.) Die früher vorhandene Mitwirkung des Arbeitsministers ist weggefallen, wie auch die Ausgaben des Conseil national économique jetzt nicht mehr in das Budget des Arbeitsministers, sondern des Ministerpräsidenten eingeschrieben werden (Art. 20). Was die Geschäftsordnung anbelangt, so unterscheidet hier der Entwurf des Gesetzes über den künftigen Conseil national économique l'organisation des services du conseil n. é. (et notamment ses cadres, le statut du personnel, le montant des traitements et indemnités) und le règlement intérieur (Art. 16 und 17). Ersteres wird geregelt auf Vorschlag des Generalsekretärs, »par un décret rendu sur le rapport du président du conseil«, letzteres »est arrêté par le conseil en assemblée plénière, sur le rapport »de son comité permanent«. Von einer Immunität der Mitglieder des Conseil ist weder in der Verordnung noch in dem Entwurf des Gesetzes die Rede. Die Befugnisse, die der deutsche Reichswirtschafts-

---

[1]) Siehe Anhang S. 179.

rat durch Gesetz besitzt oder sich selber in seiner Geschäftsordnung gibt, erhält der französische durch eine Regierungsverordnung wie eine andere Staatsbehörde. Auch die Umschreibung der Aufgaben im Art. 1 ist die gleiche geblieben wie in der Verordnung. Nach wie vor besteht keine Verpflichtung für die Regierung zur Einholung von Gutachten. Allerdings kann er, wie es ausdrücklich in dem Entwurf Art. 6 Abs. 2 heißt, »être appelé par le Gouvernement à donner un avis sur les projets de loi ou de règlement préparés par les départements ministériels intéressés et touchant aux mèmes questions«, nämlich die vorher im Abs. 1 erwähnten wirtschaftlichen, finanziellen und sozialen Fragen, eine Bestimmung, die in der Verordnung von 1925 nicht enthalten war und uns in Deutschland besonders aus dem Grunde interessiert, weil die Heranziehung des Reichswirtschaftsrats im Stadium der Referentenentwürfe, die aber hier offenbar nicht gemeint sind, ein besonders wichtiges Postulat für die Umgestaltung desselben gewesen ist, das auch im § 3 des Entwurfs eines Gesetzes über den Reichswirtschaftsrat zur Anerkennung gebracht worden ist. In Frankreich ist es aber bei einer Kann-Bestimmung geblieben, während der deutsche Entwurf, wie es auch dem geltenden Recht entspricht, eine Soll-Bestimmung enthält. Immerhin spricht die französische Vorlage nicht mehr von der Mitteilung solcher Entwürfe nach ihrer Vorlage bei den gesetzgebenden Körperschaften. Dafür ist aber die Bestimmung gefallen, daß in Gesetzen wirtschaftlicher Art vorgeschrieben werden kann, daß für die Ausarbeitung der zu ihrer Anwendung nötigen Ausführungsvorschriften das Gutachten des Conseil national économique eingeholt werden muß.

Ob ihm durch die Gesetzesvorlage sein Initiativrecht gegenüber der Regierung erleichtert werden soll, darüber kann man verschiedener Auffassung sein. Nach Art. 6 Abs. 3 kann er »auf seine Tagesordnung wirtschaftliche Probleme setzen, über die es ihm nützlich scheint, Anträge an die Regierungsstellen zu richten (d'adresser des voeux aux pouvoirs publics).« Er bedarf also keiner Zweidrittelmehrheit mehr und braucht nicht auf eine zweite Sitzung zu warten (allerdings soll es jetzt auch nur noch zwei Plenarsitzungen im Jahre geben), aber er ist an die Zustimmung der Regierung für die Aufnahme in die Tagesordnung gebunden, und es besteht nach wie vor keine Verpflichtung der Regierung, derartige Anträge, die allerdings jetzt auch nicht mehr einer qualifizierten Mehrheit bedürfen, an die gesetzgebenden Körperschaften weiterzugeben. »Ainsi se trouve« schließt die Begründung die Aufzählung der Rechte des Conseil national économique ab, »nettement délimitée l'activité du conseil et marquée aussi la place qu'il peut prendre dans l'organisation économique du pays, sans empiéter en aucune manière, ni sur l'autorité gouvernementale, ni sur les pouvoirs du Parlement.«

II.

Der Reichswirtschaftsrat als Repräsentation der Wirtschaft.

1. Begriff und Wesen der Repräsentation.

Die nähere Untersuchung der Funktionen des deutschen Reichswirtschaftsrats und des französischen Conseil national économique hat ergeben, daß der erste ein selbständiges von der Regierung unabhängiges Staatsorgan im Aufbau des Reichs ist, mit in Bezug auf die Gesetzgebung und Verwaltung zwar nicht entscheidenden, sie aber aktiv mittelbar und unmittelbar beeinflussenden Funktionen, während der zweite ein der Selbständigkeit der Regierung gegenüber ermangelnder und eines mittelbaren und unmittelbaren aktiven Einflusses auf die Gesetzgebung und Verwaltung entbehrender, nur auf Veranlassung der Regierung tätig werdender technischer Beirat dieser letzteren, eine Art von Behörde, die aus Sachverständigen zusammengesetzt ist, ist. Es fragt sich, inwieweit neben dieser aus den Funktionen abgeleiteten Stellung der eine oder beide auch noch als Repräsentation der Wirtschaft angesehen werden können, womit die Frage nach der politischen und staatsrechtlichen Stellung des Reichswirtschaftsrats und des Conseil national économique im Gesamtaufbau des Staats gestellt werden soll. Würde dem Volkswirtschaftsrat nur technische Bedeutung zukommen, er nichts als ein Sachverständigenbeirat der Regierung sein, so könnte die Frage seiner Bildung und Zusammensetzung nur unter dem Gesichtspunkt technischer Zweckmäßigkeit beurteilt werden. Anders, wenn er ein Repräsentativorgan wäre.

Wenn wir heute von Repräsentation im öffentlichen Recht sprechen, so denken wir nicht an die Vertretung einzelner oder ganzer Gruppen etwa in dem Sinne des Vertretungsbegriffs des Bürgerlichen Rechts. Wir denken nicht an Willenserklärungen, die jemand im Namen des Vertretenen, wie es im § 164 BGB. heißt, abgibt, und die unmittelbar für und gegen den Vertretenen wirken. Für uns ist auch Repräsentation nicht identisch mit öffentlich-rechtlicher Stellvertretung. Es handelt sich nicht darum, daß der Repräsentierte wegen tatsächlicher oder rechtlicher Verhinderung den Repräsentanten für sich handeln, d. h. sich vertreten läßt, wie es bei der privatrechtlichen sowohl wie bei der öffentlich-rechtlichen Stellvertretung der Fall ist.

Das Wesen der Repräsentation besteht vielmehr darin, daß ein zwar vorhandenes, aber für die Menschen nicht konkret sichtbares Sein durch ein sichtbares Sein gegenwärtig gemacht wird. In der politischen, der öffentlich-rechtlichen Sphäre, die den modernen Staat umgibt, ist es immer eine Gemeinschaft von Menschen, der Staat, die Gemeinde, d. h. da das Gebiet für den Staatsbegriff eigentlich von sekundärer Bedeutung sein sollte, das Staatsvolk, die Gemeindebürgerschaft, die repräsentiert werden, nicht der Einzelne oder die Summe von Einzelnen, und der Repräsentant ist immer eine Person oder eine Mehrheit von Personen. Der Inhalt der Repräsentation besteht in dem Vergegenwärtigen des Repräsentierten. Und zwar kann dieses Vergegenwärtigen ebensogut in einem Handeln wie in einem bloßen Darstellen bestehen. In der öffentlichrechtlichen Sphäre um den Staat wird in der Regel die Repräsentation sich in einem Handeln vollziehen, z. B. wenn das Parlament Beschlüsse faßt, der Reichspräsident den Reichstag auflöst. Aber auch hier ist eine Repräsentation durch ein bloßes Darstellen durchaus möglich, so z. B. wenn der Reichspräsident am Neujahrstage die beglaubigten diplomatischen Vertreter der fremden Staaten empfängt, am Verfassungstage sich in den Reichstag begibt oder eine Ausstellung besucht. Aus dem Wesen der Repräsentation ergibt sich m. E. ferner, daß der Repräsentant anderen Repräsentanten derselben Sphäre gegenüber Selbständigkeit besitzen, bzw. daß er in dieser Sphäre der einzige Repräsentant sein muß. Die Gemeinschaft, die in der politischen Sphäre repräsentiert wird, muß entweder die einzige sein oder, es müssen mehrere selbständige Gemeinschaften bestehen, die durch Repräsentanten zueinander in Beziehung gesetzt werden. So ist es mit der Repräsentation nicht vereinbar, daß ein Repräsentant von einem anderen abhängig ist. Wäre dieses der Fall, so würde er das von ihm Repräesentierte ja nicht allein vergegenwärtigen können, sondern nur mit Hilfe des Repräsentanten, von dem er abhängt. Repräsentation würde aber damit jeden Sinn verlieren. Vor allem wird ein Repräsentant der nicht nur den Repräsentierten darstellt, sondern ihn auch durch Handeln vergegenwärtigt, Selbständigkeit im Handeln besitzen müssen.

Die hier vertretene Auffassung vom Wesen der Repräsentation deckt sich insofern mit der Carl Schmitts[1]) als auch

---

[1]) Verfassungslehre, München 1928, S. 208 ff., vgl. auch Römischer Katholizismus und politische Form, München 1925, S. 25 ff.

ich glaube, daß die Repräsentation »kein normativer Vorgang, kein Verfahren und keine Prozedur, sondern etwas Existenzielles ist«. Wenn C. Schmitt aber ausführt, daß Repräsentieren »ein unsichtbares Sein durch ein öffentlich anwesendes Sein sichtbar machen und vergegenwärtigen heißt« und gleichzeitig fortfährt, »die Dialektik des Begriffs liegt darin, daß das Unsichtbare als abwesend vorausgesetzt und doch gleichzeitig anwesend gemacht wird« »[1]) so scheint mir ein Widerspruch darin zu liegen, daß etwas, das als abwesend vorausgesetzt wird, gleichzeitig[2]) anwesend sein soll. Wenn das Unsichtbare anwesend ist, so kann es nicht zugleich als abwesend vorausgesetzt werden, es ist vielmehr anwesend schlechthin. Es scheint mir, daß bei Schmitt letzten Endes wenn auch unbewußt, von einer theologischen Grundauffassung ausgegangen wird, nach der Gott gleichzeitig anwesend und abwesend gedacht sein kann. Diese personalistische Auffassung kann m. E. nicht auf die der Repräsentation in der öffentlich-rechtlichen Sphäre zugrunde liegenden Begriffswelt übertragen werden. Zu Mißverständnissen scheint mir ferner die Behauptung Anlaß geben zu können, daß das unsichtbare Sein öffentlich sichtbar gemacht werden muß. Wenn öffentlich anwesendes Sein nichts anderes bedeuten würde als den Gegensatz zum unsichtbaren Sein, dann wäre gegen diese Formulierung nichts einzuwenden. C. Schmitt gebraucht den Begriff öffentlich aber hier in einem doppelten, wenn nicht überhaupt in einem anderen Sinne. Er behauptet [3]) nämlich, daß »die Repräsentation nur in der Sphäre der Öffentlichkeit vor sich gehen kann«. »Ein Parlament« sagt er, »hat nur so lange repräsentativen Charakter, als man glaubt, daß seine eigentliche Tätigkeit in der Öffentlichkeit liege«. Diese Behauptung, scheint mir, kann man nicht aus dem Begriff der

---

1) Verfassungslehre, S. 209.
2) Sperrdruck bei diesen und den folgenden Zitaten vom Verfasser.
3) Verfassungslehre, S. 208.

Repräsentation folgern, sie ist auch aus der Geschichte der Repräsentation zu widerlegen. Es genügt das Gegenwärtigsein der Repräsentanten. Deswegen können sie wohl, wie z. B. die Repräsentationen italienischer Stadtstaaten es getan haben, hinter verschlossenen Türen tagen. In der politischen Sphäre um den Staat wird allerdings die Repräsentation sich immer auf der öffentlich-rechtlichen Ebene bewegen. Ich stimme daher Carl Schmitt zu, daß es hier jedenfalls keine Repräsentation gibt, »die 'Privatsache' wäre« und daß damit alle Begriffe und Vorstellungen ausgeschlossen sind, »die wesentlich in die Sphäre des Privaten, des Privatrechtlichen und des bloß Ökonomischen gehören, also Begriffe wie Geschäftsführung, Wahrnehmung und Vertretung privater Interessen usw.«. Es scheint mir aber, daß Schmitt nicht scharf genug den Begriff des öffentlichen von dem des öffentlich-rechtlichen unterschieden hat. Ich kann ihm daher auch nicht Recht geben, daß ein Parlament, dessen Entscheidungen außerhalb der Öffentlichkeit fallen, deswegen »nicht mehr Repräsentant der politischen Einheit des Volkes ist«.

Nimmt man an, daß Repräsentation im Staat sich immer in einer öffentlich-rechtlichen Sphäre bewegt, so ist damit implicite gegeben, daß das Repräsentierte und der Repräsentant sich in einer Sphäre höherer Werte befinden müssen, was Carl Schmitt als zum Wesen der Repräsentation gehörig bezeichnet. »Etwas Totes, etwas Minderwertiges oder Wertloses, etwas Niedriges« kann in dieser Sphäre jedenfalls nicht repräsentiert werden. Denn das, was uns in einer Volks- und Staatsgemeinschaft einigt, sind wohl für die Vertreter fast aller Staatstheorien, soweit sie nicht rein utilitaristische sind, wenn auch nicht unbestritten die höchsten, so doch jedenfalls höhere Werte. Ist doch das gerade das charakteristische, wodurch die öffentlich-rechtliche Rechtsgemeinschaft sich von der privatrechtlichen scheidet, daß in ihr Ziele verfolgt werden, die über die Ziele und Interessen des einzelnen Individuums oder einer Summe von solchen oder einer auf gleichartigen Zielen und Interessen einzelner aufgebauten Gesellschaft bzw. eines Vereins hinausgehen.

Nicht wesentlich für den Begriff der Repräsentation im Staat ist es, daß die politische Einheit durch einen Repräsentanten oder eine Repräsentation verkörpert wird. Es ist durchaus möglich, daß mehrere Repräsentationen derselben politischen Einheit, wie dies z. B. im gegenwärtigen Deutschen Reich der Fall ist, gleichberechtigt nebeneinander stehen, wenn auch die Auffassung von Haenel richtig ist, worauf Smend [1]) hinweist, daß »in dem praktischen Einheitsdrange, der mit jedem Gemeinzwecke gesetzt ist«, die Tendenz zu einem »höchsten Organ« besteht. Wesentlich ist, daß der Repräsentant unabhängig ist, nicht nur in dem Sinn, wie Carl Schmitt [2]) es meint, daß er weder Funktionär, noch Agent, noch Kommissar ist, sondern daß auch keine Abhängigkeit von einer anderen Repräsentation besteht [3]). Nicht wesentlich ist dagegen, daß der Repräsentant oder die Repräsentation »regieren«, letzte Entscheidungen zu treffen haben. Auch hier weiche ich von der Auffassung von Carl Schmitt [4]) ab. Es folgt an sich noch nicht aus dem Begriff der Repräsentation, Vergegenwärtigen eines unsichtbaren Vorhandenen, daß der dieses unsichtbar Vor-

---

[1]) Verfassung und Verfassungsrecht, München 1928, S. 93 (Haenel, Staatsrecht I S. 92).

[2]) Verfassungslehre S. 212, 213.

[3]) Der Botschafter eines republikanischen Staates ist hier nicht als Gegenbeispiel anzuführen, denn er repräsentiert den Staat dem fremden Staat gegenüber nur, wenn er ihn darstellt, z. B. zum Neujahrsempfang des Staatsoberhauptes geht, nicht aber, wenn er Handlungen vornimmt. Dann ist er nurBeamter, der nach den Anweisungen des Außenministers handelt. Der Oberpräsident in Preußen ist immer nur höchster Kommissar der Regierung, da im Lande eine Repräsentation, die den Staat darstellt, in der Person des Staatsministeriusm bzw. des Ministers vorhanden ist. Der Richter in Deutschland repräsentiert m. E. überhaupt nicht. Es ist nur Inhalt seiner Beamtenamtspflicht, im Namen des Volkes Recht zu sprechen, ebenso wie jeder andere Beamte innerhalb seines Tätigkeitsbereiches im Namen des Volkes handelt, ohne zugleich den Staat selbst gegenwärtig zu machen.

[4]) A. a. O. S. 212.

handende Repräsentierende nunmehr für dieses auch die letzte Entscheidung zu treffen hat. Allerdings wird im Staate dem, der die politische Einheit des Volkes repräsentiert, meist auch die letzte Entscheidung durch die Verfassung übertragen sein. Allein es gibt auch Fälle, in denen eine Repräsentation möglich ist, ohne daß dieser eine Entscheidungsgewalt übertragen ist. Das wird überall da der Fall sein, wo innerhalb des Staates weitere Gemeinschaften außer der Volksgemeinschaft repräsentiert und ihre Repräsentanten irgendwie zur Mitwirkung bei der Willensbildung des Staates mit herangezogen werden, ohne daß ihnen eine letzte Entscheidung übertragen ist. Das trifft zum Teil zu bei dem Reichsrat, der eine Repräsentation der Länder im Reich darstellt. »Zur Vertretung der deutschen Länder bei der Gesetzgebung und Verwaltung des Reichs wird ein Reichsrat gebildet« (Art. 60 RV.): ist im Sinne von Repräsentation zu verstehen, ebenso die entsprechende Bestimmung über den preußischen Staatsrat: »Zur Vertretung der Provinzen bei der Gesetzgebung und Verwaltung des Staates wird ein Staatsrat gebildet« (Art. 31 PrV.). In beiden Fällen sind die entscheidenden Befugnisse der genannten Organe außerordentlich gering. Vor allem gilt es aber vom Reichswirtschaftsrat, der, wie später noch auszuführen sein wird, als Repräsentant der Wirtschaft anzusehen ist, und dem zwar keine entscheidenden Befugnisse gegeben sind, der aber auf die Entscheidung der dazu bestimmten Repräsentationen einzuwirken, auf sie Einfluß zu nehmen berufen ist. Man wird daher dazu kommen können, zwei Arten von Repräsentationen zu unterscheiden, solche, die regieren, und solche, die auf die Regierung Einfluß nehmen, nur indirekt auf sie einwirken. Zu der ersten gehören nach der deutschen Verfassung Reichstag, Reichspräsident und Reichsregierung, zu der zweiten Reichsrat und Reichswirtschaftsrat. Erforderlich ist aber für beide Arten die vollkommene Unabhängigkeit der Repräsentanten.

Die Repräsentation im modernen Staat entsteht im Wege eines Integrationsvorganges, durch den die zu repräsentierende Gemeinschaft als Einheit gegenwärtig gemacht wird. Ich glaube, daß Schmitt mit dem gewiß mit Absicht betonten Begriff der Existenz, der für ihn [1]) eine »gesteigerte Art Sein« voraussetzt und den er offenbar streng im Anschluß an die Wortbedeutung des lateinischen Wortes existere gebraucht, den der Entstehung der Repräsentation zugrunde liegenden Vorgang nur statisch erfaßt. Den für uns bedeutungsvollen Vorgang der Entstehung der Repräsentation einer Gemeinschaft zu erklären, gibt uns erst die Integrationstheorie, wie sie Rudolf Smend begründet hat [2]), die richtigen Aufschlüsse. Wenn C. Schmitt sagt, daß »in der Repräsentation eine höhere Art des Seins zur konkreten Erscheinung kommt«, daß »die Idee der Repräsentation darauf beruht, daß ein als politische Einheit existierendes Volk gegenüber dem natürlichen Dasein einer irgendwie zusammenlebenden Menschengruppe eine höhere und gesteigerte, intensivere Art Sein hat, so wird damit der der Entstehung der Repräsentation des modernen Staates zugrunde liegende Vorgang nicht genügend erklärt. Der Staat, der z. B. durch das Parlament repräsentiert wird, ist als politische Einheit an sich noch nicht vorhanden. Er wird erst zu einer politischen Einheit dadurch, daß das Volk sich in den Wahlen, in Volksabstimmungen zusammenfindet und in dem Wahl- oder Abstimmungsergebnis sein Wille in seinen verschiedenen Schichten — ich lasse absichtlich hier die Frage der Entscheidung durch die Mehrheit außer Acht — erkennbar wird. Er wird es im modernen Staat in besonderem Maße durch das Tätigwerden des Parlaments, weil hier noch mehr wie bei der Repräsentation durch einen einzelnen Repräsentanten

---

[1]) A. a. O. S. 210.

3) Vgl. Smend, »Die politische Gewalt im Verfassungsstaat und das Problem der Staatsform«, Tübingen 1923 und »Verfassung und Verfassungsrecht« München 1928.

das Volk in seinen verschiedenen Schichten, heute den Fraktionen der Parteien, zur Darstellung gebracht und durch die Mitwirkung dieser Schichten zu Willensentschlüssen gebracht wird. Das charakteristische an beiden Vorgängen ist, daß das als politische Einheit an sich noch nicht vorhandene Volk zu einem Ganzen zusammengeschlossen, im Smendschen Sinn integriert wird [1]). So zählt denn auch Smend Wahlen, parlamentarische Verhandlungen, Kabinettsbildungen, Volksabstimmungen zu den integrierenden Funktionen. »Sie integrieren«, sagt er, »d. h. schaffen zu ihrem Teile die jeweilige politische Individualität des Volksganzen und damit die Voraussetzung für sein rechtlich faßbares, inhaltlich gutes oder schlechtes Tätigwerden [2]). »Es kommt«, fährt Smend in bezug auf den heutigen Staat fort, »für den letzten Sinn des Parlamentsstaats nicht darauf an, ob das Parlament überhaupt Beschlüsse faßt und ob es insbesondere gute Beschlüsse faßt, sondern darauf, daß die parlamentarische Dialektik innerhalb des Parlaments und in dem miterlebenden Staatsvolk Gruppenbildung, Zu-

---

[1]) Auf diese Gemeinsamkeit der beiden Integrationsvorgänge ist es m. E. zurückzuführen, daß vielfach auch der zur Vornahme von Wahlen oder zu Volksabstimmungen berufene Teil des Volkes als Repräsentation des Volkes angesehen wird. M. E. zu Unrecht, denn wenn hier das Volk tätig wird, so soll nicht nur das zwar vorhandene, aber nicht sichtbare Volk durch die an die Wahlurne tretenden Wähler gegenwärtig werden, sondern diese Wähler sind dadurch, daß sie durch den gemeinsamen Wahlakt zu einer politischen Einheit werden, selbst das Volk, wie es ja auch bei der unmittelbaren Demokratie besonders sichtbar in die Erscheinung tritt. Eine Schwierigkeit bleibt allerdings hier zu klären, die dadurch entsteht, daß die Gesamtheit der an die Wahlurne tretenden Wähler oder Stimmberechtigten, wenn man gegebenenfalls auch an Frauen und Kinder denkt, dem Gesamtvolk nicht entsprechen. Hier kann der Begriff der Identität, wie ihn C. Schmitt, Verfassungslehre S. 205, gebraucht, vielleicht fruchtbar sein. Wichtiger scheint mir zu sein, zu betonen, daß hier nicht die Wähler etwas unsichtbar Vorhandenes vergegenwärtigen, sondern daß, wenn ich es an einem Bilde verdeutlichen darf, das an sich unsichtbar vorhandene Gesamtvolk durch die Wählerschaft selber und zwar handelnd aus dem Schatten ins Licht tritt, hinter sich Kinder und gegebenenfalls auch Frauen im Schatten zurücklassend.

[2]) Verfassung und Verfassungsrecht. S. 39, 40.

sammenschluß, Bildung einer bestimmten politischen Gesamthaltung herbeiführt, ebenso wie das Wahlrecht zunächst parteibildend wirken, nicht lediglich einzelne Abgeordnete liefern soll.« »Das Volk«, sagt Smend, »ist im parlamentarischen Staat nicht schon an sich politisch vorhanden und wird dann noch einmal besonders von Wahl zu Wahl und Kabinettsbildung zu Kabinettsbildung politisch besonders qualifiziert, sondern es hat sein Dasein als politisches Volk, als souveräner Willensverband in erster Linie vermöge der jeweiligen politischen Synthese, in der es immer von neuem überhaupt als staatliche Wirklichkeit existent wird. Dies Verfahren ist allerdings nie der einzige Integrationsfaktor eines Staatsvolkes, die einzige Bedingung seiner politischen Willens- und Wirkungsfähigkeit, aber es ist nach dem Sinn einer parlamentarischen Staatsverfassung die abschließende, von der die jeweilige politische Individualität in erster Linie bestimmt wird.«

Der Begriff der Integration kann m. E. aber auch fruchtbar gemacht werden für ein Gebiet, auf das er von Smend bisher nicht angewendet worden ist. Smend erblickt, wie wir gesehen haben, die Bedeutung des Parlaments im modernen Parlamentsstaat darin, daß in dem miterlebenden Staatsvolk Gruppenbildung, Zusammenschluß, Bildung einer bestimmten politischen Gesamthaltung erfolgt, und die Bedeutung des Wahlrechts darin, daß es parteibildend wirkt. Es ist sein großes Verdienst, daß er es auf diese Weise überhaupt erst ermöglicht hat, an Stelle der bisher üblichen Betrachtung, die außer dem Staat als einer mehr oder weniger mystischen Person nur das Volk, das auch meist nur als die Summe einzelner Individuen gedacht war, gesehen hat, weitere Gemeinschaften im Staat zum Gegenstand einer staatsrechtlichen Betrachtung zu machen. Sehen wir den modernen Staat, wie er ist, vor allem die politische Sphäre um den Staat, so finden wir heute in allen modernen Ländern, ganz besonders aber in Deutschland eine Fülle von bestehenden oder werdenden Gemeinschaften, die alle irgendwie öffentlichen Aufgaben neben dem Staat oder an Stelle des Staates zu erfüllen übernommen haben, die Einfluß auf den Staat haben oder suchen oder deren sich der Staat in irgendeiner Weise, sei es zur Durchführung öffentlicher Aufgaben, die er selber nicht übernehmen will, bedient oder die er sonst bei seiner Willensbildung und Willensausführung mit heranzieht. Dazu gehören die großen Selbstverwaltungskörper, wie die Gemeinden, Kreise und Provinzen, deren Bedeutung man in der politischen Sphäre um den Staat nicht gerecht wird, wenn man sie bloß unter dem Gesichtspunkt von Veranstaltungen des Staates betrachtet, dazu gehören aber auch die Religionsgesellschaften und deren Spitzenverbände, große kulturelle Gemeinschaften wie die Notgemeinschaft der Deutschen Wissenschaft, die Kaiser Wilhelm-Gesellschaft zur Förderung der Wissenschaften, der Caritasverband, vor allem aber wirtschaftliche Verbände aller Art, es seien hier nur die Gewerkschaften [1]) und die großen landwirtschaftlichen und industriellen Fach- und Arbeitgeberverbände erwähnt, von denen ja oft gesagt worden ist, daß sie eine Macht im Staate bilden.

[1]) Wieweit die deutschen Gewerkschaften heute ihr Tätigkeitsgebiet über den Bereich der Interessenahme an Arbeitslohn und Arbeitszeit hinaus ausgedehnt haben, und in welch weitem Umfange sie vom Staat zur Lösung öffentlicher Aufgaben bereits herangezogen werden, darüber gibt das ausgezeichnete im Auftrage des Allgemeinen deutschen Gewerkschaftsbundes von Fritz Naphthali herausgegebene Burch »Wirtschaftsgdemokratie, ihr Wesen, Weg und Ziel,« Berlin 1928, an dem Hans Arons, Fritz Baade, Bruno Broecker, Georg Decker, August Ellinger, Lothar Erdmann, Friedrich Lesche, Jakob Marschak, Fritz Naphthali, Hugo Sinzheimer und Gustav Warburg mitgearbeitet haben, reichen Aufschluß. Daß es sich hier nicht um eine auf Deutschland beschränkte Erscheinung handelt, ergibt sich aus dem Buche von Maxime Leroy, Les techniques nouvelles du syndicalisme. Paris 1921, aus dem folgende charakteristische Stelle (S. 12 und 13) hier zitiert sei: »Tout le pouvoir n'est plus dans le gouvernement, il est aussi dans les groupements professionnels, qui ne se contentant pas de défendre les intérêts de salaires ou de temps de travail, ont l'ambition de régler les intérêts spirituels et matériels, la discipline corporative et civique, le droit collectif du métier qu'ils représentent, de déterminer en somme leur place dans la société, par delà de intérêts de leurs membres.«

Dieser Entwickelung gegenüber, die der Niederschlag einer weit verbreiteten Volksstimmung ist, nicht vom Staat allein die Lösung öffentlicher Aufgaben zu erwarten, und die ja wenigstens zum Teil vom Staat begünstigt worden ist, besteht für den Staat das Problem darin, alle diese Gemeinschaften und Verbände nicht vollständig losgelöst von ihm oder gar gegen ihn sich entwickeln zu lassen, sondern sie zu ihm in unlösliche Beziehungen zu setzen, sie irgendwie zur Stärkung der politischen Einheit des ganzen Volkes heranzuziehen, sie in den Staat mit hineinzuziehen. Diese Tendenz, die sich in der politischen Sphäre um den Staat befindlichen Gemeinschaften mit zur Integration der politischen Einheit des Volkes zu verwenden — und ich glaube, daß gerade nach dieser Richtung der Begriff der Integration noch sehr fruchtbar gemacht werden kann —, kann auf sehr verschiedene Weise erfolgen. Einer dieser Integrationsfaktoren aber ist, daß der Staat durch seine Gesetzgebung dazu beiträgt, diese einzelnen Gemeinschaften, dadurch, daß er ihnen eine Repräsentation gegenüber dem Staat und im Staat gibt und sie zugleich durch diese Repräsentation an staatlichen Aufgaben beteiligt, wiederum zu einem Ganzen zu integrieren. Das ist meines Erachtens in ganz besonderem Maße der Fall bei dem Reichswirtschaftsrat, der als Repräsentation der Wirtschaft eine Fülle wirtschaftlicher Organisationen zu einem Ganzen, der Wirtschaft, integriert und damit, daß er diese Wirtschaft gegenüber dem Staat repräsentiert und als Staatsorgan an der staatlichen Gesetzgebung beteiligt wird, zugleich die Wirtschaft in den Staat hineinintegriert [1]).

---

[1]) In Italien hat der Faschismus eine andere Integrationsmethode angewendet. Dort hat man seit der Gesetzgebung von 1926 die schon vorher vorbereitete Einordnung der Wirtschaft in den Staat dadurch planmäßig vollzogen, daß man vom Staat aus die Wirtschaft aus Syndikaten, Föderationen und Korporationen aufgebaut und gleichzeitig diesen Aufbau als Unterbau für das Parlament benutzt hat. Der Staat hat also nicht der Wirtschaft eine Repräsentation gegeben und diese zu den Repräsentationen des Staates in Beziehung

2. Der Begriff der Wirtschaft.

Was ist unter Wirtschaft in diesem Zusammenhang zu begreifen? Wirtschaft, wie sie hier verstanden wird, ist nicht Wirtschaft in dem üblichen sozialökonomischen Sinne. Der Begriff der Wirtschaft im sozialökonomischen Sinn ist kein einheitlicher. Unter Wirtschaft versteht z. B. Max Weber »ein einheitlich geleitetes Handeln kraft eigener Verfügungsgewalt, soweit es durch Fürsorge für Nutzleistungschancen bestimmt wird« [1]). In dem Grundriß der Sozialökonomik [2]) sagt er, daß er von Wirtschaft nur reden will, »wo einem Bedürfnis oder einem Komplex solcher, ein im Vergleich dazu nach der Schätzung des Handelnden, knapper Vorrat von Mitteln und möglichen Handlungen zu seiner Deckung gegenübersteht und dieser Sachverhalt Ursache eines spezifisch mit ihm rechnenden Verhaltens wird«. Er versteht unter Wirtschaft folglich zwar nicht jedes zweckrational angelegte Handeln, was er ablehnt, aber doch jedenfalls ein zweckrationales Handeln.

Dieser Begriff der Wirtschaft deckt sich nicht mit dem, der uns vorschwebt, wenn wir von Beziehungen von Staat und Wirtschaft sprechen. Während Max Weber unter der Wirt-

---

gesetzt, sondern der Staat, der sich auf den Wirtschaftsverbänden aufbaut, ist eins mit der Wirtschaft. Der dem Reichswirtschaftsrat entsprechende Consiglio Superiore dell' Economia Nazionale ist daher verhältnismäßig bedeutungslos. In Wahrheit ist allerdings auch hier der Staat nicht restlos der Wirtschaft gleichzusetzen. Denn der eigentliche Träger des Staates ist die Faschistische Partei, sein Repräsentant der Duce. Die organisierte Wirtschaft Italiens (nicht in unserem Sinn, sondern mehr an die von Möllendorff geplante Organisation der Wirtschaftsbünde und Wirtschaftsverbände erinnernd) ist für die Repräsentation des Staates nicht entscheidend — insofern berufen sich die Anhänger des berufsständischen Gedankens zu Unrecht auf Italien —, denn auch für den Aufbau des Parlaments ist der entscheidende Akt »Die Nominierung der Parlamentskandidaten durch den Gran Consiglio, das höchste Partei- und faktisch auch das mächtigste Staatsorgan nach dem Diktator«. Vgl. Gerhard Leibholz, Zu den Problemen des faschistischen Verfassungsrechts, Berlin 1928, insbes. S. 12 ff.

[1]) Wirtschaftsgeschichte, München 1924, 2. A., S. 2.

[2]) 3. Abteilung, Wirtschaft und Gesellschaft, Tübingen 1925, S. 181.

schaft nur das Wirtschaften begreift, ein zweckrationales Handeln, also jedenfalls von handelnden Personen ausgeht, die Tätigkeit des »ökonomischen Menschen« im Sinne von Eduard Spranger [1]) im Auge hat, müssen wir für das, was wir erkennen wollen, nicht von dem zweckrationalen Handeln an sich ausgehen, auch nicht von den so handelnden Menschen, sondern von einer Einheit der ökonomischen Menschen in ihrer spezifisch ökonomischen Sphäre. Und zwar ist es nicht das Problem, ob und welche Ordnung zwischen dem Handeln der einzelnen ökonomischen Menschen besteht. Das ist vielmehr das große Thema, mit dem die Wissenschaft der Sozialökonomik sich bisher fast ausschließlich befaßt hat, sei es, daß sie die aus dem Handeln einer Mehrheit von ökonomischen Menschen sich ergebende Einheit in dem Gebiete des Oikos, der Stadt, des Territoriums, der Nation oder über die Grenzen einer Nation hinausreichend untersucht hat und so zu den Begriffen der Gutswirtschaft, der Stadtwirtschaft, der Territorialwirtschaft, der Nationalwirtschaft und der Weltwirtschaft gekommen ist, wobei sie dann Regeln aufgestellt hat, nach denen die Tätigkeit der ökonomischen Menschen unter dem Gesichtspunkt einer Einheit gesehen insbesondere von seiten des Staates beeinflußt werden sollte. Das Objekt dieser wissenschaftlichen Betrachtung war meist die Nationalwirtschaft. Und der Staat hat dann in jedem Falle, in dem er Wirtschaftspolitik betrieben hat, ob nun der Wissenschaft folgend oder einer eigenen Staatsräson, für den Umkreis seines Staatsgebietes oder eines Teiles desselben oder über sein Gebiet auch hinausgreifend das Handeln der ökonomischen Menschen wieder als eine oder mehrere Einheiten gesehen, die er als Objekt seiner Politik, seiner Wirtschaftspolitik betrachtet hat. Und auch hier haben Staatspolitiker und von der Politik des Staates Betroffene dann von

---

[1]) Lebensformen, Halle 1925, 5. Aufl., S. 145 ff.

der Wirtschaft als einem Einheitsbegriff gesprochen, der Wirtschaft, die hier als Objekt staatlicher Tätigkeit erscheint.

Dieser Begriff einer Einheit in dem Handeln ökonomischer Menschen innerhalb bestimmter Gebiete (es brauchen dies nicht durch den Zusammenhang mit einem bestimmten Territorium abgegrenzte Gebiete zu sein, sondern es kann auch der Zusammenhang durch einen über die Grenzen eines Territoriums hinausreichenden Rohstoff, z. B. die Kohle, und zwar unter Ausschluß aller übrigen Zusammenhänge begründet sein) als Objekt einer Behandlung gesehen, ich möchte ihn den sozialökonomischen Begriff der Wirtschaft nennen, ist, obwohl eine staatspolitische Tätigkeit sehr stark zu seiner Entwicklung beigetragen hat, nicht der Begriff der Wirtschaft, den wir brauchen können, wenn wir von dem politischen Verhältnis der Wirtschaft zum Staat sprechen. Der sozialökonomische Begriff der Wirtschaft ist ein Begriff einer Einheit des ökonomischen Handelns, der gewonnen wurde von einem Standpunkt, der außerhalb der ökonomisch handelnden Menschen eingenommen wurde. Diese Einheit ist eine in das Handeln ökonomischer Menschen von außen hineingesehene, sie braucht nicht einmal eine zwischen diesen tatsächlich vorhandene zu sein, so kann sie — sie sollte es allerdings nicht — ein bloßes juristisches Hilfsmittel für die wissenschaftliche Erkenntnis sowohl wie für die praktische Politik sein. Die dieser Betrachtungsweise zugrunde liegende Fragestellung ist nun dahin zu erweitern, ob eine Einheit zwischen den ökonomischen Menschen auch von ihrem Standpunkt aus gesehen werden kann, nicht in dem Sinne, daß diese Menschen die auf sie bezogene Betrachtungsweise der Wissenschaft und des Staates angenommen haben und sich als Objekt wissenschaftlicher Betrachtung oder staatliche Behandlung als eine Einheit empfinden, sondern daß sie auch abgesehen von den vorher skizzierten staatlichen bzw. wissenschaftlichen Betrachtungsweisen sich als Einheit erleben. Es kann dies auf zweierlei Arten geschehen. Sie können sich unter sich als Einheit fühlen ohne jede Beziehung zum Staat, oder sie können sich gerade in bezug auf den Staat als Einheit fühlen, nicht als Objekt staatlicher Tätigkeit, sondern in einem aktiven Erleben des Staats, in einem Streben zum Staat, vielleicht in einem Gegensatz zu ihm. Es ist dabei die Frage, ob in beiden Fällen diese Beziehungen noch in der gleichen Sphäre liegen wie das Handeln, das Max Weber unter Wirtschaft. begreift. Versteht man, wie Max Weber unter Wirtschaft ein einheitlich geleitetes Handeln kraft eigener Verfügungsgewalt, soweit es durch Fürsorge für Nutzleistungen und Nutzleistungshandlungen bestimmt wird, so kann natürlich keine Rede davon sein, daß die Mehrheit sämtlicher im Wirtschaftsleben eines Staates stehender Menschen, zwischen denen z. B. durch das Interesse an einem Handelsvertrag dieses Staates mit einem anderen Staat Beziehungen bestehen, zu einer Einheit von Interessen verbunden ist, die genau in der gleichen Sphäre sich befinden, wie das zweckrationale Handeln, das Max Weber als Wirtschaft begreift, jedenfalls nicht unmittelbar, sondern nur mittelbar. Anders wäre es, wenn diese Menschen so miteinander verbunden wären, daß aus mehreren bisher selbständigen Personen in bezug auf das einheitlich geleitete wirtschaftliche Handeln ein einheitliches Subjekt geworden wäre, wenn also z. B. an die Stelle fämtlicher innerhalb eines Staates bisher kraft eigener Versügungsgewalt fürsorglich für Nutzleistungen Handelnder ein einziges in der gleichen Weise handelndes Subjekt, nennen wir es »die Nationalwirtschaft«, auftreten würde, zu der alle bisher selbständigen Personen nur im Angestelltenverhältnis stehen würden. Dann würde diese Nationalwirtschaft auch Wirtschaft im Sinne von Max Weber sein. Mit einer solchen Einheit die dann wohl auch ein Rechtssubjekt im juristischen Sinne sein würde, werden wir auf lange Zeit hinaus weder innerhalb eines Staatsgebietes, noch in engeren Bezirken rechnen können. Die

Einheit der innerhalb einzelner Gebiete, mögen sie nun territorialer oder anderer Art sein, im Sinne Max Webers nebeneinander wirtschaftenden Personen ist eine andere, losere. Sie läßt sich juristisch nicht zu einer Rechtsperson verdichten. Sie ist der Ausdruck für Beziehungen von verschiedener Dichte. Sie tritt nicht zu jeder Zeit sichtbar zutage, sie ist nicht einmal immer vorhanden, wird vielleicht nur von einem kleinen Teil der zu dieser Einheit gehörigen Menschen empfunden. Und doch scheint sie da zu sein, man rechnet mit ihr, man handelt in ihrem Sinne, tritt für sie ein, wenn dieses Handeln und Eintreten vielleicht auch nicht unmittelbare Rechtsfolgen nach sich zieht. Sie ist nicht Sinnbild, sie ist mehr. So ist sie jedenfalls mehr wie der blutleere Begriff der Gesellschaft [1]). Sie wird

---

[1]) Daß man auch in der Soziologie mit dem Begriff der Gesellschaft nicht viel anzufangen weiß, dafür sei als Beispiel Leopold v. Wiese zitiert. In »Allgemeine Soziologie« S. 9 sagt er: »Es liegt im Wesen unserer Grundauffassung, die im sozialen Prozesse das Element der wissenschaftlich zu untersuchenden Tatsachen sieht, daß sie nicht von einem Gesellschaftsbegriff ausgeht und nicht eine Definition dieses Begriffs voranstellt. Für uns gilt durchaus der Satz Waxweilers, daß Gesellschaft ein Name sei, dessen Sinn entschwindet, wenn man ihn vertiefen will (»dont le sens s'évanouit, quand on veut l'approfondir«) Stellt man sich unter Gesellschaft etwas Substantivisches, Substantielles und Ungrenzbares vor, so läßt sich nur antworten, daß sie nie und nirgends vorhanden ist, daß es sie überhaupt nicht gibt. Gesellschaft ist ein durchaus verbaler Begriff, ein Geschehen, ein Vorgang . . .

Der Aberglaube, es gebe ein substanzielles, körperlich-organisches oder geistig-abstraktes Etwas, das Gesellschaft heißt, muß überwunden werden, wie der Glaube, es gebe einen Ort im Raume, der Himmel, einen anderen, der Hölle heißt. Das Reale, das an die Stelle der Substanz Gesellschaft zu setzen ist, ist die Summe der Vorgänge, die wir soziale Prozesse genannt haben. Die Gebilde, die aus ihnen entstehen, ergeben in ihrer Gesamtheit nicht ein riesiges Gesamtgebilde: Gesellschaft. Sie selbst sind ja nur auf den Wegen der sozialen Prozesse Verdichtungen, die nur in den Vorstellungen der Menschen bestehen. Der Umstand jedoch, daß sie geistiger Art und nicht sinnlich wahrnehmbar sind, macht sie noch nicht unwirklich. Man mag die Gebilde insgesamt . . . als Gesellschaften bezeichnen; indessen fügen sie sich nirgends zu einem Universalgebilde Gesellschaft zusammen. Man kommt weder zu der Gesellschaft durch Addition von Staat + Kirche + Unternehmung + Verein usw., noch läßt sich ein überstaatlich-überkirchlich-übervereinliches Mammut Gesellschaftsgebäude aufweisen, das mehr als die Summe, meinetwegen das Produkt jener Geim Bewußtsein eines Teils der Menschen, die zu ihr gehören, vielleicht stärker empfunden als manches fester gefügte organisatorische Gebilde, dem sie kraft juristischer Bestimmung angehören, wie der Kreis, die Provinz, die Stadt usw. Das gilt vielleicht nicht für die Nationalwirtschaft, aber es gilt gewiß, um nur einige Beispiele anzuführen, für die chemische Industrie, die Eisenindustrie, für das Rheinisch-Westfälische Kohlenrevier oder den Deutschen Metallarbeiterverband.

Diese Einheit, die, wenn sie als alle überhaupt im wirtschaftlichen Leben eines Staates Stehenden umfassende gedacht wird, ebenfalls als Wirtschaft bezeichnet wird, wird in den meisten Fällen gegenüber dem Staat empfunden. Wenn sie innerhalb desselben kleinere Wirtschaftsgruppen umschließt, auch anderen Wirtschaftsgruppen gegenüber. Und zwar besteht hier ein Zusammenhang mit der Betrachtung einer Einheit wirtschaftlicher Handlungen als Objekt der Staatspolitik. Die von der Wirtschaftspolitik des Staates Betroffenen fühlen sich in einer Abwehrstellung gegenüber der Wirtschaftspolitik des Staates geeint. Sie empfinden, daß sie gemeinsame Interessen gegenüber dem Staat haben, die sie bestimmen, Einfluß auf die Wirtschaftspolitik des Staates oder anderer in das wirtschaftliche Handeln eingreifender Mächte zu suchen. Dieses Empfinden hat dazu geführt, daß einzelne, in einem größeren Kreise wirtschaftlich handelnder Personen besonders Angesehene dem Staate gegenüber die Interessen dieses oder eines größeren Kreises oder auch schließlich der Gesamtheit der in einem Staat wirtschaftlich handelnden Personen vertreten, ohne daß dies in den juristischen Formen der Vertretungsmacht sich vollzieht. Was sie erstreben, ist in erster Linie Einfluß zu gewinnen auf die Wirt-

sellschaften wäre. Man kann immer nur das Gesellschaftliche abstrahieren, man kann letzte, abgezogene Attribute als gesellschaftliche unklar zusammenfassen; es zeigt sich aber nirgends ein Seiendes, Definierbares, dem man diese Attribute zuweisen könnte.«

schaftspolitik des Staates, sei es, daß sie staatliche Maßnahmen verhindern oder herbeiführen wollen. Wir sahen schon, daß diese Einflußpolitik gegenüber dem Staat oder öffentlichen Verbänden gegenüber nicht immer für ein juristisch begreifbares Organisationsgebilde erfolgt, insbesondere dann nicht, wenn die Einheit wirtschaftlich-handelnder Personen eines größeren Gebietes, wie vor allem des Staates, in Frage kommt. Für kleinere Interessensphären wirtschaftlich handelnder Personen gibt es auch juristisch organisierte Verbände, wie Genossenschaften, Innungen, Handelskammern, wirtschaftliche Selbstverwaltungskörper, alle diese, wenn auch mit verschiedenen Abweichungen als juristische Korporationen des öffentlichen Rechts organisiert, und daneben die große Zahl von Fach- und Interessenverbänden von den Arbeitergewerkschaften bis zum Reichsverbande der deutschen Industrie, die sich der Rechtsform der juristischen Person des Privatrechts bedienen. Verbände, die zum Teil noch Organisationsformen früherer Wirtschaftsstufen darstellen, zum Teil dem Bedürfnis des Staates, in der Wirtschaft organisierte Sachverständigenorgane zu haben und die Wirtschaft zum Zwecke der Durchführung seiner Wirtschaftspolitik zu organisieren und zum weiteren Teil den Wünschen aus den Kreisen der Wirtschaftenden sich zur Abwehr und Einflußnahme gegenüber der Staatspolitik zusammenzuschließen, ihre Entstehung verdanken. Allen diesen loseren oder enger geknüpften Verbindungen zwischen wirtschaftlich handelnden Personen eigentümlich ist, daß ihr Verhältnis zum Staat die primäre Rechtfertigung für ihre Existenz darstellt. Wenn sie dem Staat gegenübertreten, fühlen sie sich als Teil einer Einheit, die sie selber als Wirtschaft bezeichnen. Sie sprechen »im Namen der deutschen Wirtschaft«. »Die deutsche Wirtschaft verlangt« durch sie. »Die Wirtschaft verweigert« . . . Hier ist Wirtschaft ein Begriff, der im Gegensatz zu allen früher behandelten Bedeutungen dieses Wortes ausschließlich ein politischer ist und als

Sinnbild in derselben Ebene zu sehen ist wie der Staat. Würden diese Menschen in einer gemeinsamen Abwehr und einer gemeinsamen Einflußnahme gegenüber dem Staat sich alle zusammenfinden, dann würden sie ein Recht haben, sich tatsächlich als Wirtschaft in diesem Sinne zu fühlen. Dieser letzte, alle Teile umfassende Zusammenschluß hat aber den wirtschaftenden Kreisen bisher in allen Ländern der Welt gefehlt. Trotzdem scheint die Wirtschaft in dem zuletztverstandenen Sinne jedenfalls in ihren Teilen lebendig vorhanden zu sein.

Diese Teile durch eine Repräsentation zu einem Ganzen zusammenzufassen und sie zugleich aus ihrer Stellung gewissermaßen neben dem Staat heraus und in den Staat hineinzuziehen [1]), sie mit zur politischen Integration des Staates zu verwenden und damit dem Staat neue Kräfte zuzuführen, das ist die tiefere Absicht, die die Reichsverfassung neben dem technischen Zweck, der Regierung ein möglichst gut zusammengesetztes Sachverständigengremium zu schaffen, mit dem Art. 165 verfolgt hat [2]).

---

[1]) Zur Methode vgl. hier auch Heckel, Budgetäre Ausgabeninitiative im Reichstag zugunsten eines Reichskultusfonds. Archiv des öffentl. Rechts N. F. 12 Heft 3 S. 424.

[2]) Ich finde nach Abschluß des Manuskripts, daß W. v. Möllendorff in einer am 12. Juni 1919 vor dem Reichsverband der Deutschen Industrie in Berlin gehaltenen Rede (s. R. Wissel und W. v. Möllendorff, »Wirtschaftliche Selbstverwaltung« Jena 1919, S. 27) den Begriff der Integration auf die Wirtschaft in dem oben angedeuteten Sinne angewendet hat. »Wir beabsichtigen, die Solidarität der deutschen Wirtschaft mit allen Mitteln zu bestärken. Wir halten nicht nur die horizontale, sondern auch die vertikale Verbindung zusammengehöriger Gewerbegruppen so lange für zu locker, wie ein Interessenwiderstreit statt einer Interessengemeinschaft vorherrscht. Wir bedienen uns zur Totalintegration der Gemeinwirtschaft nach Möglichkeit der Partialintegrationen, die wir in Gestalt von Trusts, Pools und anderen Verbänden in Deutschland ja zahlreich genug vorfinden . . .« (Sperrdruck vom Verfasser).

3. Bedeutung des Reichswirtschaftsrats als Repräsentation der Wirtschaft für den Staat.

Bei der Beratung des Art. 165 ist dieser tiefere Sinn des Reichswirtschaftsrats nur zum Teil erkannt worden. Während ein großer Teil der Abgeordneten in dem Reichswirtschaftsrat eine Vorbereitung zu einem berufsständischen Parlament, also zu einem Neuaufbau des politischen Staates auf berufsständischer Grundlage, ähnlich wie er jetzt in Italien durchgeführt worden ist, erblickte, ist es eigentlich nur der Berichterstatter, der Abgeordnete Sinzheimer, gewesen, der ein Gefühl dafür gehabt hat, worum es sich eigentlich handelte, wenn er es auch in Worte gekleidet hat, die nur verständlich sind, wenn man ihre Bedingtheit durch die sozialistische Theorie berücksichtigt. Sinzheimer (vgl. Protokolle d. 8. Aussch. S. 393, 94 u. 96) hat davon gesprochen, daß diesem Artikel der Gedanke der sozialen Selbstbestimmung zugrunde liege, »daß die gesellscahftlichen Kräfte selbst unmittelbar zur Geltung kommen sollten, nicht nur durch die Staatsgesetze und die Staatsverwaltung hindurch«. »Neben der Staatsverwaltung soll eine eigene Gesellschaftsverfassung entstehen, in der die gesellschaftlichen Kräfte selbst unmittelbar wirken.« Der Aufbau dieser Gesellschaftsverfassung und das Verhältnis der Organe dieser Gesellschaftsverfassung zur Staatsgewalt und ihren Organen, das ist für ihn das staatsrechtliche Hauptproblem.

Sieht man von dem Gegensatz von Staat und Gesellschaft ab und der für die sozialistische Staatstheorie typischen Höherbewertung der Gesellschaft, d. h. der »sozialistischen« Gesellschaft, im Gegensatz zur »kapitalistischen« Gesellschaft, als dem Ideal, das erreicht werden soll, verglichen mit dem Staat als dem Positiven, das verbessert werden soll [1]), die über Marx und Hegel auf St. Simon zurückführt, und setzt man für

[1]) Franz Oppenheimer, System der Soziologie, 2. Band. Der Staat, S. 153.

»gesellschaftlich« und »Gesellschaft« »wirtschaftlich« und »Wirtschaft«, so bleibt das Empfinden für das Vorhandensein einer besonderen Wirtschaftsverfassung, die zu einer Auseinandersetzung mit der Staatsverfassung drängt. Es fragt sich nur, wieweit sich diese Vorstellung mit der vorher behandelten Theorie von der Repräsentation deckt. Wir hatten gesehen, daß das Wesen der Repräsentation darin besteht, daß ein zwar vorhandenes, aber für die Menschen nicht konkret sichtbares Sein durch ein sichtbares Sein gegenwärtig gemacht wird, und zwar im Wege der Integration, durch die die zu repräsentierende Gemeinschaft als Einheit gegenwärtig gemacht wird. Aus unserer Betrachtung der Wirtschaft ergab sich, daß die Wirtschaft zwar in einzelnen Gruppen als vorhanden empfunden wird, aber nicht als Ganzes existent gemacht werden kann. Erst durch den Versuch in dem Reichswirtschaftsrat, der, wie wir noch sehen werden, Angehörige aller ökonomischen Gruppen in sich vereinigt, zu einer Repräsentation der gesamten Wirtschaft zu kommen, die durch ihn zur Darstellung und Willensäußerung gelangt, ist der Zusammenschluß aller dieser Gruppen zu einer integrierenden Einheit Wirklichkeit geworden.

Man verkennt die Bedeutung des Reichswirtschaftsrats, wenn man glaubt, daß er dazu berufen ist, ökonomische Interessen zu vertreten, wie es der Zweck der sogenannten Interessenverbände wie z. B. des Reichsverbandes der deutschen Industrie ist, und wenigstens zum Teil bei den Industrie- und Handelskammern, Landwirtschaftskammern usw. noch der Fall ist. Sondern das ist es gerade, was den Reichswirtschaftsrat über diese erhebt. Er soll nicht nur die gesamte Wirtschaft des deutschen Reiches repräsentieren, sondern auch in seinen Voten und Anträgen das Allgemeinwohl dieser Volkswirtschaft und damit des Staates verfolgen. Er ist nicht nur als Repräsentation der Wirtschaft gegenüber dem Staat geschaffen worden. Sondern dadurch, daß ihn der Staat zu einem mitbestimmenden

Faktor der Gesetzgebung und Verwaltung des Staates gemacht hat und damit den Staat mitintegriert, wird er zugleich auch zur Repräsentation des Staates mit herangezogen. So treffen ihn auch nicht die Gründe, die es ablehnen, von einer Repräsentation zu sprechen, wenn es sich um ökonomische Interessen handelt, die repräsentiert werden sollen. Die klassische auf Rousseau zurückgehende und seitdem die Staatstheorie und Soziologie beherrschende Unterscheidung von Staat und Gesellschaft, bei der der erste die allgemeine, die letzte die partikularen Interessen vertritt, wird hier überwunden. Rousseau sagt bekanntlich in dem »Discours sur l'Economie politique«: »Jede staatliche Gesellschaft ist aus anderen kleineren Gesellschaften zusammengesetzt, die verschiedenen Gattungen angehören, von denen jede ihre Interessen und Maximen hat. Aber diese in anerkannter und sichtbarer Form jedem wahrnehmbaren Gesellschaften sind nicht die einzigen, die im Staate existieren: alle einzelnen, die ein gemeinsames Interesse miteinander verbindet, bilden ebenso viele dauernde oder vorübergehende, deren Macht nicht weniger wirklich ist, weil man sie weniger bemerkt, und deren verschiedene wohlbeachtete Verhältnisse die wahre Kenntnis der Sitten ausmachen. Alle diese förmlichen oder stillschweigenden Gesellschaften modifizieren auf vielerlei Art die Äußerungen des öffentlichen Willens durch ihren Einfluß« [1]). Diese Interessen, deren Vertretung durch die einzelnen den Unterbau des Reichswirtschaftsrats bildenden Verbände erfolgt, sollen, und das ist der wichtigste teleologische Gedanke bei der Errichtung des Reichswirtschaftsrats, in der Beratung desselben zu einem Ausgleich gebracht werden; indem es die Aufgabe des Reichswirtschaftsrats ist, sein Votum nur auf das Allgemeine Beste, das Wohl der Gesamtwirtschaft, der Volkswirtschaft zu richten, erfüllt er seine Aufgabe der Integration von Wirt,

---

[1]) Rousseau, Oeuvres complètes III, Paris 1865, p. 281, Deutsche Übersetzung zit. nach Jellinek, Allgemeine Staatlehre, 3. A., S. 86.

schaft und Staat. Dadurch, daß er dieses hohe über die Interessen der Einzelnen und der einzelnen wirtschaftlichen Gruppen erhabene Ziel zu verfolgen hat, erhebt er sich aus der ökonomischen Wertsphäre jedenfalls in dem gewöhnlich damit verbundenen Sinne in die höhere Sphäre des Politischen, des Öffentlich-Rechtlichen. Da aber die letzte Entscheidung über das Wohl der Volkswirtschaft unbestritten im modernen Staat beim Staate selbst liegt, so wrd es auch verständlich, warum der Reichswirtschaftsrat innerhalb des Staatsganzen gerade diese und keine andere Stellung erhalten konnte. Der Staat — der den Primat vor der Wirtschaft für sich in Anspruch nimmt, die Führung und Entscheidung in Gesetzgebung und Politik, soweit sie sich auf die Gesamtheit der Volkswirtschaft bezieht —, will seine Entscheidung vorbereiten durch ein Gremium, das eine Repräsentation dieser Volkswirtschaft darstellt, und er will dieser Repräsentation der Wirtschaft zugleich jede Möglichkeit geben, über die Interessen der Einzelnen und der einzelnen Wirtschaftsgruppen hinaus das für das Gesamtwohl der Wirtschaft Nützliche festzustellen und anzuregen. Er will zugleich, wie es in der Begründung zu dem Gesetz über den künftigen Reichswirtschaftsrat [1]) heißt, »eine nähere Verbindung zwischen der Regierung und den von ihren Maßnahmen und Entwürfen betroffenen Wirtschaftskreisen herstellen«. Es ist ein ähnlicher Gedanke, wie er bei der Heranziehung von öffentlichen, dem Staate eingegliederten Verbänden in der Selbstverwaltung [2]) zum Ausdruck gekommen ist. Die Wirtschaft soll selbst in weitem Umfang das Recht haben, auf die Wirtschaftspolitik des Staates einzuwirken. Die Entscheidung muß sie diesem lassen, denn sie kann immer nur bei einer Stelle, und wenn der Staat sich nicht selber aufgeben will, nur bei ihm, liegen. Der Reichswirtschaftsrat

---

1) Siehe Anhang S. 118.

2) Auf diesen Zusammenhang bin ich in meiner Schrift »Selbstverwaltung der Wirtschaft, eine öffentlich-rechtliche Studie, Berlin 1924« näher eingegangen.

konnte daher nicht mitentscheidendes, sondern nur beratendes, aber mit einem weitgehenden Inititativrecht ausgestattetes Staatsorgan sein.

Der Reichswirtschaftsrat hat nichts zu tun mit einem berufsständischen Parlament. Man verkennt seinen Sinn, wenn man ihn unter dem Gesichtspunkt des berufsständischen Gedankens betrachtet [1]). Die berufsständische Idee [2]) verlangt etwas ganz anderes. Sie will aus der Kritik des gegenwärtigen Parteienstaates hinaus im Aufbau des Parlaments, zum mindesten einer ersten mit allgemeiner politischer Zuständigkeit begabten Kammer, in der Regel die Parteien ersetzt wissen durch die Berufsverbände. Sie will damit die Wirtschaft zur Herrscherin im Staate überhaupt machen, ihr die Entscheidung auch in nicht wirtschaftlichen Fragen übertragen. Sie übersieht, daß sie damit, abgesehen davon, daß wir alle, die wir irgendwie vom Idealismus herkommen, es nicht wünschen, ausschließlich von

[1]) So sind auch nach § 3 des Entw. eines Ausführungsgesetzes zum Gesetz über den Reichswirtschaftsrat auch bei der Ernennung von Mitgliedern die Verbände nicht auf den Kreis ihrer Mitglieder beschränkt.

[2]) Wichtigste Literatur: Charles Benoist, De L'organisation du suffrage universel. La crise de L'état moderne. Paris 1895. Francis de Benoit, La réprésentation politique des intérêts professionnels. Paris 1911. Léon Duguit, Traité de droit constitutionnel, 2. éd. Paris 1921. Ders., Le syndicalisme (Revue Politique et Parlementaire. Paris 1908. Ders., L'État des gouvernants et les agents, Paris 1903. Emile Giraud, La crise de la Démocratie et les réformes nécessaires du pouvoir législatif. Paris 1925. Heinrich Herrfahrdt, Das Problem der berufsständischen Vertretung von der französischen Revolution bis zur Gegenwart. Stuttgart 1921. Edgar Tatarin-Tarnheyden, Die Berufsstände, ihre Stellung im Staatsrecht und in der deutschen Wirtschaftsverfassung. Berlin 1922. Heinz Brauweiler, Berufsstand und Staat. Berlin 1925. Sava Moyitch, Le Parlement Économique. Étude politique et juridique. Paris 1927. Über die italienische Literatur über die Stellung des Faschismus zum berufsständischen Problem vgl. Mussolini, Sindacalisme e Fascismo in Gerarchia 1925, S. 269 ff. und Sergio Panunzio, Lo Stato Fascista. Bologna 1924 und Stato nazionale e sindacati. 1924, vor allem Gerhard Leibholz, Zu den Problemen des faszistischen Verfassungsrechts. Berlin 1928. Vgl. dort auch die weitere Literatur. Vgl. ferner, was die Gesamtliteratur anbelangt, das Literaturverzeichnis bei Hauschild, Der vorläufige Reichswirtschaftsrat 1920—1926. Berlin 1926.

wirtschaftlichen Interessenvertretern regiert zu werden, zugleich das Verhältnis der Wirtschaft zum Staat verschiebt [1]). In einem Wirtschaftsparlament, dem die Entscheidung in allen Hauptfragen des Staatslebens zustehen würde, würde vermutlich ein wilder Kampf der Interessen um den Staat beginnen, während in einem Organ, das die Wirtschaft gegenüber dem Staat repräsentieren soll, die Aussicht auf eine Integration von Wirtschaft und Staat eine sehr viel größere ist.

Daß bei dem Reichswirtschaftsrat nicht an eine Vertretung einzelner Berufsstände gegenüber dem Staate gedacht worden ist, sondern an eine Repräsentation der ganzen Wirtschaft, zeigt die Bestimmung, die die Pflichten und Rechte der Mitglieder des Reichswirtschaftsrates regelt. Während die Verordnung über den zurzeit noch amtierenden Conseil national économique ebenso wie die über den Bismarckschen Volkswirtschaftsrat über die Rechtsstellung der Mitglieder dieser Räte schweigt, heißt es in dem Entwurf eines Gesetzes über den künftigen Conseil national économique: »Les membres du conseil national économique, une fois nommés, ne relèvent que de leur conscience et ne peuvent recevoir aucun mandat impératif des organisations qui les ont désignés.« Die Frage, wen sie vertreten bzw. repräsentieren, ist nach der positiven Seite unbeantwortet geblieben. Dagegen enthält die zurzeit geltende Verordnung über den vorläufigen Reichswirtschaftsrat im Art 5 vor dem Satz, daß die Mitglieder des Reichswirtschaftsrats nur ihrem Gewissen unterworfen und an Aufträge nicht gebunden sind, den Satz: »Die Mitglieder des Reichswirtschaftsrats sind Vertreter der wirtschaftlichen Interessen des ganzen Volkes«. Dieser Satz soll in dem Gesetz zur Ausführung des Gesetzes über den Reichswirtschaftsrat im § 17 die Fassung erhalten: »Die Mitglieder des Reichswirtschaftsrats sind Vertreter der gesamten

[1]) Auch in Italien ist die berufsständische Idee, wie sie gewöhnlich verstanden wird, nicht restlos durchgeführt. (Vgl. dazu Anm. 1 Seite 36.)

Wirtschaft des deutschen Volkes«. Damit wird klar zum Ausdruck gebracht, daß die Mitglieder des Reichswirtschaftsrats überhaupt keine Interessen zu vertreten haben, auch nicht die wirtschaftlichen Interessen des ganzen Volkes, sondern ihre Aufgabe dann erfüllen, wenn sie bei ihrer Tätigkeit die gesamte Wirtschaft des deutschen Volkes repräsentieren, ebenso wie die Abgeordneten des Parlaments nicht die Interessen ihrer Wähler, sondern des ganzen Volkes wahrzunehmen haben, womit der Reichswirtschaftsrat erst zum Range einer wahren Repräsentation emporgehoben wird.

Diese Stellung der Vertreter des Reichswirtschaftsrats, die auch sonst die gleichen Rechte wie die Abgeordneten der übrigen Repräsentationskörper des Reiches haben, wird auch dadurch nicht beeinträchtigt, daß der künftige Reichswirtschaftsrat das Institut der nichtständigen stimmberechtigten Mitglieder kennen wird, die wegen ihrer Zugehörigkeit zu einem bestimmten Beruf, der durch einen im Reichswirtschaftsrat zu behandelnden Gegenstand besonders berührt wird, durch den Vorstand für einzelne Sitzungen oder Verhandlungsgegenstände einberufen werden können (§ 2 Abs. 3 d. Entw. f. ein Gesetz über den Reichswirtschaftsrat, §§ 7 u. 24 d. Entw. f. ein Ges. z. Ausf. d. Ges. über d. Reichswirtschaftsrat). Durch diesen Gedanken, der von einer ähnlichen Bestimmung in der Verordnung über den französischen Conseil national économique von 1925 (Art. 12) beeinflußt zu sein scheint, wird es erreicht, daß durch die Mitglieder des Reichswirtschaftsrats nicht ein starres Bild des Aufbaues der gesamten Wirtschaft reproduziert wird, sondern daß dieses je nach dem Tagungsgegenstand aus anderen Komponenten gebildet erscheinen kann. Die Individualität der Wirtschaft zeigt sich hier jeweils als eine andere. Dadurch wird das Prinzip der Repräsentation nicht durchbrochen. Auch diese nichtständigen Mitglieder sind für die Dauer ihrer Tätigkeit Repräsentanten der gesamten Wirtschaft des deutschen Volkes.

4. Der organisatorische Aufbau des Reichswirtschaftsrats verglichen mit dem organisatorischen Aufbau des Conseil National Économique.

Es bleibt zu untersuchen, ob und inwieweit die Gedanken, die, wie wir eben gesehen haben, die politische und staatsrechtliche Bedeutung des Reichswirtschaftsrats bestimmt haben, sich im organisatorischen Aufbau des Reichswirtschaftsrats wiederfinden.

Sehen wir ab von dem Unterbau des Reichswirtschaftsrates, den er nach der Verfassung durch Bezirksarbeiterräte, Bezirkswirtschaftsräte, Reichsarbeiterräte erhalten sollte. Es handelt sich hier um nichts anderes als um eine aus staatspolitischen Gründen vorgenommene Beschwichtigung der revolutionären Gewalten, denen politisch ganz konkrete Forderungen, zuletzt noch, als die Reichsregierung und Nationalversammlung vor der Gefahr standen, gefangen genommen zu werden, durch geschickte Formulierungskunst in kaum realisierbare wirtschaftsorganisatorische Konstruktionsgebilde verwandelt wurden [1]). Denn etwas anderes bedeutete die »Verankerung des Rätesystems« in der Verfassung nicht. Behalten wir vielmehr im Auge, was die Schöpfer des Reichswirtschaftsrats tatsächlich erstrebt und dann auch in der Verordnung über den vorläufigen Reichswirtschaftsrat erreicht haben und was auch heute wieder durch den Entwurf für den endgültigen Reichswirtschaftsrat erreicht werden soll, so ist folgendes festzustellen. Man wollte in dem Reichswirtschaftsrat die ganze Wirtschaft durch Vertreter ihrer einzelnen Teile repräsentiert sehen und man wollte, daß diese sich als Repräsentanten der ganzen Wirtschaft fühlen sollten. Man wollte die historisch gewordene, insbesondere in den letzten Jahrzehnten entwickelte Gliederung der Wirtschaft in einzelne

---

[1]) Vgl. zu dieser Vorgeschichte die am 5. 3. 1919 veröffentlichte Erklärung über die gesetzgeberischen Absichten der Regierung. Auch Schäffer a. a. O., S. 12 ff. und meine »Selbstverwaltung der Wirtschaft«, S. 130 ff.

Verbände zu öffentlicher Anerkennung bringen, diese Verbände durch die Zusammenfassung ihrer Vertreter im Reichswirtschaftsrat zugleich in den Staat eingliedern. Man wollte den Reichswirtschaftsrat als eine Repräsentation dieser Wirtschaft, aber zugleich als ein Staatsorgan, das darüber hinaus zusammen mit den anderen Organen des Reiches die politische Einheit des Reiches mitrepräsentieren sollte.

Für die Erfüllung dieser Aufgabe war das größte Problem, wie nun wiederum aus den verschiedenen sich als Teile der Wirtschaft fühlenden Gruppen das Ganze, die Wirtschaft zu integrieren sei, ein Problem, das besonders dadurch kompliziert wurde und auch heute noch kompliziert ist, daß die Wirtschaft nicht nur aus ihren natürlichen Teilen Produktion, Verkehr und Verbrauch zu organisieren war, sondern angesichts des Gegensatzes von Arbeitgebern und Arbeitnehmern auch dieses besondere Kräfteverhältnis berücksichtigt werden mußte. Geholfen hat man sich mit dem Prinzip der Parität, das zum erstenmal bei der im Spätherbst des Jahres 1918 gegründeten Zentralarbeitsgemeinschaft der industriellen und gewerblichen Arbeitgeber und Arbeitnehmer Deutschlands als organisatorisches Aufbauprinzip angewandt worden war.

Dieses Prinzip hat in der Entwickelung des Aufbaues des Reichswirtschaftsrats eine sehr verschiedene Rolle gespielt. Der Räteidee, deren Anhängern man, wie wir gesehen haben, bei der Formulierung des Art. 165 weitgehend entgegengekommen war, war das Prinzip der Parität direkt entgegengesetzt, wurden doch die Unternehmer als eine mitschaffende Schicht im Produktionsprozeß grundsätzlich nicht anerkannt, sondern ausschließlich die Arbeiter. Auf der anderen Seite strebte Möllendorff im Zusammenhang mit seinen planwirtschaftlich-syndikalistischen Ideen, ähnlich wie Mussolini es heute in die Praxis umzusetzen versucht hat, den Gegensatz von Unternehmern und Arbeitnehmern durch den Zwang zur Mitarbeit und zur

Einigung in den verschiedensten Wirtschaftsverbänden und so zuletzt auch in dem Reichswirtschaftsrat, auf den er einmal den Begriff des Konklave [1]) angewandt hat, zu überwinden. Unternehmer und Arbeiter sollten sich in dem Reichswirtschaftsrat nicht in ihrer bisherigen Rolle als Arbeitgeber und Arbeitnehmer gegenüberstehen, sondern als die Vertreter der beiden wichtigsten Gruppen wirtschaftlich handelnder Personen in den Organisationen der einzelnen Wirtschaftszweige. Beide sollten sich als gemeinsame Vertreter der Eisenwirtschaft, der Kohlenwirtschaft und der Landwirtschaft fühlen und die Vertreter aller dieser Produktionsgruppen zusammen mit den Vertretern des Handels und Verkehrs dann sich gemeinschaftlich zur Repräsentation eines höheren Ganzen, der Wirtschaft, zusammenfügen.

Dieser Gedanke ist denn auch in die Verordnung über den vorläufigen Reichswirtschaftsrat aufgenommen worden. Die sechs Hauptgruppen des Reichswirtschaftsrats (Land- und Forstwirtschaft, Gärtnerei und Fischerei, Handel, Banken- und Versicherungswesen, Verkehr und öffentliche Unternehmungen, Handwerk) setzen sich aus Arbeitgeber- und Arbeitnehmervertretern zusammen, denen dann noch Vertreter der Verbraucherschaft, der Beamtenschaft und der freien Berufe und besonders ernannte Personen zur Seite treten. Aber die Praxis hat gezeigt, daß dieser Versuch auf die Dauer nicht durchführbar gewesen ist. Die Zentralarbeitsgemeinschaft ist durch den Austritt der freien Gewerkschaften am 31. 3. 1924 zerfallen. Die wirtschaftlichen, Selbstverwaltungskörper, wie der Eisenwirtschaftsbund, haben sich zum größten Teil nicht entwickeln können und sind bis auf die Selbstverwaltungskörper der Kohlen- und Kaliwirtschaft verschwunden, weil hier die Unternehmer nicht nur die ganze Organisation als eine lästige Fessel für ihren freien wirtschaftlichen Betätigungsdrang empfanden, sondern ihnen

[1]) Deutsche Gemeinwirtschaft, S. 32.

wiederum die paritätische Beteiligung der Arbeitnehmer bei den Fragen des Produktionsprozesses unsympathisch war. Und im vorläufigen Reichswirtschaftsrat haben sich derselben Entwickelung folgend die Gruppen gespalten, und die Arbeitgeber und Arbeitnehmer der Hauptgruppen sich zu zwei Abteilungen zusammengeschlossen, einer Arbeitgeberabteilung und einer Arbeitnehmerabteilung, denen dann die letzten Gruppen sich als eine dritte Abteilung der freien Berufe und Verbraucherschaft zugesellten. Diese Abteilungen gewannen bald eine viel größere Bedeutung als die Gruppen, indem sie zunächst die Vorbereitung der Wahlen zu den Ausschüssen übernahmen und später, als die Vollversammlung immer seltener zusammen trat, diese völlig selbständig vollzogen. Außerdem veranstalteten sie vor den Verhandlungen in den Ausschüssen Vorberatungen über die Stellungnahme ihrer Mitglieder, sie zeigten folglich die Tendenz, sich zu regulären Fraktionen zu entwickeln. Die Gliederung der Wirtschaft in Arbeitnehmervertretungen und Arbeitgebervertretungen, wie sie die Folge des gewerkschaftlichen Kampfes gewesen war, hatte sich infolge des zähen Festhaltens der Gewerkschaften an dem Gedanken, daß in erster Linie das gemeinsame Interesse der Arbeiter an der Regelung der Arbeitsbedingungen als Prinzip des Zusammenschlusses zu gelten habe, auch hier als die zurzeit allein lebendige gezeigt. Alle gegenteiligen Bestrebungen im Reichswirtschaftsrat, beide ohne Rücksicht auf ihre Aufmarschstellung auf dem Gebiete der Sozialpolitik zu Produktionsgruppen usw. zusammenzuschließen und diese gemeinsam durch sie repräsentieren zu lassen, müssen als gescheitert angesehen werden. Vielleicht hätte sich diese Entwicklung verhindern lassen, wenn man den Reichswirtschaftsrat darauf beschränkt hätte, sich ausschließlich auf dem Gebiete der Wirtschafts- und Finanzpolitik zu betätigen. Die Erörterung sozialpolitischer Fragen mußte unter den gegebenen Verhältnissen den alten Aufmarsch wieder herbeiführen.

Dieser Entwicklung hat der Entwurf zu dem endgültigen Reichswirtschaftsrat Rechnung getragen, indem er die Bildung der Abteilungen ausdrücklich vorsieht und die Gruppeneinteilung in dem alten Sinne überhaupt gänzlich beseitigt. In dem Entwurf eines Gesetzes zur Ausführung des Gesetzes über den Reichswirtschaftsrat (§ 2) werden jetzt drei Abteilungen aufgeführt, in die der Reichswirtschaftsrat zerfällt und denen wichtige Aufgaben, insbesondere bei dem Aufbau der Ausschüsse zufallen, die zu je einem Drittel durch die drei Abteilungen besetzt werden (§§ 24 und 27 Abs. 3). Und nur in der Abteilung I, in der sich ausschließlich Unternehmervertreter befinden, und in der Abteilung III, der Abteilung der öffentlichen Hand, der Konsumenten und freien Berufe, findet sich die Gruppeneinteilung wieder. In der Abteilung I sind es sechs Gruppen, der Landwirtschaft und was damit zusammenhängt, der Industrie, des Handwerks, des Handels, der Banken und des Privatversicherungswesens, des Verkehrs und der Fischerei, während die Abteilung III acht Gruppen aufweist, eine, die von den öffentlich rechtlichen Versicherungs- und Kreditanstalten benannt wird, eine, die Vertreter der Konsumgenossenschaften und der Hausfrauen enthält, eine, die sich aus Vertretern des landwirtschaftlichen und gewerblichen Genossenschaftswesens zusammensetzt, eine, die die Tagespresse, eine, die die Beamten und die freien Berufe vertritt, sowie zwei Gruppen, in die mit dem Wirtschaftsleben der einzelnen Wirtschaftsgebiete besonders vertraute oder durch besondere Leistungen hervorragende Persönlichkeiten vom Reichsrat bzw. der Reichsregierung berufen werden sollen. Dagegen werden für die Abteilung II ohne Gruppeneinteilung 48 Vertreter benannt, d. h. eine ebenso große Anzahl von Vertretern, wie sie die Abteilung I enthält, und diese werden gemeinschaftlich von sämtlichen Arbeitnehmerspitzenverbänden vorgeschlagen. Interessant ist es, daß, wenn bei dieser Gruppierung des Reichswirtschaftsrats von Landwirtschaft, Industrie, Handel, Handwerk usw. die Rede ist, immer nur an eine Repräsentation dieser Wirtschaftsgruppen durch Unternehmer gedacht ist, während in der Abteilung II nur die großen Gewerkschaftsverbände erscheinen und diese außerdem gemeinschaftlich eine Liste aufstellen.

Wenn auch damit der Gedanke, die Wirtschaft aus ihren an den einzelnen Stadien des Wirtschaftsprozesses beteiligten Gruppen ohne Rücksicht auf die Scheidung in Arbeitgeber und Arbeitnehmer aufzubauen, aufgegeben ist, was vielleicht politisch zu bedauern ist, so ist doch erreicht worden, daß die Zusammensetzung des Reichswirtschaftsrats nunmehr entsprechend der tatsächlichen Gruppierung in der Wirtschaft erfolgt ist. Das zeigt sich auch im einzelnen in der Gruppe I. Denn in den hier als benennenden Körperschaften aufgeführten Spitzenverbänden der Landwirtschaft, der Industrie, des Handels, der Banken usw., ob sie nun die Zusammenfassung amtlicher Interessenvertretungen, wie der deutsche Landwirtschaftsrat und der deutsche Industrie- und Handelstag, oder der großen privaten Fach- und Interessenverbände, wie der Reichsverband der deutschen Industrie und der Reichsverband des deutschen Handwerks darstellen, sind die in der Wirklichkeit des Lebens tatsächlich bedeutsamen Wirtschaftsgruppen zusammengefaßt. Ja, man hat es verstanden, durch die Heranziehung auch der Arbeitgeberverbände wirklich alle großen Verbände der Wirtschaft, soweit sie durch die Unternehmer repräsentiert werden, in dem Reichswirtschaftsrat zu vereinigen. Vor allem aber wird stillschweigend vorausgesetzt, daß diese großen Verbände, in denen zahllose Unterverbände münden, bei der Verteilung der Sitze wiederum ein möglichst getreues Einzelbild der wirtschaftlichen Stärke der in ihnen vertretenen Erwerbszweige [1]) reproduzieren. So stellt der Reichswirtschaftsrat, wie er nach Verabschiedung

[1]) S. Begründung des Entwurfs z. d. Gesetz über den Reichswirtschaftsrat, S. 15.

des Entwurfs aussehen wird, tatsächlich eine Zusammenfassung aller wichtigsten Zweige der deutschen Wirtschaft dar.

Es ist interessant, diesen Aufbau des deutschen Reichswirtschaftsrats mit dem des französischen Conseil national économique zu vergleichen. Der französische Conseil national économique wird nach dem Entwurf fast die gleiche Anzahl von Mitgliedern haben, wie der deutsche nach Verabschiedung des entsprechenden Entwurfs, der französische 150, der deutsche 151, gegenüber bisher 47 bzw. 326. Das Prinzip für die Zusammensetzung ist dabei in dem französischen Entwurf mehr dem in der zurzeit noch geltenden Verordnung über den deutschen vorläufigen Reichswirtschaftsrat herrschenden angenähert. Die Gruppierung (Art. 2) erfolgt nach den drei an die Hauptstadien des Wirtschaftsprozesses sich anschließenden Gruppen Produktion, Handel und Verkehr, Verbrauch, und zwar gehören allen drei Gruppen Arbeitgeber und Arbeitnehmer an.

Dieser Aufbau unterscheidet sich sehr wesentlich von dem in der Verordnung vom 17. 1. 1925 vorgeschriebenen Unterbau des Conseil national économique. Dieser ist (Art. 3) auf 3 Gruppen aufgebaut worden: Bevölkerung und Verbrauch, Arbeit und Kapital. Die wichtigste Gruppe ist die Gruppe Arbeit, die allein beinahe Zwei Drittel aller Mitglieder umfaßt und in drei Untergruppen: Geistige Arbeit und Lehrtätigkeit, Leitende Arbeit und Besoldete Arbeit zerfällt, während diese Untergruppen auf den einzelnen Wirtschaftszweigen aufbauen. Die dritte Gruppe Kapital, die im ganzen nur 10 Vertreter entsendet, zerfällt in drei Untergruppen: Industrielles Kapital und Handelskapital, Unbewegliches Kapital, Banken, Börse, Versicherung und Sparkassen. Auffallend ist im Vergleich mit der Regelung in Deutschland, daß in einem so überwiegend agrarischen Lande wie Frankreich die Landwirtschaft insgesamt nur 5 Vertreter hat, während der französische Gesetzentwurf wie der deutsche Entwurf 29 Vertreter vorsehen. Man merkt, daß die Verordnung von 1925 die Unterschrift des Ministerpräsidenten Herriot trägt und auf eine Anregung der französischen Gewerkschaften zurückzuführen ist, während der Entwurf für das Gesetz, das den endgültigen Conceil national économique bringen soll, von dem Ministerpräsidenten Poincaré vorgelegt wurde und deutlich die Tendenz zeigt, nicht auf den Berufen den Conseil aufzubauen, sondern auf den großen Wirtschaftsgruppen. Trotzdem ist die Gruppierung nach der Verordnung von 1925 außerordentlich verschieden von dem in Deutschland geltenden System. So würden 11 Vertreter der Gruppe Arbeit, nämlich die Vertreter der leitenden Arbeit ebenso wie die 2 Vertreter des Handwerks nach der Einteilung des deutschen Entwurfs der Abteilung I zuzurechnen sein, zwei Beamtenvertreter und drei Vertreter der geistigen Arbeit und des Unterrichts der Abteilung III, und so nur 12 eigentliche Arbeitnehmer im deutschen Sinne übrig bleiben, so daß nach einer unserem Einteilungsprinzip entsprechenden Aufteilung eine Vertretung der Arbeitgeber (Abt. I) mit 19, der Arbeitnehmer (Abt. II) mit 12 und der sonstigen Volkskreise (Abt. III) mit 16 Sitzen sich ergeben würde.

Die Verteilung der Vertreter auf die drei Gruppen des französischen Gesetzentwurfs soll in der Weise erfolgen, daß die Gruppe Produktion 80 Delegierte entsendet, wovon 10 auf das Grundkapital, dagegen 30 auf die landwirtschaftlichen und industriellen Betriebe entfallen. Die gleiche Anzahl, nämlich 40, vertreten die Arbeit, hierzu rechnen nicht nur Handarbeiter und Angestellte, sondern auch Vertreter der freien Berufe, die in Deutschland zur Abteilung III gehören. Die Gruppe Handel und Verkehr sollen 48 Delegierte repräsentieren, 9 aus dem Geld- und Kreditwesen, 12 aus Übertragung und Transport, dazu gehört Post, Telegraph, Telephon und die Presse, 9 aus dem Handel, dagegen nur 18 Vertreter der Arbeit aus allen diesen Zweigen. Den Verbrauch repräsentieren 22 Delegierte, hierunter fallen solche, die die Departements und Kommunen, wie solche, die die Verbraucherorganisationen repräsentieren. Hierzu gehören auch die Delegierten, die auf die privaten und öffentlichen Versicherungen und das Staatsbudget entfallen.

Die Berufung der Mitglieder erfolgt in Frankreich und in Deutschland in ähnlicher Weise, in Frankreich durch den Ministerpräsidenten, in Deutschland durch die Reichsregierung, und zwar auf Grund von Vorschlägen der zur Präsentation berechtigten Verbände. In Deutschland wie in Frankreich hat die Berufung durch die Regierung offenbar nur die Bedeutung einer Form. Das geht insbesondere daraus hervor, daß nach dem Entwurf eines Gesetzes zur Ausführung des Gesetzes über den Reichswirtschaftsrat (§ 20) die Einsetzung eines besonderen Wahlprüfungsgerichts vorgesehen ist, das im Falle der Beanstandung, ob die Ernennung eines ständigen Mitglieds des Reichswirtschaftsrats zu Recht erfolgt ist, zu entscheiden hat [1]). Soweit die Verbände nicht in dem französischen Entwurf, wie z. B. die Berufskammern als Präsentationskörper für die Delegierten des Grundkapitals erwähnt sind, sollen sie durch die Spitzenorganisationen benannt werden, und diese werden wiederum vom Ministerpräsidenten durch Verordnung bezeichnet (Art. 4).

Die eben erwähnte Gruppeneinteilung hat in Frankreich keine Bedeutung für die Organisation des Conseil national économique, während nach Art. 7 der Verordnung über den vorläufigen Reichswirtschaftsrat die Gruppe für die Abstimmung und nach dem Entwurf eines Gesetzes zur Ausführung des Gesetzes über den Reichswirtschaftsrat die Gruppe sowohl wie die Abteilung bei der Organisation und der Abstimmung in die Er-

---

[1]) In diesem Zusammenhang wäre auch zu erwähnen, daß nach § 12 des Entwurfs des Ausf.Ges. z. d. Gesetz über den Reichswirtschaftsrat die Reichsregierung im Einvernehmen mit dem Vorstande des Reichswirtschaftsrats die Einberufung eines ständigen Mitgliedes widerrufen kann, wenn eine Körperschaft es beantragt, die das Mitglied benannt hat oder auf deren Vorschlag es von der Reichsregierung mit Zustimmung des Reichsrats ernannt ist.

scheinung treten (§ 34, § 22, § 24, § 25). Die Gruppeneinteilung des französischen Conseil national économique hat lediglich die Bedeutung eines »tableau« (Art. 2).

Angesichts des Aufbaues des französischen Conseil national économique ist zu fragen, ob dieser, obwohl er mit sehr viel geringeren Rechten ausgestattet ist, wie der deutsche Reichswirtschaftsrat, trotzdem als eine Repräsentation der französischen Wirtschaft angesehen werden kann. Ich möchte diese Frage verneinen. Zum Wesen der Repräsentation gehört, wie wir gesehen haben, daß der Repräsentant anderen Repräsentanten derselben Sphäre gegenüber Selbständigkeit besitzen muß, daß er von keinem anderen abhängig sein kann, und daß er, wenn er das Repräsentierte auch durch Handeln vergegenwärtigt, Selbständigkeit im Handeln besitzen muß. Alle diese Voraussetzungen entbehrt der französische Conseil national économique, um eine Repräsentation der französischen Wirtschaft zu sein. Er ist nicht selbständig gegenüber der französischen Regierung, vor allem fehlt ihm ein ausgebildetes Initiativrecht und damit die Repräsentation gegenüber dem Staat und die Integration mit dem Staat, die, wie wir gesehen haben, den Reichswirtschaftsrat zu einer Repräsentation des Staates und zugleich zu einer Repräsentation der Wirtschaft macht. Daran ändert auch die Tatsache nichts, daß nach dem Entwurf des Gesetzes über den künftigen Conseil national économique seine Mitglieder keine Interessen vertreten, sondern nur ihrem Gewissen unterworfen sein sollen. Die Selbständigkeit einer Repräsentation wird meines Erachtens nicht nur dadurch beeinträchtigt, daß ihre Mitglieder unfrei sind bezüglich ihrer Entschließungen in der ihr als Tätigkeitsgebiet zugewiesenen Sphäre, sondern vor allem auch durch die Abhängigkeit gegenüber einer anderen Repräsentation bezüglich der Ausübung ihrer Zuständigkeit. In dieser Beziehung bestehen aber, wie wir gesehen haben, starke Bindungen an die französische Regierung. Der Conseil national économique ist jedenfalls aus dem Stadium eines bloßen technischen Beirats der Regierung, einer Art von aus Sachverständigen zusammengesetzten Behörde, noch nicht hinausgewachsen. Trotzdem ist nicht zu verkennen, daß das seine Zusammensetzung bestimmende Organisationsprinzip nicht nur das Bedürfnis der Regierung bei der Bildung eines technischen Beirats verfolgt. Diesem widerspricht die deutlich zu erkennende Tendenz, die Auswahl unter den Sachverständigen nicht nur nach der Eignung für eine Beratung der Regierung zu treffen, sondern vielmehr eine möglichst alle Schichten der Wirtschaft im Verhältnis ihrer Bedeutung für die gesamte Wirtschaft umfassende Repräsentation zu reproduzieren [1]), eine Tendenz, die übrigens auch schon in der Verordnung über den Bismarckschen Volkswirtschaftsrat (§ 3 und 4) enthalten war. So ist in diesem schon damals, und zwar auf die Initiative von Bismarck hin eine prozentual den übrigen Wirtschaftsgruppen (Gewerbe, Handel, Land- und Forstwirtschaft) entsprechende Vertretung der Arbeiterschaft aufgenommen gewesen. Man kann in bezug auf den Preußischen Volkswirtschaftsrat, insbesondere aber auf den ja noch viel weiter entwickelten Conseil national économique sagen, daß sie jedenfalls in ihrer Organisation zahlreiche Ansätze enthalten, die zu einer wirklichen Repräsentation der Wirtschaft nur entwickelt zu werden brauchen.

---

[1]) Der Ministerpräsident Herriot hat dies in seinem Begleitbericht zu dem Entwurf der jetzt geltenden Verordnung an den Präsidenten der französischen Republik auf einem Umweg so ausgedrückt: »Elle diffère cependant des conseils administratifs ou interministrériels en ce que, composée de représentants désignés librement par les organismes professionnels ou sociaux, les plus représentatifs, elle cherchera des solutions générales. Elle constituera, pouvons-nous dire, un centre de résonnance de l'opinion publique. «Siehe Anhang S. 162. Und in der Begründung zu dem Gesetzentwurf über den künftigen Conseil heißt es: »Ou entendait créer un vaste organe d'études, au fonctionnement duquel coopéreraient les organisations économiques du pays et qui dégagerait de vue divergentes et d'intérêts opposés les principes essentiels de la politique économique recommandés comme les plus opportuns aux pouvoirs publics.« (II.) s. Anhang S. 169.

Eine weitere Frage ist, ob in der Art, wie die Arbeit des deutschen und des französischen Volkswirtschaftsrates organisiert ist, eine Beeinträchtigung des Gedankens der Repräsentation zu erblicken ist. Während der Conseil national économique nach der zurzeit noch geltenden Verordnung nur eine permanente Kommission aufweist (Art. 9) und offenbar in erster Linie als Plenum tagen soll, und auch bei dem in dem Gesetzentwurf geplanten künftigen französischen Conseil national économique trotz der vorgesehenen Errichtung von fünf permanenten Kommissionen (commissions permanentes chargées d'étudier les questions relatives à l'agriculture, à l'industrie, aux commerces et transports, à l'organisation du travail, aux mesures financières) im Plenum selber offenbar noch die eigentliche Sachverständigenarbeit durch Formulierung der Voten und Beschlußfassung über dieselben geleistet werden soll, wird der Reichswirtschaftsrat nach dem vorliegenden Gesetzentwurf fast ausschließlich nur noch in seinen Haupt- und Sonderausschüssen tätig werden [1]). Und zwar werden entsprechend der geltenden Praxis auch in dem künftigen Reichswirtschaftsrat ein wirtschaftspolitischer, ein sozialpolitischer und ein finanzpolitischer Ausschuß gebildet werden (§ 26). Daneben kann ein Ermittlungsausschuß (§ 36) besondere Bedeutung gewinnen (§ 26). Dies entspricht der Entwicklung, die bereits bei dem bestehenden Reichswirtschaftsrat jedenfalls seit dem Juni 1923, seitdem das Plenum überhaupt nicht mehr einberufen wurde, sich herausgebildet hat. In dem künftigen Reichswirtschaftsrat wird die Vollversammlung, die charakteristischerweise nicht, wie sonst üblich, an der Spitze der Bestimmungen über die innere Organisation, sondern erst am Schlusse erwähnt wird, stark in den Hintergrund treten. Sie tritt entweder auf Grund eines Beschlusses des Vorstandes oder auf Verlangen der Reichsregierung zusammen.

---

[1]) Vgl. § 30 des Entw. eines Gesetzes zur Ausf. d. Ges. über den Reichswirtschaftsrat.

Allerdings muß sie dann zusammentreten, wenn es sich um die Beschlußfassung über die von den Haupt- oder Sonderausschüssen vorbereiteten Gesetzesvorlagen handelt, während die Anregung von Maßnahmen auf Grund des Entwurfes des Gesetzes über den Reichswirtschaftsrat (§ 4) den Haupt- und Sonderausschüssen allein zusteht (§ 30 des Ausführungsgesetzes pp.).

Es ist von Carl Schmitt behauptet worden [1]), daß die Öffentlichkeit zu den charakteristischen Merkmalen einer Repräsentation gehöre und daß daher ein in der Regel im geheimen tagendes Gremium nicht den Anspruch erheben könne, eine Repräsentation zu sein. Ich habe vorher bereits bestritten, daß diese Behauptung richtig ist, und auf Beispiele aus der Geschichte der italienischen Stadtstaaten hingewiesen, daß zweifellos als Repräsentation des Staates empfundene Gremien immer unter dem Ausschluß der Öffentlichkeit getagt haben. Ich weiß auch nicht, weswegen ein Gremium, dessen Beratungen der Öffentlichkeit zugänglich sind, darum mehr repräsentativen Charakter haben soll, wie eines, in dem die Auseinandersetzung hinter verschlossenen Türen stattfindet. Die Diskussion im Parlament hat, wie Schmitt selbst wiederholt ausgeführt hat, für uns heute nicht mehr den Wert, den sie für die liberale Theorie gehabt hat; auch das Parlament erschöpft seine Tätigkeit nicht in den Beschlußfassungen der Mehrheit. Wenn es die Einheit des Volkes in seiner jeweiligen politischen Individualität repräsentiert, so bedeutet das, daß auch die Opposition durch direkte und indirekte Einwirkung auf diese Beschlußfassung zur Integration des Ganzen beiträgt. Diese integrierende Funktion hat aber in ganz besonderem Maße der Reichswirtschaftsrat. Auch hier handelt es sich nicht nur um das im Wege der Mehrheitsbeschlußfassung erzielte Gutachten eines Ausschusses, das erreicht werden soll. Nach § 34 des Gesetzesentwurfs des Ausführungsgesetzes ist jedem Gutachten ein Bericht beizugeben, in

[1]) Verfassungslehre, S. 208.

dem anzugeben ist, welche Mehrheit den Beschluß gefaßt hat, wie diese Mehrheit sich auf die Angehörigen der verschiedenen Abteilungen und Gruppen im Ausschuß verteilt, welche Mitglieder an der endgültigen Feststellung des Gutachtens teilgenommen haben und welche Gründe für den Beschluß maßgebend gewesen sind. In geeigneten Fällen ist auf die abweichenden Meinungen und die dafür angeführten Gründe hinzuweisen. Der Zweck dieser Bestimmung ist, denjenigen Faktoren, die von den Gutachten des Reichswirtschaftsrats Gebrauch machen sollen, wenn keine Einigkeit im Reichswirtschaftsrat erzielt ist, ein möglichst getreues Bild über die verschiedenen Strömungen in dem Reichswirtschaftsrat und damit zugleich in der von ihm repräsentierten Wirtschaft zu übermitteln. Da die Entscheidung ja nicht zu den Aufgaben des Reichswirtschaftsrats gehört, hat diese Durchbrechung des formal auch hier noch aufrecht erhaltenen Mehrheitsprinzips seinen guten Grund. Das erkennbare Werden des Willens in seinen verschiedenen Schichten braucht nicht im Mehrheitswillen zum Ausdruck zu kommen. Außerdem beruht die Bedeutung des Reichswirtschaftsrats nicht nur auf der Produktion von Gutachten. Der Ausgleich der Interessen und der während der Beratung in den Ausschüssen sich vielfach herstellende Kontakt zwischen den Angehörigen der verschiedensten Wirtschaftsgruppen, insbesondere der Arbeitgeber und der Arbeitnehmer, hat vielleicht eine tiefere Bedeutung für die Gesamtwirtschaft und den Staat wie die Erörterung von Gründen und Gegengründen bei einzelnen Gesetzesvorlagen. Diese Funktion wird auch von der Begründung zu dem Gesetzentwurf über den endgültigen Reichswirtschaftsrat (S. 14) anerkannt. »Hier werden«, so heißt es dort, »ferner die Vertreter der verschiedensten Anschauungen und Interessen einander gegenübergestellt; das hat zur Folge, daß in dem Bestreben nach einer besonders nachdrücklichen Vertretung fachlicher Interessen etwa vorgetragene Übertreibungen alsbald von den Gegnern berichtigt werden, so daß schon hier diese fachegoistischen Interessen auf das für die Allgemeinheit zuträgliche Maß zurückgeführt werden«[1]. »Daneben liegt eine wesentliche Bedeutung des Reichswirtschaftsrats in der durch ihn gegebenen Möglichkeit, die widerstrebenden Interessen innerhalb unseres Wirtschaftslebens auszugleichen, und zwar in wirtschaftspolitischer Hinsicht zwischen den verschiedenen Erwerbsständen und Erwerbszweigen wie Produzenten und Konsumenten, Landwirtschaft und Industrie, Rohstoffindustrie und Fertigwarenindustrie usw.; in sozialpolitischer Hinsicht zwischen den beiden großen Gruppen der Arbeitgeber und Arbeitnehmer. Hier vereinigen sich Arbeitgeber und Arbeitnehmer, auch in Zeiten, in denen sich ihre freien Berufsorganisationen nicht zusammenfinden können[2], zu gemeinsamer Arbeit und zu freiem Gedankenaustausch, der dazu beiträgt, daß beide Gruppen die Schwierigkeiten, die jede von ihnen zu überwinden hat, würdigen und verstehen. Diese jederzeit vorhandene Möglichkeit bedeutet eine nicht gering zu veranschlagende Hilfe für die Lösung oder Milderung sozialer Spannungen.« Zu der gleichen Begründung ist man auch in dem französischen Entwurf gekommen: »La communauté des efforts, la simultanéité des recherches ont établi entre eux une interpénétration. Chacun, se préoccupant de bonne foi des motifs d'opposition ou de réserve, a appris à connaitre et à apprécier les points de vue différents du sien«. (III.)

Diese gerade durch den Ausschluß der Öffentlichkeit beförderte, auch im Parlament nicht in der Öffentlichkeit sich

---

[1]) Daß dieser Auffassung auch die französische, wenigstens in den Kreisen, die für eine Entwicklung des conseil national économique sind, näher kommt, beweist eine Äußerung von G. Scelle (a. a. O. S. 103): Der Conseil Économique National sollte sein ein Organ »compensateur, une sorte de "clearing house" des intérêts nationaux, mais cela ne signifiera point que les représentants des divers intérêts qui y seront groupés viendront marchander entre eux des transactions successives et bâtardes et négocier la formation des majorités incessamment fluctuantes.«

[2]) Sperrung vom Verfasser.

vollziehende über die Aufgabe eines technischen Sachverständigenbeirats weit hinausreichende integrierende Funktion des Reichswirtschaftsrats und darüber hinaus auch anderer Repräsentativorgane ist bisher nicht genügend beachtet worden. Aber selbst wenn die Theorie von Carl Schmitt richtig wäre, würde sie kein Gegenargument gegen den Repräsentativcharakter des Reichswirtschaftsrats bilden können. Denn gerade bei der Funktion, bei der er am stärksten auf den Staat einwirken kann, bei der Beschlußfassung über Initiativanträge auf Gesetzesvorlagen, wird ja, wie wir gesehen haben, die Beschlußfassung in der Öffentlichkeit des Plenums auch durch den Gesetzesentwurf verlangt.

Schlußbetrachtung unter dem Gesichtspunkt der Verschiedenheit der Auffassungen in Deutschland und Frankreich über den Staatsbegriff.

Der Vergleich des deutschen Reichswirtschaftsrats und des französischen conseil national économique hat ergeben, daß der deutsche Reichswirtschaftsrat als eine Repräsentation der Wirtschaft im Staat anzusehen ist, die dadurch daß sie in bezug auf die Gesetzgebung und Verwaltung zwar nicht entscheidende, sie aber aktiv mittelbar und unmittelbar beeinflussende Funktionen besitzt, zugleich ein Staatsorgan ist, während der conseil national économique zwar in seinem Aufbau einer Repräsentation der Wirtschaft nahekommt, aber, da ihm eine selbständige Stellung fehlt und er zugleich jedes mittelbaren und unmittelbaren aktiven Einflusses auf die Gesetzgebung und Verwaltung entbehrt, nicht als eine Repräsentation der Wirtschaft und auch nicht als ein selbständiges Staatsorgan angesprochen werden kann, sondern nur als ein technischer Sachverständigenbeirat der Regierung, eine aus Sachverständigen zusammengesetzte Behörde. Dieser Unterschied in der Lösung des gleichen Problems in

Deutschland und Frankreich scheint mir kein zufälliger zu sein, sondern in einer tiefer liegenden Verschiedenheit der Rechtsauffassungen der beiden Länder, vor allem der Auffassungen über den Staatsbegriff, zu beruhen. Die französische im Naturrecht wurzelnde Rechtsauffassung läßt wie die romanistische keinen Raum für zwischen den Staat und die einzelnen Individuen tretende Gemeinschaften, während die deutsche Rechtsauffassung, soweit sie von den germanistischen Ideen über den Staat beeinflußt ist, zwischen Staat und Individuen befindliche Gemeinschaften gelten läßt. Allerdings ist hervorzuheben, daß auch in Deutschland unter dem Einfluß des Naturrechts, des Liberalismus und einer vom Zivilrecht beeinflußten Staatsrechtsschule ein Staatsbegriff herrschend geworden ist, der sich von dem französischen nur wenig unterscheidet.

Es ist daher nicht zu verwundern, daß die Theorie entweder die zwischen Staat und Individuen stehenden Gemeinschaften übersieht oder ihre staatsrechtliche Erfassung als eine unjuristische ablehnt, allerhöchstens als metajuristische zuläßt oder in allen abweichenden Theorien Gefahren für die Staatsautorität erblickt. Demgegenüber zeigt die Entwickelung des öffentlichen Lebens, daß die Theorie hinter den Tatsachen erheblich zurückgeblieben ist, daß überall in der politischen Sphäre neben und im Staat öffentliche Angelegenheiten, die vom Standpunkt einer staatsabsolutistischen und zentralistischen Betrachtung aus Angelegenheiten des Staates sein müßten, von anderen Gemeinschaften betrieben und organisiert werden und daß der Staat selber vielfach diese Entwicklung begünstigt. Es ist auch nicht einzusehen, weswegen in einer Zeit, in der das Individuum auf allen Gebieten des Lebens hinter der Gemeinschaft zurückgetreten ist, diese Fülle von entstandenen oder sich noch entwickelnden Gemeinschaften zugunsten des Staates auf eine öffentliche Tätigkeit verzichten sollte. Dadurch wird vielleicht das Machtstreben der Bürokratie, sicher nicht der Staat selber beeinträchtigt. Er bleibt gesünder, wenn er die nach Selbständigkeit drängenden Kräfte im Staate nicht durch eine Ausbreitung seiner eigenen Kompetenzen erstickt, sondern zur Entfaltung bringt und für den Staat nutzbar macht. In der Begründung zu dem Regierungsentwurf zu Art. 34 a (später Art. 165) RV. ist diese Staatsmission klar erkannt worden [1]. »Die Gesetzgebung« heißt es da, »ist ihrem Wesen nach zu schematisch, um in allen Einzelbeziehungen das wirtschaftliche Leben erfassen zu können, und der staatliche Verwaltungsapparat ist nicht schmiegsam genug, um sich allen Wandlungen der Wirtschaft anzupassen. Darum dient der Staat der sozialen Wirtschaft am besten, wenn er ihr weitgehende Autonomie zur Regelung ihrer Angelegenheiten einräumt. Damit wird der Staat nicht ausgeschaltet. Seine organisatorische Funktion wird nur eine andere [2]. Statt Vorschriften im einzelnen zu geben, stellt er auf der Grundlage der gesicherten Einzelbeziehungen soziale Rechts- und Verfassungsformen zur Verfügung, in denen sich dann das Leben selbsttätig und unmittelbar in Sachkunde und frischer Initiative auswirken kann. Auf diese Weise wird die Einheit des Wirtschaftslebens nicht durch einen politischen Mechanismus, sondern in einem lebendigen sozialen Organismus hergestellt. Eine solche Selbstorganisation innerhalb der allgemeinen staatlichen Gesetze dient dem Staate, der in seiner Gesetzgebung entlastet wird und zur Verwaltung sich auch sozialer Kräfte bedienen kann. Sie dient der Wirtschaft, deren regulierende Arbeit versachlicht wird, wenn die Beteiligten sie selbst unmittelbar gestalten. Sie befriedigt schließlich den Trieb nach Selbstbetätigung und Selbstverantwortlichkeit, der, wie auf allen Lebensgebieten, so besonders auch auf dem Gebiete der wirtschaftlichen Lebensgestaltung in unserer Zeit mächtiger denn je geworden ist. Wenn daher der Gesetzgeber dieser Entwicke-

---

[1]) Siehe Anhang S. 77.

[2]) Sperrung vom Verfasser.

lung folgt, so fördert er den Ausgleich der inneren Kräfte, der durch die politische Organisation allein nicht erreicht werden kann«.

Mit diesem Problem der Eingliederung von Gemeinschaften, die sich neben dem Staat mit öffentlichen Angelegenheiten befassen, in den Staat wird man in allen modernen Ländern rechnen müssen. Das öffentliche Leben zeigt überall, wenn auch nicht in so ausgeprägtem Maße wie in Deutschland und neuerdings in Italien, die gleichen Entwicklungstendenzen. Daß man in Frankreich, dem Lande des stärksten bürokratischen und parlamentarischen Zentralismus der Welt, zumal da die Anregung zur Einberufung des Conseil national économique von den Gewerkschaften [1]) ausgegangen ist, die deutsche Lösung vielfach perhorresziert und die Eingliederung eines aus den verschiedensten Wirtschaftskreisen zusammengesetzten den Keim einer Repräsentation in sich tragenden Gremiums in den Behördenbau des Staates vorzieht, ist nicht verwunderlich. Trotzdem ist, da seit langem auch für Frankreich Anzeichen einer Änderung der Auffassung über den Staat bemerkbar sind, zu fragen, wie lange auch in diesem Lande, das immerhin das Heimatland des Syndikalismus ist, noch der Staatsbegriff in seiner bisher starren Form Anerkennung finden wird und ob nicht auch hier der Staat der Entwickelung des Lebens folgen und zu einer wirklichen Repräsentation der Gemeinschaften im Staat und damit zu einer stärkeren Integration des Staates selber gelangen wird.

[1]) Vgl. zur Vorgeschichte insbes. Moyitch, Le Parlement Économique, S. 74—80, und Jouhaux, Le conseil Économique du Travail, Revue Internationale du Travail, Genf 1921 Bd. I Nr. 2 S. 179—186 und Georges Scelle. Le Conseil National Économique (Revue Politique et Parlementaire Oct. 1924).

Anhang.

I.

Verordnung betreffend die Errichtung eines Volkswirtschaftsrats. Vom 17. November 1880.

(Ges. Sammlung Nr. 35 S. 367.)

§ 1

Entwürfe von Gesetzen und Verordnungen, welche wichtigere wirtschaftliche Interessen von Handel, Gewerbe und Land- und Forstwirtschaft betreffen, sind, bevor sie Meiner Genehmigung unterbreitet werden, in der Regel von Sachverständigen aus den beteiligten wirtschaftlichen Kreisen zu begutachten.

Dasselbe gilt von den auf den Erlaß von Gesetzen oder Verordnungen bezüglichen Anträgen und Abstimmungen Preußens im Bundesrate, soweit dieselben das gedachte wirtschaftliche Gebiet berühren.

Die Begutachtung erfolgt durch den nach den Bestimmungen dieser Verordnung zu bildenden Volkswirtschaftsrat.

§ 2

Der Volkswirtschaftsrat besteht aus 75 von Mir für eine Sitzungsperiode von je 5 Jahren zu berufenden Mitgliedern. Von diesen sind 45 durch die Minister für Handel und Gewerbe, für öffentliche Arbeiten und für Landwirtschaft auf Grund der Präsentation einer doppelten Anzahl durch Wahl der Handelskammern, der Vorstände der kaufmännischen Korporationen und der landwirtschaftlichen Vereine vorzuschlagen.

Ergänzende Bestimmungen für die Beteiligung von Handwerker-Innungen behalte ich Mir vor.

§ 3

Die Präsentationswahl erfolgt in der Weise, daß gewählt werden:

a) von den Handelskammern und Vorständen der kaufmännischen Korporationen

1. der Provinz Ostpreußen		4
2. „ „ Westpreußen		2
3. „ „ Brandenburg (ausschl. des Stadtkreises Berlin)		4
4. des Stadtkreises Berlin		5
5. der Provinz Pommern		2
6. „ „ Posen		2
7. „ „ Schlesien		9
8. „ „ Sachsen		5
9. „ „ Schleswig-Holstein		2
10. „ „ Hannover		5
11. „ „ Westfalen		6
12. „ „ Hessen-Nassau		3
13. „ Rheinprovinz		11
	im ganzen	60

b) von den landwirtschaftlichen Vereinen und zwar usw.
im ganzen 30.

§ 4

Von den 90 auf diese Weise Gewählten sind Mir durch die betreffenden Minister 15 Vertreter des Gewerbes, 15 des Handels und 15 der Land- und Forstwirtschaft, außerdem aber nach freier Wahl dieser Minister noch 30 Mitglieder, unter denen mindestens 15 dem Handwerker- und dem Arbeiterstande angehören, zur Berufung in den Volkswirtschaftsrat vorzuschlagen.

§ 5

Für die Wahlen der Handelskammern und Vorstände der kaufmännischen Korporationen gelten folgende Bestimmungen.

Der Stadtkreis Berlin und jede einzelne Provinz bilden je für sich einen Wahlkreis.

Die Präsentationswahl im Stadtkreise Berlin ist von den Ältesten der Kaufmannschaft daselbst nach Maßgabe der für die sonstigen Wahlen gültigen statutarischen Bestimmungen zu vollziehen.

Im übrigen erfolgen die Präsentationswahlen in jedem Wahlkreise am Sitze des Oberpräsidenten unter Vorsitz des letzteren oder des von demselben ernannten Stellvertreters. Der Vorsitzende hat die Einladung zu den Wahlen auf den von ihm festzusetzenden Termin an jede der innerhalb des Wahlkreises bestehenden Handelskammern und an die Vorstände der kaufmännischen Korporationen mit der Aufforderung zu erlassen, je einen Delegierten aus ihrer Mitte mit Vollmacht zur Ausübung der Stimmberechtigung zu entsenden.

Die Bestimmung der jeder Handelskammer und jeder kaufmännischen Korporation zukommenden Stimmenzahl erfolgt vor jeder Wahl durch den Oberpräsidenten nach Verhältnis der veranlagten oder fingierten Gewerbesteuerbeträge, welche für die Wähler der Mitglieder jeder Handelskammer das Beitragsverhältnis zu den Kosten der Handelskammer bestimmen (§ 23 des Gesetzes vom 24. Februar 1870, Gesetz-Sammlung S. 134), beziehungsweise nach Maßgabe der auf die Mitglieder jeder kaufmännischen Korporation veranlagten Gewerbesteuern.

Wählbar ist jeder zum Vorstandsmitglied einer in dem Wahlkreis bestehenden kaufmännischen Korporation und jeder zum Mitglied einer innerhalb des Wahlkreises bestehenden Handelskammer Wählbare, der das dreißigste Lebensjahr zurückgelegt hat.

Die Wahl erfolgt durch Stimmzettel in der Art, daß jeder gewählt ist, auf welchen mehr als ein Drittel der im ersten Wahlakte abgegebenen Stimmen sich vereinigen. Haben mehr Personen, als zu wählen sind, jeder mehr als ein Drittel der abgegebenen Stimmen erhalten, so sind diejenigen für gewählt zu erachten, welche die meisten Stimmen erhalten haben. Zwischen denen, welche die gleiche Stimmenzahl erhalten haben, entscheidet hierbei das Los darüber, wer für gewählt zu achten.

Insoweit im ersten Wahlgange weniger Personen, als zu wählen sind, mehr als ein Drittel der Stimmen erhalten haben, sind diejenigen Kandidaten, welche die meisten Stimmen erhalten haben, in der doppelten Anzahl der zu Wählenden auf eine engere Wahl zu bringen. Unter Kandidaten, welche die gleiche Anzahl der Stimmen erhalten haben, entscheidet hierbei das Los darüber, wer auf die engere Wahl zu bringen.

In der engeren Wahl entscheidet einfache Mehrheit der Stimmen, in den Fällen der Stimmengleichheit das Los.

§ 6

Bei den Wahlen der landwirtschaftlichen Vereine bleibt die Feststellung des Wahlmodus jedem einzelnen Vereine überlassen. Gewählt kann von ihnen nur werden, wer

1. das dreißigste Lebensjahr zurückgelegt hat und
2. innerhalb der Provinz des präsentationsberechtigten Vereins die Landwirtschaft betreibt.

§ 7

Die Namen der von Mir berufenen Mitglieder werden durch den Staats-Anzeiger bekannt gemacht.

§ 8

Jeder in der Person eines Mitgliedes eintretende Umstand, durch welchen dasselbe zur Bekleidung öffentlicher Ämter dauernd oder auf Zeit unfähig wird, ebenso die Eröffnung des Konkurses über das Vermögen eines Mitglieds hat das Erlöschen der Mitgliedschaft zur

Folge. Scheidet infolge hiervon oder durch den Tod oder durch Verzicht ein Mitglied des Volkswirtschaftsrats vor Ablauf der fünfjährigen Sitzungsperiode (§ 2) aus, so ist für den Überrest der letzteren ein Mitglied für dieselbe Sektion zu ernennen. Gehört das ausscheidende Mitglied zu den auf Präsentation Berufenen, so ist das Ersatzmitglied aus der Zahl der bei Beginn der Sitzungsperiode präsentierten Personen zu entnehmen.

§ 9

Der Volkswirtschaftsrat entfällt in die drei Sektionen
1. des Handels,
2. des Gewerbes,
3. der Land- und Forstwirtschaft.

Jedes Mitglied wird durch gemeinsame Bestimmungen der drei zuständigen Minister (§ 2) einer Sektion überwiesen.

Jede Sektion wählt ans ihrer Mitte fünf Mitglieder, welche mit weiteren zehn, von den vorher bezeichneten Ministern Gewählten zusammen den permanenten Ausschuß des Volkswirtschaftsrats bilden. Die aus den einzelnen Sektionen dem permanenten Ausschuß angehörenden Mitglieder bilden die Sektionsausschüsse.

Zur Begutachtung von Vorlagen, bei welchen nur eine der im Eingange dieses Paragraphen bezeichneten wirtschaftlichen Gruppen oder nur zwei Gruppen beteiligt sind, können sowohl die bezüglichen Sektionen als auch deren Ausschüsse je für sich allein berufen werden. Die Berufung der Ausschüsse, der Sektionen und des Plenums des Volkswirtschaftsrats erfolgt auf Beschluß des Staatsministeriums durch diejenigen Minister gemeinsam, welche denselben Vorlagen zur Begutachtung unterbreiten werden.

§ 10

Den Vorsitz im Volkswirtschaftsrat, den Sektionen und den Ausschüssen führt einer der drei Minister: für Handel und Gewerbe, der öffentlichen Arbeiten und für Landwirtschaft, Domänen und Forsten und, wenn keine andere Bestimmung getroffen ist, der von ihnen im Dienst älteste. Der Vorsitzende kann sich in dem Volkswirtschaftsrat, den Sektionen und den Ausschüssen durch einen geeigneten Beamten vertreten lassen.

§ 11

Jeder Staatsminister ist befugt, den Sitzungen des Volkswirtschaftsrats, der Sektionen und der Ausschüsse beizuwohnen oder in dieselben Kommissarien zu entsenden.

§ 12

Das Staatsminsterium hat die Geschäftsordnungen für die Sektionen, die Ausschüsse und das Plenum des Volkswirtschaftsrats festzustellen.

§ 13

Die aus Präsentationswahlen hervorgegangenen Mitglieder des Volkswirtschaftsrates erhalten weder Reisekosten noch Diäten.

§ 14

Diese Verordnung ist durch die Gesetzsammlung zu veröffentlichen.

Urkundlich usw.

II.

Begründung zu der vorstehenden Verordnung.

Friedrichsruh, den 10. September 1880.

An des Kaisers und Königs Majestät.

Die Personalunion usw. [1])

Ein Beweis, wie sehr die praktische Gestaltung der Dinge dieser meiner Auffassung entspricht, liegt darin, daß ich seit Jahren das Bedürfnis habe, Eurer Majestät eine Einrichtung alleruntertänigst vorzuschlagen, vermöge deren die Gesetzgebung in Handels- und Gewerbesachen überhaupt mit einer größeren Bürgschaft für ihre Zweckmäßigkeit umgeben werden könnte. Solange mir nicht der unmittelbare Einfluß und die Verfügung über die Kräfte des preußischen Handelsministeriums zustand, habe ich Schwierigkeiten gefunden, dieser, wie ich glaube, eminent nützlichen und populären Einrichtung näherzutreten. Sobald Eure Majestät die Gnade haben würden, mich amtlich an die Spitze dieser Behörde zu berufen, würde ich diese Stellung benützen, um Eurer Majestät die Pläne in dieser Richtung vorzulegen.

Ich benutze schon jetzt diesen ehrfurchtsvollen Bericht, um mich der Zustimmung Eurer Majestät dahin zu vergewissern, daß ich demnächst als Handelsminister einen näher spezifizierten Antrag an Allerhöchstdieselben in der Richtung, wie nachstehend, bei den Staatsministerien einbringe.

Die gegenwärtige Art der Vorbereitung der das wirtschaftliche Leben des Volkes betreffenden Gesetzesvorlagen hat sich vielfach als ungenügend erwiesen und namentlich die Garantie, die früher der Staatsrat bot, vermissen lassen, daß solche Vorlagen auch vom Standpunkte unbefangener sachkundiger Kritik der beteiligten Kreise als praktisch ausführbar und fördersam anerkannt wurden. In Übereinstimmung mit zahlreichen aus dem Handels- und Gewerbestande

---

[1]) Der erste Teil des Immediatberichts bezieht sich auf die Notwendigkeit der Personalunion zwischen dem Reichskanzleramt und dem Amt des preußischen Handelsministers.

an mich gelangten Petitionen halte ich es daher für sehr wünschenswert, daß dem Handelsministerium in einem etwa als volkswirtschaftlicher Rat zu bezeichnenden Organ eine begutachtende Behörde an die Seite gestellt werde, welche bei allen einschlagenden neuen Gesetzentwürfen die Interessen des Handels und der Gewerbe einschließlich der Landwirtschaft wahrzunehmen und vom Standpunkt derselben sich gutachtlich über solche Vorlagen zu äußern haben würde, bevor dieselben der parlamentarischen Beratung hingegeben werden, bei welcher auf eine gleich sachkundige und unbefangene Mehrheit nicht zu rechnen ist, sondern die Abstimmung meist nach anderen, namentlich die Wahlfrage im Auge habenden Erwägungen erfolgt. In jene Behörde würden meines Dafürhaltens etwa 2 bis 3 Mitglieder auf je 1 Million Einwohner aufzunehmen, diese Mitglieder auf den Handel, die Gewerbe und die Landwirtschaft nach dem überwiegendeu Charakter der verschiedenen Provinzen angemessen zu verteilen, und sämtlich evtl. auf Vorschlag geeigneter Organe, insbesondere der Handelskammern, landwirtschaftlichen Vereine und ähnlichen, vom Minister zu ernennen sein, jedoch weder Beamtenqualität noch Besoldung erhalten. Die Tätigkeit dieses Organs würde sich der Regel nach in für die verschiedenen Interessenkreise ständig zu bildenden Sektionen und nur ausnahmsweise in Plenarversammlungen zu vollziehen haben.

In der Hoffnung, daß Eure Majestät gegen diesen Plan an sich und die angedeuteten vorläufigen Grundzüge seiner Ausgestaltung keine Bedenken finden, erlaube ich mir um die Allerhöchste Genehmigung dazu ehrfurchtsvoll zu bitten, daß ich den Entwurf einer bezüglichen Allerhöchsten Verordnung, die demnächst in der Gesetzsammlung zu publizieren sein würde, ausarbeiten lassen und dem Staatsministerium zur Begutachtung unterbreiten darf. Den Entwurf einer Allerhöchsten Ordre füge ich gleichfalls alleruntertänigst bei.

gez. von Bismarck.

III.

Artikel 165 der Reichsverfassung.

Die Arbeiter und Angestellten sind dazu berufen, gleichberechtigt in Gemeinschaft mit den Unternehmern an der Regelung der Lohn- und Arbeitsbedingungen sowie an der gesamten wirtschaftlichen Entwicklung der produktiven Kräfte mitzuwirken. Die beiderseitigen Organisationen und ihre Vereinbarungen werden anerkannt.

Die Arbeiter und Angestellten erhalten zur Wahrnehmung ihrer sozialen und wirtschaftlichen Interessen gesetzliche Vertretungen in Betriebsarbeiterräten sowie in nach Wirtschaftsgebieten gegliederten Bezirksarbeiterräten und in einem Reichsarbeiterrat.

Die Bezirksarbeiterräte und der Reichsarbeiterrat treten zur Erfüllung der gesamten wirtschaftlichen Aufgaben und zur Mitwirkung bei der Ausführung der Sozialisierungsgesetze mit den Vertretungen der Unternehmer und sonst beteiligter Volkskreise zu Bezirkswirtschaftsräten und zu einem Reichswirtschaftsrat zusammen. Die Bezirkswirtschaftsräte und der Reichswirtschaftsrat sind so zu gestalten, daß alle wichtigen Berufsgruppen entsprechend ihrer wirtschaftlichen und sozialen Bedeutung darin vertreten sind.

Sozialpolitische und wirtschaftspolitische Gesetzentwürfe von grundlegender Bedeutung sollen von der Reichsregierung vor ihrer Einbringung dem Reichswirtschaftsrat zur Begutachtung vorgelegt werden. Der Reichswirtschaftsrat hat das Recht, selbst solche Gesetzesvorlagen zu beantragen. Stimmt ihnen die Reichsregierung nicht zu, so hat sie trotzdem die Vorlage unter Darlegung ihres Standpunkts beim Reichstag einzubringen. Der Reichswirtschaftsrat kann die Vorlage durch eines seiner Mitglieder vor dem Reichstag vertreten lassen.

Den Arbeiter- und Wirtschaftsräten können auf den ihnen überwiesenen Gebieten Kontroll- und Verwaltungsbefugnisse übertragen werden.

Aufbau und Aufgabe der Arbeiter- und Wirtschaftsräte sowie ihr Verhältnis zu anderen sozialen Selbstverwaltungskörpern zu regeln, ist ausschließlich Sache des Reiches.

IV.

Begründung zu dem Regierungsentwurf von Art. 34 a (später Art. 165) der Reichsverfassung.

I.

Die Rätebewegung ist über ihr erstes, ursprüngliches Ziel, in der revolutionären Bewegung die revolutionären Kräfte zu organisieren, hinausgewachsen. Es zeigt sich immer deutlicher, daß in ihr Keime enthalten sind, welche die Grundlage zu einer neuen sozialen Arbeits- und Wirtschaftsverfassung bilden können. Nachdem die Reichsregierung bereits in einer Vereinbarung mit den Arbeitervertretungen des mitteldeutschen Braunkohlenreviers vom 14. Februar 1919 den Weg zu einer positiven Anerkennung der in der Rätebewegung lebendigen Gedanken in Anknüpfung an frühere Verhandlungen mit den Bergarbeitervertretungen des Ruhrgebiets vom 18. Januar 1919 gefunden hatte, legte sie ihren Standpunkt in der programmatischen Erklärung vom 5. März 1919 nieder. Diese Erklärung enthält im allgemeinen Umriß die Grundgedanken, welche damals die Reichsregierung zum Aufbau der Räte in der allgemeinen Verfassung für förderlich ansah. Die Grundanschauung der Reichsregierung wurde auch bereits praktisch in den Verhandlungen über die Richtlinien für Betriebsräte am 12. März 1919 in Weimar betätigt, die mit den Arbeitgeber- und Arbeitnehmervertretern des mitteldeutschen Streikgebiets geführt worden sind. Das Ergebnis der Verhandlungen ist inzwischen von beiden Gruppen der Arbeitgeber und Arbeiter angenommen und Ende März auch in den Verhandlungen zwischen Zechenverband und den vier Bergarbeiterverbänden für das rheinisch-westfälische Kohlengebiet festgelegt worden, so daß die in diesen Verhandlungen vorgesehenen Einrichtungen bereits praktisch wirksam sind.

In dem vorliegenden Entwurf eines neuen Artikels 34 a der Reichsverfassung wird nunmehr der Versuch gemacht, den Rätegedanken verfassungsrechtlich zum Ausdruck zu bringen. Es kann dies, dem Wesen der Verfassung entsprechend, nur in allgemeinster Form geschehen. Die Ausführungen im einzelnen müssen einem Spezialgesetze vorbehalten bleiben, das möglichst bald der Nationalversammlung zur Beschlußfassung vorgelegt werden soll. In diesem Gesetz wird auch das Verhältnis der in dem Entwurfe vorgesehenen Einrichtungen zu anderen sozialen Selbstverwaltungskörpern, z. B. den Arbeitsgemeinschaften, zu bestimmen sein.

Bei dem Entwurf des neuen Artikel 34 a geht die Reichsregierung davon aus, daß die Rätebewegung von einer doppelten Grundanschauung getragen ist. Der Arbeiter (Arbeiter und Angestellter) strebt als solcher nach unmittelbarer, intensiver Geltendmachung seiner Interessen in den Betrieben und der Öffentlichkeit, zugleich strebt er über die Arbeitnehmersphäre hinaus nach Mitwirkung im Produktionsprozesse selbst, der bisher einseitig von dem Unternehmer geleitet ist. Er will nicht mehr nur als Arbeiter an der Arbeitsstelle mit gebundenen Arbeitsaufgaben ohne Ausblick auf das wirtschaftliche Ganze leben und sterben, es drängt ihn, über die Arbeitsstelle hinaus das wirtschaftliche Ganze zu sehen, seine Sachkunde und Erfahrung dafür fruchtbar zu machen und an der produktiven Entwicklung mitzuschaffen. Alte Bestrebungen mischen sich mit neuen Lebenstrieben und führen eine die gesamte Arbeiterschaft aufwühlende geistige Bewegung herbei, deren Fruchtbarkeit von der Gesetzgebung anerkannt werden muß. Würde die Gesetzgebung ihre Aufgabe nicht erkennen, so wäre zu befürchten, daß sich die Bewegung über alle Formen hinaus gewaltig und chaotisch Bahn brechen würde.

Auf diesem Grundgedanken, daß der Arbeiter nicht nur Arbeiter, sondern auch Produzent ist, bauen sich die beiden sozialen Rechtsformen auf, welche das Gesetz der neuen Bewegung zur Verfügung stellen will:

1. der Arbeiterrat (Betriebsarbeiterrat, Bezirksarbeiterrat, Reichsarbeiterrat),

2. der Wirtschaftsrat (Bezirkswirtschaftsrat und Reichswirtschaftsrat).

II.

Der Arbeiterrat ist dazu berufen, die Interessen des Arbeiters als solchen zu gesetzlichem Ausdruck zu bringen. Seine Funktion ist eine sozialpolitische. Der Begriff des »Arbeiters« ist hier im weitesten Sinne zu verstehen. Er umfaßt auch die »Angestellten« und wird in den zu erlassenden Gesetzen näher zu umschreiben sein.

Bisher waren es die Gewerkschaften, welche die sozialpolitischen Interessen der Arbeiter wahrgenommen und soziale Willensformen ausgebildet haben, die in hervorragender Weise der von ihnen vertretenen Arbeiterschaft höhere Daseinsweisen erkämpft und gesichert haben. Diese wertvolle und notwendige Arbeit der Gewerkschaften soll durch die Arbeiterräte nicht ersetzt werden. Ihr Ziel kann nur sein, diese Arbeit zu ergänzen.

So groß der soziale Einfluß der Gewerkschaften auch ist, so ist er doch in keiner Weise öffentlich-rechtlich gesichert. Die Äußerungen der Gewerkschaften, ihre Untersuchungen, Statistiken und Gutachten haben nur privaten Charakter, nicht aber behördliche Autorität. Sie vertreten nicht alle Angehörigen ihres Berufs. Dazu kommen die mannigfachen Konkurrenzschwierigkeiten unter den verschiedenen Gewerkschaftsrichtungen, die sich zwar im Laufe des Krieges gemildert haben, aber immer wieder mit voller Stärke ausbrechen können. Schließlich ist ihr Aufbau zentralistisch an die Berufe und weniger an die Betriebe gebunden. Demgegenüber sollen die Arbeiterräte alle Arbeiter, einerlei ob sie organisiert sind oder nicht, zusammenfassen, allen Gewerkschaftseinrichtungen ein gemeinschaftliches Aktionsfeld, auf dem sie zusammen arbeiten müssen, eröffnen und ihnen ein öffentlich-rechtliches Vertretungsorgan, das andere wirtschaftliche Berufszweige schon lange haben, zur Verfügung stellen.

Die sozialen und wirtschaftlichen Interessen, die in Frage kommen, sind nicht auf das Arbeitsverhältnis beschränkt. Auch andere Angelegenheiten, die Arbeiterinteressen berühren: z. B. Fragen der Wohnungs- und Gesundheitspflege, müssen in den Arbeiterräten wahrgenommen und in der Öffentlichkeit vertreten werden können. Zur Aufklärung der wirtschaftlichen Arbeiterverhältnisse durch Untersuchungen, Statistiken und Gutachten werden sie wertvolle Dienste leisten. Als soziale Beiräte zur Verwaltung werden sie die allgemeine Verwaltungstätigkeit beleben und in den verschiedenen sozialen Ämtern, welche die größeren Stadtgemeinden schon errichtet haben und weiter errichten werden, Anspruch auf entsprechende Vertretung erheben können. In diesem Sinne sind die Arbeiterräte ihrem Wesen nach die Verwirklichung der alten Arbeiterforderung nach der Errichtung von Arbeiterkammern, die bis heute unerfüllt geblieben ist.

Eines besonderen Hinweises bedürfen die Betriebsarbeiterräte, Die Betriebsarbeiterräte bringen die Tatsachen zum Ausdruck, daß auch die Betriebe Gemeinschaften mit gemeinsamen Arbeiterinteressen sind. Für Fragen des Arbeitsverhältnisses ist dies nach der Verordnung über Tarifverträge, Arbeiter- und Angestelltenausschüsse und Schlichtung von Arbeitsstreitigkeiten vom 28. Dezember 1918 (RGBl. S. 1456) bereits allgemein gesetzlich anerkannt, indem die Arbeiter- und Angestelltenausschüsse zu obligatorischen Einrichtungen gemacht und in ihrer Selbständigkeit dem Unternehmer gegenüber gesichert worden sind. In der selbständigen Regelung der Lohn- und Arbeitsverhältnisse sind diese Ausschüsse an die bestehenden Tarifverträge, zu deren Überwachung sie berufen sind, gebunden. Nur soweit eine tarifliche Regelung nicht besteht, haben sie im Einvernehmen mit den beteiligten wirtschaftlichen Vereinigungen der Arbeitnehmer bei der Regelung der Lohn- und sonstigen Arbeitsverhältnisse mitzuwirken. Die in dem vorliegenden Gesetzentwurfe vorgesehenen Betriebsräte sollen in dieser Beziehung keine Änderung herbeiführen. Denn es muß betont werden, daß die Lohn- und Arbeitsverhältnisse in erster Linie nicht durch die Arbeiterschaft der Betriebe, sondern durch die Arbeitervertretungen der Berufe geregelt werden müssen. Nur auf diese Weise werden gleichmäßige Bedingungen für alle Arbeiter geschaffen und eine geordnete Wirtschaft der einzelnen Betriebe ermöglicht. Betriebliche Lohn- und Arbeitsregelung würde die gemeinwirtschaftliche Entwicklung nicht fördern, sondern hemmen und den kapitalistischen Konkurrenzgeist auch in der Arbeiterschaft züchten. Anderseits ist an eine Erweiterung der Funktionen der Arbeiter- und Angestelltenausschüsse zu denken. Und gerade diese Erweiterung hat der Gesetzentwurf im Auge, wenn er von besonderen Betriebsarbeiterräten spricht. Es müssen ihnen auch solche Aufgaben zugewiesen werden, die bisher die Arbeiter- und Angestelltenausschüsse in ihrer rein sozialpolitischen Einstellung nicht besessen haben. Solche Aufgaben liegen auf wirtschaftlichem Gebiete. Welcher Art sie sein sollen, ergibt die »Vorläufige Dienstanweisung für Betriebsräte«, die in Auflage 2 beigefügt ist. Es wird besonders auf Ziffer 2, 3, 4, 6, 7 und 9 dieser Dienstanweisung verwiesen. Es ist also, wie sich aus Ziffer 9 der Dienstanweisung deutlich ergibt, nicht beabsichtigt, die selbständige Leitung des Betriebs durch seinen Inhaber zu beeinträchtigen. Eine solche Bindung der Betriebsleitung würde nicht wirtschaftsfördernd wirken. Selbst in einem vollkommen sozialisierten Betriebe würde die Leitung des Betriebes immer eine selbständige sein müssen. Das Wesentliche ist, daß die Betriebsräte Einblick in die gesamten Wirtschaftsvorgänge des Betriebs erhalten können, um sich durch ihre Erfahrung und Sachkunde fördernd auch an der Wirtschaft zu beteiligen und die Grundlagen kennen zu lernen, von denen Preis- und Lohnbemessung abhängig sind. Daß die Betriebsräte auch darüber hinaus dafür sorgen sollen, gemeinschaftliche Interessen der Betriebsarbeiterschaft durch gemeinsame Betriebsveranstaltungen wahrzunehmen, versteht sich von selbst. Ob im übrigen die Betriebsräte neben den bereits bestehenden Arbeiter- und Angestelltenausschüssen eingerichtet werden oder ob diese Ausschüsse in den Betriebsräten aufgehen sollen, bleibt der Entscheidung durch das in Aussicht genommene Reichsgesetz vorbehalten. Jedenfalls werden die Gewerkschaften auch im Hinblick auf die Betriebsräte, wenn sie sich den neuen Verhältnissen anzupassen verstehen, ihren Einfluß nicht schwinden, sondern steigen sehen.

III.

Die von dem Entwurf in Vorschlag gebrachten Wirtschaftsräte sind dazu berufen, den Arbeiter als Produzenten an der gesamtwirtschaftlichen Tätigkeit zu beteiligen. Die Wirtschaftsräte stehen im Dienste der Produktionspolitik. Die »gesamtwirtschaftlichen« Aufgaben, deren Lösung den Wirtschaftsräten obliegen soll, gehen über die »gemeinwirtschaftlichen«, d. h. die der bereits sozialisierten Wirtschaft hinaus, indem sie das Interesse der Gesamtheit an der Einzelwirtschaft auch soweit sie privatkapitalistisch betrieben wird, und ihre Beziehungen zur Volkswirtschaft umfassen.

Eine organisierte Produktionsförderung ist die elementare Voraussetzung für jede Sozialisierung. Der Entwurf sieht für die Organisation der Wirtschaftsräte das praktische Zusammenwirken von Unternehmern und Arbeitnehmern vor. Wie dies im einzelnen sichergestellt werden soll, muß der weiteren gesetzlichen Ausführung überlassen bleiben. Jedenfalls wird darauf zu achten sein, daß den Wirtschaftsräten in der Gestaltung ihrer Geschäftsordnung und Geschäftsverteilung möglichst weitgehende Freiheit eingeräumt wird, damit sie in der Lage sind, für die sachlichen Bedürfnisse der einzelnen Berufszweige und für besondere Aufgaben die ihnen angemessenen Einrichtungen zu schaffen. Dem gesamtwirtschaftlichen Zwecke entspricht es, daß, wie auf Arbeiterseite, auch auf Unternehmerseite möglichst alle wirtschaftlichen Berufskreise vertreten sind. Nur auf diese Weise können also Interessen zur Geltung kommen, die für die Entscheidung gesamtwirtschaftlicher Fragen von Bedeutung sind. Es müssen für diese wirtschaftlichen Berufskreise besondere Vertretungen in den Wirtschaftsräten ins Leben gerufen werden.

Wenn hiernach der Entwurf davon ausgeht, daß die Lösung gesamtwirtschaftlicher Aufgaben ein gemeinsames Werk der selbständigen und unselbständigen Arbeit sein soll, so beruht dies auf der Tatsache, daß der Unternehmer, solange sein Betrieb nicht in gemeinsames Eigentum übergeführt ist, in der gesamtwirtschaftlichen Organisation nicht ausgeschaltet werden kann. Ob eine solche Überführung der Betriebe und Betriebszweige in Gemeineigentum stattfinden kann und soll, wird stets eine Aufgabe der allgemeinen Gesetzgebung sein müssen. Eine Sozialisierung durch die Arbeiterschaft der Betriebe oder Betriebszweige selbst kann als eine wirkliche Sozialisierung nicht angesehen werden. Eine solche ist nur dann vorhanden, wenn sie der Gemeinwille vornimmt und für die Gesamtheit des ganzen Volkes fruchtbar macht. Aus diesem Grunde kann der Entwurf auf Pläne nicht eingehen, die darauf gerichtet sind, für die Sozialisierung der Betriebe und Betriebszweige der Arbeitnehmerschaft dieser Betriebe und Betriebszweige den allein entscheidenden Einfluß einzuräumen. Der Weg zur Sozialisierung ist durch das Reichssozialisierungsgesetz vom 23. März 1919 (RGBl. S. 341) gewiesen. Nur auf ihm können wirkliche Sozialisierungsakte vorgenommen werden.

Hierbei ist nicht zu verkennen, daß die gesetzliche Sozialisierung durch die gesamtwirtschaftliche Tätigkeit der Wirtschaftsräte gefördert werden kann. Denn die Sozialisierung hängt nicht nur von der wirtschaftlichtechnischen Reife der in Betracht kommenden Wirtschaftszweige, sondern auch davon ab, inwieweit in diesen Wirtschaftszweigen bereits gesamtwirtschaftliche Formen bestehen und in den Beteiligten die Fähigkeit zu gesamtschaftlicher Verwaltung entwickelt ist. Beide Voraussetzungen werden durch die gesamtwirtschaftliche Tätigkeit der Wirtschaftsräte geschaffen und gefördert. Besonders für die Arbeiterschaft kann ihre Tätigkeit in den Wirtschaftsräten eine Schule für die realistische Entwicklung sozialistischen Geistes und Könnens sein. Auch wird die gesetzliche Sozialisierung erleichtert, wenn in den Wirtschaftsräten bereits ein System gesamtwirtschaftlicher Einrichtungen besteht, deren sich der Staat zur Ausführung gesetzlicher Maßnahmen auf dem Gebiete der Sozialisierung bedienen kann, ohne sie erst neu in seinen Gesetzen für jeden Fall schaffen zu müssen. Der Entwurf sieht deswegen die Wirtschaftsräte als Organe zur Ausführung der Sozialisierungsgesetze besonders vor.

IV.

Die Frage ist, ob den Wirtschaftsräten und in ihnen den Arbeiterräten auch ein Einfluß auf die Gesetzgebung eingeräumt werden soll.

Der Entwurf bejaht diese Frage, indem er nicht nur ein Recht des Reichswirtschaftsrats anerkennt, von der Reichsregierung vor der Beschlußfassung über wirtschafts- und sozialpolitische Gesetzentwürfe gehört zu werden, sondern ihm weiterhin ausdrücklich ein Recht zur gesetzgeberischen Initiative beimißt.

Ein solches Recht zur gesetzgeberischen Initiative ist geeignet, das politische Parlament jederzeit unmittelbar vor die wichtigsten Lebensfragen zu stellen, die das wirtschaftliche und soziale Leben aufwirft. Ein solches Recht ist besonders in einer Zeit wichtig, in der die wirtschaftlichen und sozialen Lebensprobleme zu einer raschen Erfassung und Erledigung drängen. Das Wesen eines Zentralparlaments kann es mit sich bringen, daß infolge der gehäuften Geschäftslast oft gerade diejenigen Fragen zurückgestellt oder gar nicht beachtet werden, welche die dringendsten sind. Es kommt dazu, daß infolge der notwendigen Parteibewegungen in den Parlamenten oft nicht nur sachliche, sondern auch taktische Rücksichten über das Ob und Wie der Behandlung von Fragen entscheiden. Dadurch kann es kommen, daß selbst in der ausgeprägtesten Demokratie gefährliche

Spannungen zwischen den gesellschaftlichen Kräften und den politischen Methoden ihrer Behandlung entstehen. Das beste Mittel, solche Spannungen zu lösen, besteht darin, daß die gesellschaftlichen Kräfte sich selbst unmittelbar, unabhängig von jeder politischen Einstellung und politisch-taktischen Rücksichtnahme in den Parlamenten zur Geltung bringen können, um so in lebendigster Weise dem politischen Parlament unmittelbar ihre Probleme vorzulegen. Im Grunde wird dadurch nur offen und entschieden ein Zustand herbeigeführt, welcher sonst heimlich und mehr oder minder zaghaft indirekt herbeigeführt werden sollte. Die wirtschaftlichen Gruppen wirken dann nicht mehr indirekt durch Parlamentarier ein, sie haben Gelegenheit, unmittelbar auch zur politischen Geltung zu kommen. Das politische Parlament bleibt souverän in der Annahme oder Ablehnung von Gesetzesvorschlägen, die der Reichswirtschaftsrat ihm macht. Wie auf der Grundlage der im Entwurfe vorgesehenen Bestimmungen das Recht des Reichswirtschaftsrats zur Initiative ausgestaltet werden soll, bleibt der späteren spezialgesetzlichen Regelung vorbehalten. Zielgebend muß sein, daß das Initiativrecht nicht nur ein Scheinrecht sein darf, sondern ein wirksames Mittel für alle im Reichswirtschaftsrate vereinigten Gruppen sein muß, ihre Interessen und Anschauungen zum Ausdruck zu bringen.

Auch auf die Verwaltung kann der Bestand der Wirtschaftsräte Einfluß haben. Es ist wünschenswert, daß insbesondere Aufgaben der sozialpolitischen Verwaltung der allgemeinen Verwaltung entzogen und auf die Wirtschaftsräte übertragen werden können. Die Verwaltung kann durch eine solche Nutzbarmachung sozialer Kräfte an Sachkunde und Entschlossenheit gewinnen. In Frage kommen der Erlaß von Ausführungsvorschriften für sozialpolitische Gesetze und die Gestattung von Ausnahmen in Einzelfällen auf Grund solcher Gesetze. Auf diese Weise würden auch die Arbeiterschichten unmittelbar an der Verwaltung beteiligt.

V.

Zusammenfassend kann die Bedeutung der in dem Entwurfe vorgeschriebenen Einrichtungen dahin bestimmt werden, daß die Arbeiter- und Wirtschaftsräte den organischen Ausdruck für die Arbeits- und Wirtschaftsgemeinschaft des Volkes bilden, die im Staate ihre Angelegenheiten selbständig ordnen und verwalten will. Erscheint deshalb die Schaffung solcher Räte für das Reich und seine einzelnen Wirtschaftsgebiete geboten, so werden auch für die größeren Gliedstaaten Landesarbeiterräte und Landeswirtschaftsräte in Aussicht zu nehmen sein.

Schon vor dem Kriege war die Tendenz nach einer Vereinheitlichung der sozialen und wirtschaftlichen Kräfte auf dem Grunde der sozialen Selbstbestimmung in den freien Organisationen, Verbänden und korporativen Normenverträgen stark lebendig. Im Kriege hat sich diese Tendenz durch die zum Teil obligatorische Zusammenfassung der Wirtschaftssubjekte in wirtschaftlichen Körperschaften in hohem Maße verstärkt. Jetzt nach der Beendigung des Krieges drängt das Bedürfnis nach höchster Ertragssteigerung unserer Volkswirtschaft, das heute so dringlich wie noch nie ist, zu einer immer weiteren Entwicklung der wirtschaftlichen Vereinheitlichung. Der Staat kann dieses Drängen allein nicht befriedigen. Die Gesetzgebung ist ihrem Wesen nach zu schematisch, um in allen Einzelbeziehungen das wirtschaftliche Leben erfassen zu können, und der staatliche Verwaltungsapparat ist nicht schmiegsam genug, um sich allen Wandlungen der Wirtschaft anzupassen. Darum dient der Staat der sozialen Wirtschaft am besten, wenn er ihr weitgehende Autonomie zur Regelung ihrer Angelegenheiten einräumt. Damit wird der Staat nicht ausgeschaltet. Seine organisatorische Funktion wird nur ein andere. Statt Vorschriften im einzelnen zu geben, stellt er auf der Grundlage der gesicherten Einzelbeziehungen soziale Rechts- und Verfassungsformen zur Verfügung, in denen sich dann das Leben selbsttätig und unmittelbar in Sachkunde und frischer Initiative auswirken kann. Auf diese Weise wird die Einheit des Wirtschaftslebens nicht durch einen politischen Mechanismus, sondern in einem lebendigen sozialen Organismus hergestellt.

Eine solche Selbstorganisation innerhalb der allgemeinen staatlichen Gesetze dient dem Staate, der in seiner Gesetzgebung entlastet wird und zur Verwaltung sich auch sozialer Kräfte bedienen kann. Sie dient der Wirtschaft, deren regulierende Arbeit versachlicht wird, wenn die Beteiligten sie selbst unmittelbar gestalten. Sie befriedigt schließlich den Trieb nach Selbstbetätigung und Selbstverantwortlichkeit, der, wie auf allen Lebensgebieten, so besonders auch auf dem Gebiete der wirtschaftlichen Lebensgestaltung in unserer Zeit mächtiger denn je geworden ist.

Wenn daher der Gesetzgeber dieser Entwicklung folgt, so fördert er den Ausgleich der inneren Kräfte, der durch die politische Organisation allein nicht erreicht werden kann.

Berlin, den 6. April 1919.

V.

Verordnung über den vorläufigen Reichswirtschaftsrat. Vom 4. Mai 1920.

(Reichsges.-Bl. S. 858.)

Auf Grund des Gesetzes über eine vereinfachte Form der Gesetzgebung für die Zwecke der Übergangswirtschaft vom 17. April 1919 (Reichs-Gesetzbl. S. 394) wird von der Reichsregierung mit Zustimmung des Reichsrats und des von der verfassunggebenden Deutschen Nationalversammlung gewählten Ausschusses folgendes verordnet:

Artikel 1

Die Reichsregierung beruft innerhalb von zwei Monaten nach Inkrafttreten dieser Verordnung einen Reichswirtschaftsrat ein. Der vorläufige Reichswirtschaftsrat hat seinen Sitz in Berlin.

Artikel 2

Der vorläufige Reichswirtschaftsrat besteht aus 326 Mitgliedern. Als solche sind einzuberufen

I. 68 Vertreter der Land- und Forstwirtschaft:

1. Landwirtschaft:

22 Arbeitgebervertreter der Landwirtschaft einschließlich der landwirtschaftlichen Nebengewerbe, davon zu benennen

11 vom Deutschen Landwirtschaftsrat unter gleichmäßiger Berücksichtigung von Groß-, Mittel- und Kleinbesitz,

11 von den landwirtschaftlichen Organisationen, und zwar 4 gemeinsam vom Bunde der Landwirte und vom Deutschen Landbund, 4 von der Vereinigung der Deutschen Bauernvereine, 3 vom Deutschen Bauernbunde,

22 Arbeitnehmervertreter der Landwirtschaft einschließlich der landwirtschaftlichen Nebengewerbe, davon zu benennen:

13 vom Deutschen Landarbeiterverbande,

5 vom Zentralverbande der Forst-, Land- und Weinbergarbeiter Deutschlands,

3 gemeinschaftlich von dem Reichsverbande land- und forstwirtschaftlicher Fach- und Körperschaftsbeamten (Reichsverband Deutscher Gutsbeamten) und dem Verbande land- und forstwirtschaftlicher Angestellter, darunter 1 für die landwirtschaftlichen Nebengewerbe,

1 vom Reichsbund akademisch gebildeter Landwirte,

14 Vertreter des landwirtschaftlichen Kleinbesitzes (Betriebe, die in der Regel nur zur Familie gehörige Arbeitskräfte beschäftigen und eine selbständige Ackernahrung darstellen), aus den Angehörigen dieser Besitzgruppe zu benennen

7 gemeinschaftlich vom Reichsverbande der deutschen landwirtschaftlichen Genossenschaften und dem Generalverbande der deutschen Raiffeisengenossenschaften und

1 von den Genossenschaften des Zentralverbandes der Bauernvereinsorganisationen Deutschlands,
3 vom deutschen Landarbeiterverbande,
3 vom Zentralverbande der Forst-, Land- und Weinbergsarbeiter Deutschlands,
4 Vertreter des landwirtschaftlichen Genossenschaftswesens, zu benennen gemeinschaftlich von dem Reichsverbande der deutschen landwirtschaftlichen Genossenschaften und dem Generalverbande der deutschen Raiffeisengenossenschaften.

2. Forstwirtschaft:
3 Arbeitgebervertreter, zu benennen vom deutschen Reichsforstwirtschaftsrat auf Vorschlag der Arbeitgebergruppe unter Berücksichtigung der örtlichen und sachlichen Verschiedenheiten der Forstbetriebe,
3 Arbeitnehmervertreter, zu benennen vom deutschen Reichsforstwirtschaftsrat, und zwar:
2 auf Vorschlag der Waldarbeitergruppe,
1 auf Vorschlag aller im deutschen Reichsforstwirtschaftsrate vereinigten Beamten und Angestellten.

Bei der Auswahl der Vertreter der einzelnen Gruppen sind die verschiedenen Teile des Reichs entsprechend zu berücksichtigen.

II. 6 Vertreter der Gärtnerei und der Fischerei;

1. Gärtnerei:
1 Arbeitgebervertreter, zu benennen vom Verbande deutscher Gartenbaubetriebe in Berlin und dem Reichsverbande für den deutschen Gartenbau in Berlin,
1 Arbeitnehmervertreter, zu benennen von dem Verbande der Gärtner und Gärtnereiarbeiter in Berlin, dem Deutschen (nationalen) Gärtnerverband in Berlin und dem Verbande deutscher Privatgärtner in Cöln a. Rh.

2. Fischerei:
2 Arbeitgebervertreter, davon zu benennen:
1 gemeinschaftlich von dem wirtschaftlichen Verbande der deutschen Hochseefischereien, dem deutschen Seefischereiverein und dem Reichsverbande der deutschen See- und Küstenfischer,
1 vom Deutschen Fischereivereine,
2 Arbeitnehmervertreter, davon zu benennen:
1 vom Deutschen Transportarbeiterverband, Abteilung Seeleute,
1 vom Deutschen Berufs-Binnenfischerverbande.

III. 68 Vertreter der Industrie:

A. in fachlicher Gliederung

1. 21 Arbeitgebervertreter und
21 Arbeitnehmervertreter, zu benennen von der Zentralarbeitsgemeinschaft der industriellen und gewerblichen Arbeitgeber und Arbeitnehmer Deutschlands unter Berücksichtigung ihrer Fachgruppen. Aus der Fachgruppe des Kohlen- und Kalibergbaues sind keine Vertreter zu benennen. Unter den Arbeitnehmervertretern müssen mindestens 2 Vertreter der technischen Angestellten sein,
2. 2 Arbeitgebervertreter und
2 Arbeitnehmervertreter, zu benennen vom Reichskohlenrate,
3. 1 Arbeitgebervertreter und
1 Arbeitnehmervertreter, zu benennen vom Reichskalirate.

B. in räumlicher Gliederung

10 Arbeitgebervertreter, zu benennen vom Deutschen Industrie- und Handelstag aus den amtlichen Industrie- und Handelsvertretungen unter angemessener Berücksichtigung der bei der fachlichen Gliederung nicht ausreichend berücksichtigten Landesteile,
10 Arbeitnehmervertreter, zu benennen von der Arbeitnehmerseite der Zentralarbeitsgemeinschaft der industriellen und gewerblichen Arbeitgeber und Arbeitnehmer Deutschlands. Unter diesen müssen mindestens 2 Vertreter der technischen Angestellten sein.

IV. 44 Vertreter des Handels, der Banken und des Versicherungswesens

A. in fachlicher Gliederung

1. Handel:
10 Arbeitgebervertreter und
10 Arbeitnehmervertreter, zu benennen von einer den Einzelhandel, den Großhandel, den Außenhandel und die Großeinkaufsgesellschaft Deutscher Konsumvereine in Hamburg umfassenden Arbeitsgemeinschaft.
2. Banken:
2 Arbeitgebervertreter, zu benennen vom Zentralverbande des deutschen Bank- und Bankiergewerbes,
2 Arbeitnehmervertreter, zu benennen von der Arbeitnehmerseite der zu 1 genannten Arbeitsgemeinschaft,
1 Vertreter der Deutschen Genossenschaftsbanken, zu benennen vom Deutschen Genossenschaftsverband,
1 Arbeitnehmervertreter (Angestellter) der Kreditgenossenschaften, zu benennen von der Arbeitnehmerseite der zu 1 genannten Arbeitsgemeinschaft.

3. Versicherungswesen:
   1 Arbeitgebervertreter, zu benennen vom Reichsverbande der Privatversicherungen,
   1 Arbeitnehmervertreter, zu benennen von der Arbeitnehmerseite der zu 1 genannten Arbeitsgemeinschaft.

B. in räumlicher Gliederung

8 Arbeitgebervertreter, zu benennen vom Deutschen Industrie- und Handelstag aus den amtlichen Industrie- und Handelsvertretungen unter angemessener Berücksichtigung der bei der fachlichen Gliederung nicht ausreichend berücksichtigten Landesteile; unter diesen müssen 1 Vertreter der Handelsvermittlungsgewerbe (Handlungsagenten, Kommissionäre und Handelsmakler) und 1 Vertreter der Einkaufsgenossenschaften des Kleinhandels sein,

8 Arbeitnehmervertreter, von denen mindestens 2 Vertreter der Handelshilfsarbeiter sein müssen, zu benennen von der Arbeitnehmerseite der zu 1 genannten Arbeitsgemeinschaft unter angemessener Berücksichtigung der bei der fachlichen Gliederung nicht ausreichend berücksichtigten Landesteile.

V. 34 Vertreter des Verkehrs und der öffentlichen Unternehmungen

1. Schiffahrt:
   3 Arbeitgebervertreter der Seeschiffahrt und des Schiffsmaklergewerbes, zu benennen von der Zentralarbeitsgemeinschaft des Transport- und Verkehrsgewerbes in Verbindung mit dem Verbande deutscher Schiffs- und Befrachtungsmakler,
   3 Arbeitnehmervertreter der Seeschiffahrt, zu benennen von der Zentralarbeitsgemeinschaft des Transport- und Verkehrsgewerbes,
   2 Arbeitgeberverter und 2 Arbeitnehmervertreter der Binnenschiffahrt, zu benennen von der Zentralarbeitsgemeinschaft des Transport- und Verkehrsgewerbes.
2. Transportbetriebe:
   1 Arbeitgebervertreter und 1 Arbeitnehmervertreter des Speditionsgewerbes, zu benennen von der Zentralarbeitsgemeinschaft des Transport- und Verkehrsgewerbes,
   1 Arbeitgebervertreter und 1 Arbeitnehmervertreter des Personen- und Lastfuhrgewerbes einschließlich des Luft- und Kraftfahrwesens, zu benennen von der Zentralarbeitsgemeinschaft des Transport- und Verkehrsgewerbes.
3. Post:
   1 Vertreter der Reichspostverwaltung, zu benennen von der Reichspostverwaltung aus den höheren Reichspostbeamten,

1 Arbeitnehmervertreter, zu benennen gemeinschaftlich von dem Zentralverbande deutscher Post- und Telegraphenbediensterter Berlin, dem Deutschen Transportarbeiterverbande, dem Verbande deutscher Post- und Telegraphenarbeiter und -handwerker Bochum und dem Reichsverbande deutscher Staatsarbeiter und Bediensteter.

4. Eisenbahn:
   1 Vertreter der preußisch-hessischen Eisenbahnverwaltung,
   1 Vertreter der anderen deutschen Eisenbahnverwaltungen, beide zu benennen vom Reichsrat aus den höheren Beamten dieser Verwaltungen,
   1 Vertreter der Kleinbahnen und Straßenbahnen, zu benennen von der Zentralarbeitsgemeinschaft für das Transport- und Verkehrsgewerbe,
   1 Arbeitnehmervertreter, zu benennen vom Deutschen Eisenbahnerverband,
   1 Arbeitnehmervertreter, zu benennen gemeinschaftlich von der Gewerkschaft Deutscher Eisenbahner und Staatsbediensteter und dem gemeinen Eisenbahnerverband,
   1 Arbeitnehmerverterter der Kleinbahnen und Straßenbahnen, zu benennen von der Zentralarbeitsgemeinschaft für das Transport- und Verkehrsgewerbe.

5. Städtische Betriebe:
   2 Arbeitgebervertreter, zu benennen vom Deutschen Städtetage,
   2 Arbeitnehmervertreter, zu benennen gemeinschaftlich von dem Verbande der Gemeinde- und Staatsarbeiter, dem Deutschen Transportarbeiterverband und dem Zentralverbande der Gemeindearbeiter und Straßenbahner Deutschlands.

6. Gemeindeverbände:
   2 Arbeitgebervertreter, zu benennen vom Reichsrat aus Vertretern der Gemeindeverbände,
   2 Arbeitnehmervertreter, zu benennen gemeinschaftlich von dem Verbande der Gemeinde- und Staatsarbeiter, dem Deutschen Transportarbeiterverband und dem Zentralverbande der Gemeindearbeiter und Straßenbahner Deutschlands.

7. Öffentlich-rechtliche Spar- und Kreditanstalten:
   1 Vertreter der öffentlichen Sparkassen, zu benennen von dem Deutschen Sparkassenverband,
   1 Vertreter der öffentlich-rechtlichen Kreditanstalten, zu benennen vom Verbande der öffentlich-rechtlichen Kreditanstalten in Berlin,
   1 Arbeitnehmervertreter aus den Beamten der bezeichneten Anstalten, zu benennen vom Deutschen Beamtenbund,

1 Arbeitnehmervertreter, zu benennen gemeinschaftlich von der Arbeitsgemeinschaft freier Angestelltenverbände, dem Gewerkschaftsbunde der Angestellten und dem Gesamtverbande Deutscher Angestelltengewerkschaften.

VI. 36 Vertreter des Handwerkes:

16 Vertreter des selbständigen Handwerks, die vom Reichsverbande des deutschen Handwerkes zu benennen sind,

16 Arbeitnehmervertreter, zu benennen von der Arbeitnehmerseite der Zentralarbeitsgemeinschaft der industriellen und gewerblichen Arbeitgeber und Arbeitnehmer Deutschlands. Bei der Auswahl der Arbeitgeber- und Arbeitnehmervertreter sind sowohl die einzelnen Handwerkszweige als auch die verschiedenen Landesteile zu berücksichtigen.

4 Vertreter der Handwerkergenossenschaften, zu benennen vom Deutschen Genossenschaftsverbande.

VII. 30 Vertreter der Verbraucherschaft,

davon zu benennen

6 vom Deutschen Städtetag; unter diesen müssen je 2 Vertreter des Hausbesitzes und 2 Vertreter der Mieter sein,

2 vom Reichsstädtebunde,

2 vom Verbande der größeren deutschen Landgemeinden; unter diesen muß 1 Vertreter der süddeutschen Gemeinden sein,

2 vom Reichsrat aus Vertretern der kleineren deutschen Landgemeinden, darunter 1 Vertreter der süddeutschen Landgemeinden,

8 vom Zentralverbande deutscher Konsumvereine in Hamburg,

3 vom Reichsverbande deutscher Konsumvereine in Cöln-Mülheim,

1 vom Allgemeinen deutschen Genossenschaftsverband in Charlottenburg,

2 Vertreter der Hausfrauen Iu benennen vom Verbande deutscher Hausfrauenvereine,

2 Vertreter der Hausangestellten, davon 1 zu benennen vom Zentralverbande der Hausangestellten Deutschlands und 1 zu benennen vom Reichsverbande weiblicher Hausangestellten,

1 Arbeitgebervertreter, zu benennen vom Deutschen Gastwirtsverbande,

1 Arbeitnehmervertreter, zu benennen von dem Verbande der Gastwirtsgehilfen (Zentral-Organisation der Hotel-, Restaurant- und Cafèangestellten) in Verbindung mit dem deutschen Kellnerbunde.

VIII. 16 Vertreter der Beamtenschaft und der freien Berufe,

davon zu benennen:

5 vom Deutschen Beamtenbunde gemeinsam mit dem Deutschen Beamten-Wirtschaftsbunde,
3 vom Reichsbund deutscher Technik,
1 vom Deutschen Werkbund,
1 vom Reichsverbande der deutschen Presse,
1 vom Deutschen Anwaltverein,
1 vom Deutschen Ärztevereinsbunde,
2 Vertreter der bildenden Künste, davon je 1 zu benennen von dem Verbande der bildenden Künstler in Berlin und dem Verbande der bildenden Künstler in München,
1 Vertreter der Tonkunst, zu benennen von der Genossenschaft Deutscher Tonsetzer gemeinsam mit dem Verbande konzertierender Künstler Deutschlands, E. V.,
1 Vertreter der Deutschen Schriftsteller, zu benennen vom Schutzverbande Deutscher Schriftsteller.

IX. 12 mit dem Wirtschaftsleben der einzelnen Landesteile besondere vertraute Persönlichkeiten,

zu ernennen vom Reichsrat.

X. 12 von der Reichsregierung nach freiem Ermessen zu ernennende Personen,

die durch besondere Leistungen die Wirtschaft des deutschen Volkes in hervorragendem Maße gefördert haben oder zu fördern geeignet sind.

Artikel 3

Als Mitglied des Reichswirtschaftsrats kann einberufen werden, wer die Wählbarkeit zur verfassunggebenden Deutschen Nationalversammlung besitzt.

Die Zugehörigkeit zu der Nationalversammlung oder dem Reichstag schließt die Mitgliedschaft im Reichswirtschaftsrate nicht aus.

Artikel 4

Die Vertreter der Gruppen I bis VIII des Art. 2, mit Ausnahme der von dem Deutschen Industrie- und Handelstage, zu benennenden Vertreter (Art. 2 Ziffer III B, IV B), sind dem Reichswirtschaftsminister innerhalb zwei Wochen nach Inkrafttreten dieser Verordnung namhaft zu machen. Geht die Benennung nicht innerhalb dieser Frist dem Reichswirtschaftsminister zu, so ist die Reichsregierung berechtigt, die offengebliebenen Stellen nach eigenem Ermessen aus den Kreisen der Beteiligten zu besetzen.

Der Reichswirtschaftsminister gibt die Namen der ihm bekannten Vertreter dem Deutschen Industrie- und Handelstage bekannt. Dieser hat dem Reichswirtschaftsminister innerhalb von zwei Wochen nach Empfang der Bekanntgabe seine Vertreter zu benennen. Geht die Benennung nicht innerhalb dieser Frist dem Reichswirtschaftsminister zu, so ist der Reichsrat berechtigt, die offengebliebenen Stellen nach eigenem Ermessen aus den Kreisen der Beteiligten zu besetzen.

Alsdann erfolgt die Ernennung der Vertreter der Gruppen IX und X des Art. 2 durch den Reichsrat und die Reichsregierung.

Die Mitgliedschaft im Reichswirtschaftsrate wird durch die dem Reichswirtschaftsminister gegenüber zu erklärende Annahme der Einberufung erworben. Geht die Annahmeerklärung nicht binnen einer Woche nach der Zustellung der Einberufung dem Reichswirtschaftsminister zu oder wird sie nur unter Vorbehalt oder Verwahrung angenommen, so gilt die Einberufung als abgelehnt. Die zur Benennung befugten Körperschaften sind davon in Kenntnis zu zu setzen und können erneut einen Vertreter benennen. Die Benennung muß innerhalb von zwei Wochen nach Empfang der Benachrichtigung dem Reichswirtschaftsminister zugehen.

Die Mitgliedschaft endet mit der Auflösung des Reichswirtschaftsrats, mit dem Tode des Mitglieds, mit der Niederlegung der Mitgliedschaft oder mit dem Fortfall derjenigen Eigenschaften, welche Voraussetzung für die Einberufung zum Reichswirtschaftsrate sind.

Bei den auf Grund von Benennungen einberufenen Vertretern (Gruppe I bis VIII des Art. 2) kann die Einberufung auf Antrag der benennenden Körperschaft oder im Falle ihrer Auflösung von der Reichsregierung widerrufen werden.

Beim Ausscheiden eines Mitglieds wird das an seine Stelle tretende Mitglied in der gleichen Weise wie das ursprüngliche Mitglied einberufen. Die Fristen für die Benennung (Abs. 1 und 2) rechnen von der Zustellung der Aufforderung zur Benennung ab.

Besteht die zur Benennung berechtigte Körperschaft noch nicht oder nicht mehr, so bestimmt die Reichsregierung die für die Benennung zuständige Stelle.

Artikel 5

Die Mitglieder des Reichswirtschaftsrats sind Vertreter der wirtschaftlichen Interessen des ganzen Volkes. Sie sind nur ihrem Gewissen unterworfen und an Aufträge nicht gebunden.

Sie dürfen wegen ihrer Abstimmung oder wegen der in Ausübung ihrer Mitgliedschaft getanen Äußerungen weder gerichtlich noch dienstlich verfolgt oder sonst außerhalb der Versammlung zur Verantwortung gezogen werden.

Sie sind berechtigt, über Personen, die ihnen in ihrer Eigenschaft als Mitglied des Reichswirtschaftsrats Tatsachen anvertrauen oder denen sie in dieser Eigenschaft solche anvertraut haben, sowie über diese Tatsachen selbst das Zeugnis zu verweigern. Auch in Beziehung auf Beschlagnahme von Schriftstücken stehen sie den Personen gleich, die ein gesetzliches Zeugnisverweigerungsrecht haben.

Angehörige der Wehrmacht und Beamte bedürfen zur Teilnahme an den Verhandlungen des Reichswirtschaftsrats und seiner Ausschüsse keines Urlaubs.

Die Mitglieder des Reichswirtschaftsrats erhalten eine Entschädigung und freie Fahrt nach Maßgabe näherer Bestimmungen, die vom Reichswirtschaftsminister gemeinschaftlich mit dem Reichsminister der Finanzen und dem Reichsverkehrsminister erlassen werden.

Artikel 6

Die Mitglieder des Reichswirtschaftsrats sind verpflichtet, sich jeder mißbräuchlichen Verwertung der infolge ihrer Mitlgiedschaft zu ihrer Kenntnis gelangten Tatsachen, Maßnahmen und Pläne zu enthalten. Soweit Verhandlungen von dem Vorsitzenden der Vollversammlung oder eines Ausschusses für vertraulich erklärt werden, ist über sie Verschwiegenheit zu beobachten.

Artikel 7

Der Reichswirtschaftsrat wählt seinen Vorstand, den Vorsitzenden, seine Stellvertreter und die Schriftführer. Im Vorstand müssen Arbeitgeber, Arbeitnehmer und die Angehörigen der Gruppen VII bis X des Art. 2 zu je einem Drittel vertreten sein.

Der Reichswirtschaftsrat gibt sich seine Geschäftsordnung selbst.

Die Regelung der Abstimmung im Reichswirtschaftsrate bleibt der Geschäftsordnung vorbehalten. Diese muß vorsehen, daß in allen nicht ausschließlich die Handhabung der Geschäfte betreffenden Fragen neben der Abstimmung nach Köpfen eine Abstimmung nach den Gruppen I bis X des Art. 2 stattfindet. Auf Verlangen einer überstimmten Gruppe ist auch ihre Stellungnahme der Reichsregierung zu übermitteln. Das gleiche gilt hinsichtlich der Stellungnahme einer innerhalb einer Gruppe überstimmten Minderheit, die mindestens ein Drittel der Angehörigen der Gruppe beträgt, sowie bei Abstimmungen nach Kopfzahl hinsichtlich der Stellungnahme einer Minderheit, die mindestens den fünften Teil der Abstimmenden beträgt.

Die Prüfung der Berechtigung der Mitglieder findet durch ein Wahlprüfungsgericht statt. Es entscheidet in Spruchkammern, die sich aus dem Präsidenten des Reichswirtschaftsgerichts als Vorsitzenden, 2 vom Reichswirtschaftsminister zu bestimmenden Senatsvorsitzenden des Reichswirtschaftsgerichts und 4 Mitgliedern des Reichswirtschaftsrats, die dieser aus der Zahl seiner Mitglieder wählt, zusammensetzen. Das Verfahren regelt die Geschäftsordnung des Reichswirtschaftsrats.

Der Reichswirtschaftsrat beschließt über seine Vertagung und den Zeitpunkt seines Wiederzusammentritts.

Der Vorsitzende muß den Reichswirtschaftsrat vor dem für seinen Wiederzusammentritt in Aussicht genommenen Zeitpunkt berufen, wenn es die Reichsregierung oder ein Drittel der Mitglieder des Reichswirtschaftsrats verlangt.

Der Reichswirtschaftsrat kann beschließen, daß seine Ausschüsse auch während der Vertagung in Tätigkeit bleiben.

Jedem Ausschuß muß mindestens 1 Vertreter jeder der Gruppen VII bis X des Art. 2 angehören. Die Gesamtbeteiligung der genannten Gruppen darf nicht weniger als den dritten Teil der Mitglieder des Ausschusses betragen.

Artikel 8

Der Reichswirtschaftsrat und seine Ausschüsse sind befugt, Personen, die nicht Mitglieder des Reichswirtschaftsrats sind, wegen ihrer besonderen Kenntnis der zu behandelnden Fragen als Sachverständige zuzuziehen.

Die Grundsätze für eine etwaige Entschädigung der Sachverständigen setzt der Reichswirtschaftsminister gemeinschaftlich mit dem Reichsminister der Finanzen fest.

Artikel 9

Die Sitzungen des Reichswirtschaftsrats sind öffentlich. Auf Antrag von 20 Mitgliedern kann mit Zweidrittelmehrheit die Öffentlichkeit ausgeschlossen werden.

Die Ausschußsitzungen sind nichtöffentlich, wenn nicht der Ausschuß mit Zweidrittelmehrheit die Öffentlichkeit beschließt.

Die Geschäftsordnung bestimmt, in welchem Umfang bei nichtöffentlichen Sitzungen der Ausschüsse die ihnen nichtangehörenden Mitglieder des Reichswirtschaftsrats zugegen sein dürfen.

Wahrheitsgetreue Berichte über die Verhandlungen in den öffentlichen Sitzungen des Reichswirtschaftsrats und seiner Ausschüsse bleiben von jeder Verantwortlichkeit frei.

Artikel 10

Die von der Reichsregierung beauftragten Vertreter haben zu allen Sitzungen des Reichswirtschaftsrats und seiner Ausschüsse jederzeit Zutritt. Sie müssen jederzeit gehört werden.

Der Reichswirtschaftsrat und seine Ausschüsse können die Anwesenheit von Vertretern der Reichsregierung verlangen.

Die Länder sind gleichfalls befugt, Bevollmächtigte zu entsenden und durch sie den Standpunkt ihrer Regierungen zu dem Gegenstand der Verhandlungen darzulegen.

Artikel 11

Sozialpolitische und wirtschaftspolitische Gesetzentwürfe von grundlegender Bedeutung sollen von der Reichsregierung vor ihrer

Einbringung dem Reichswirtschaftsrate zur Begutachtung vorgelegt werden. Er hat das Recht, selbst solche Gesetzesvorlagen zu beantragen.

Er wirkt beim Aufbau der in der Reichsverfassung vorgesehenen Arbeiterräte, Unternehmervertretungen und Wirtschaftsräte mit.

Der Reichswirtschaftsrat kann zur Behandlung wirtschaftspolitischer und sozialpolitischer Fragen je einen ständigen Ausschuß bestellen, der von dem zuständigen Ministerium zu hören ist, bevor grundlegende Verordnungen auf Grund der Verordnungen vom 7. und 27. November 1918 (Reichs-Gesetzbl. S. 1292, 1339) und des Gesetzes über eine vereinfachte Form der Gesetzgebung für die Zwecke der Übergangswirtschaft vom 17. April 1919 (Reichs-Gesetzbl. S. 394) erlassen oder die für die Kriegs- und Übergangswirtschaft von dem Bundesrate, den Volksbeauftragten oder den Reichszentralbehörden einschließlich des preußischen Kriegsministeriums gegebenen grundlegenden Vorschriften aufgehoben oder in wesentlichen Punkten geändert werden. Nimmt der Ausschuß in einer grundsätzlichen Frage eine von dem Standpunkte der Reichsregierung abweichende Stellung mit weniger als drei Vierteln der abgegebenen Stimmen ein, so hat diese das Recht, eine Beschlußfassung der Vollversammlung des Reichswirtschaftsrats über die Frage zu verlangen. Der Ausschuß kann seinerseits mit einer Mehrheit von drei Vierteln der abgegebenen Stimmen die Behandlung einer Frage an die Vollversammlung verweisen.

Die Mitgliederzahl jedes dieser Ausschüsse darf nicht mehr als 30 betragen. Die Wahl von Stellvertretern ist zulässig und wird durch die Geschäftsordnung geregelt. Die Arbeitnehmervertreter der Gruppen I bis VI des Art. 2 müssen an diesen Ausschüssen gleich stark wie die Arbeitgebervertreter beteiligt sein.

Artikel 12

Der Reichswirtschaftsrat und seine Ausschüsse können zur Aufklärung wirtschaftlicher und sozialpolitischer Fragen verlangen, daß die Reichsregierung oder eine von ihr damit betraute Stelle von ihrem Rechte, Auskünfte über wirtschaftliche Verhältnisse einzuziehen, Gebrauch gemacht und, soweit nicht das Gesetz dem entgegensteht, ihnen die Ergebnisse ihrer Ermittlungen vorlegt.

Artikel 13

Sobald die zur Wahl des endgültigen Reichswirtschaftsrats erforderlichen Körperschaften ins Leben getreten sind, ordnet die Reichsregierung die Wahl und den Zeitpunkt des Zusammentritts des endgültigen Reichswirtschaftsrats an. Nach dem Zusammentritte des letzteren verfügt die Reichsregierung die Auflösung des vorläufigen Reichswirtschaftsrats.

Artikel 14

Diese Verordnung tritt mit dem Tage der Verkündigung in Kraft.

Berlin, den 4. Mai 1920.

Die Reichsregierung

Müller

VI.

Entwurf eines Gesetzes über den Reichswirtschaftsrat und eines Gesetzes zur Ausführung des Gesetzes über den Reichswirtschaftsrat.

Der Reichswirtschaftsminister IA 4953

Reichstag-Drucksache IV. Wahlperiode 1928. Nr. 348

An den Reichstag

Berlin, den 14. Juli 1928.

Dem Reichstag beehre ich mich, den

Entwurf eines Gesetzes über den Reichswirtschaftsrat und den Entwurf eines Gesetzes zur Ausführung des Gesetzes über den Reichswirtschaftsrat

nebst Begründung und der Anlage dazu nach Zustimmung des Reichsrats zur Beschlußfassung vorzulegen. Das Gutachten des Vorläufigen Reichswirtschaftsrats ist beigefügt.

Für die Annahme des Entwurfs eines Gesetzes über den Reichswirtschaftsrat (Entwurf A) müssen die Erfordernisse verfassungsändernder Gesetzgebung erfüllt werden. Der Reichsrat hat der Verfassungsänderung mit der vorgeschriebenen Stimmenzahl zugestimmt.

Dr. Curtius

A. Übersicht zu dem Entwurf eines Gesetzes über den Reichswirtschaftsrat

B. Übersicht zu dem Entwurf eines Gesetzes zur Ausführung des Gesetzes über den Reichswirtschaftsrat

A. Entwurf eines Gesetzes über den Reichswirtschaftsrat

Der Reichstag hat das folgende Gesetz beschlossen, das mit Zustimmung des Reichsrats hiermit verkündet wird, nachdem festgestellt ist, daß die Erfordernisse verfassungsändernder Gesetzgebung erfüllt sind.

Stellung des Reichswirtschaftsrats

§ 1

Nach Maßgabe dieses Gesetzes und des Gesetzes zur Ausführung des Gesetzes über den Reichswirtschaftsrat begutachtet der Reichswirtschaftsrat wirtschaftspolitische und sozialpolitische Gesetzentwürfe regt wirtschaftspolitische und sozialpolitische Maßnahmen an und nimmt auf Verlangen oder mit Zustimmung der Reichsregierung wirtschaftliche und soziale Erhebungen vor. Die Reichsregierung kann den Reichswirtschaftsrat um die Erstattung von Gutachten zu wirtschaftspolitischen und sozialpolitischen Maßnahmen ersuchen.

Der Reichswirtschaftsrat wirkt insbesondere bei der Vorbereitung von Gesetzentwürfen zur weiteren Ausführung des Artikel 165 der Reichsverfassung mit.

Sitz und Zusammensetzung des Reichswirtschaftsrats

§ 2

Der Reichswirtschaftsrat hat seinen Sitz in Berlin.

Der Reichswirtschaftsrat besteht aus 151 ständigen Mitgliedern, die von der Reichsregierung auf Grund von Vorschlägen der Vertretungen der Unternehmer, der Arbeitnehmer und sonst beteiligter Volkskreise oder auf Grund von Ernennungen durch die Reichsregierung oder den Reichsrat einberufen werden.

Außerdem können für einzelne Sitzungen oder Verhandlungsgegenstände nichtständige stimmberechtigte Mitglieder nach Maßgabe des Ausführungsgesetzes einberufen werden.

Aufgaben und Rechte

1. Begutachtung

§ 3

Wirtschaftspolitische und sozialpolitische Gesetzentwürfe von grundlegender Bedeutung sollen von der Reichsregierung vor ihrer Einbringung dem Reichswirtschaftsrate zur Begutachtung vorgelegt werden. Soweit die Reichsregierung den Reichswirtschaftsrat schon bei den Vorarbeiten zu einem solchen Gesetzentwurfe hört, gibt sie den Entwurf dem Reichswirtschaftsrate spätestens mit der Vorlegung beim Reichsrat bekannt, auch wenn sie die Abgabe eines nochmaligen Gutachtens hierzu nicht erfordert.

Die Reichsregierung soll die Gutachten dem Reichsrat und dem Reichstag zusammen mit den Gesetzentwürfen vorlegen. In dringenden Fällen und in den Fällen des Abs. 1 Satz 2 soll sie das Gutachten nachreichen.

Aus der Mitte des Reichstags eingebrachte Gesetzentwürfe der im Abs. 1 bezeichneten Art soll die Reichsregierung dem Reichswirtschaftsrate nicht später als dem Reichsrat mitteilen. Erstattet der Reichswirtschaftsrat ein Gutachten, so soll die Reichsregierung es dem Reichsrat und dem Reichstag unverzüglich vorlegen.

Reichsregierung sowie Reichstag, Reichsrat und deren Ausschüsse können verlangen, daß Vollversammlung oder Ausschüsse des Reichswirtschaftsrats ihre Gutachten vor dem Reichstag, dem Reichsrat oder ihren Ausschüssen durch Beauftragte mündlich erläutern lassen.

2. Beantragung von Gesetzesvorlagen und Anregungen

§ 4

Der Reichswirtschaftsrat hat das Recht, wirtschaftspolitische und sozialpolitische Gesetzesvorlagen von grundlegender Bedeutung zu beantragen oder entsprechende Maßnahmen anzuregen. Stimmt die Reichsregierung einer Gesetzesvorlage nicht zu, so hat sie trotzdem die Vorlage unter Darlegung ihres Standpunktes gemäß Artikel 69 der Reichsverfassung beim Reichstag einzubrinegn. Der Reichswirtschaftsrat kann die Vorlage vor dem Reichstag durch eines, vor den Ausschüssen des Reichstags auch durch mehrere seiner Mitglieder vertreten lassen.

Ausführungsgesetz

§ 5

Inwieweit der Reichswirtschaftsrat die ihm übertragenen Aufgaben durch die Vollversammlung oder durch Ausschüsse erledigt, bestimmt das Ausführungsgesetz.

B. Entwurf eines Gesetzes zur Ausführung des Gesetzes über den Reichswirtschaftsrat

Der Reichstag hat das folgende Gesetz beschlossen, das mit Zustimmung des Reichsrats hiermit verkündet wird:

I. Abschnitt

Mitgliedschaft

Voraussetzungen für die Mitgliedschaft

§ 1

Mitglied des Reichswirtschaftsrats kann werden, wer zum Deutschen Reichstag wählbar ist und nicht durch Spruch des Ehrengerichts (§ 19) für dauernd unfähig erklärt worden ist, Mitglied des Reichswirtschaftsrats zu sein.

Die Zugehörigkeit zum Reichstag schließt die Mitgliedschaft im Reichswirtschaftsrate nicht aus.

Einberufung der ständigen Mitglieder

§ 2

Die ständigen Mitglieder des Reichswirtschaftsrats bilden drei Abteilungen. Es werden einberufen:

Für die Abteilung I

Gruppe 1:

13 Vertreter der Landwirtschaft, der Forstwirtschaft, des Weinbaues und des Gartenbaues einschließlich des Obst- und Gemüsebaues, davon zu benennen:

3 vom Deutschen Landwirtschaftsrate,
2 vom Reichslandbunde,
2 von der Vereinigung der Deutschen Bauernvereine.
1 von dem Reichsverbande der deutschen land- und forstwirtschaftlichen Arbeitgebervereinigungen,
1 gemeinschaftlich von dem Deutschen Bauernbunde und dem Reichsverbande landwirtschaftlicher Klein- und Mittelbetriebe.
2 vom Reichsforstwirtschaftsrate,
1 vom Reichsverbande des Deutschen Gartenbaues,
1 vom Deutschen Weinbau-Verbande.

Gruppe 2:

12 Vertreter der Industrie, davon zu benennen: 8 gemeinschaftlich von dem Deutschen Industrie- und Handelstage, dem Reichsverbande der Deutschen Industrie und der Vereinigung der Deutschen Arbeitgeberverbände, 4 gemeinschaftlich von diesen Körperschaften aus denjenigen Wirtschaftsgebieten des Reichs, die bei der Auswahl der ersten 8 Vertreter nicht angemessen berücksichtigt worden sind.

Gruppe 3:

6 Vertreter des Handwerkes, zu benennen gemeinschaftlich von dem Deutschen Handwerks- und Gewerbekammertag und dem Reichsverbande des Deutschen Handwerkes.

Gruppe 4:

7 Vertreter des Handels, davon zu benennen:

4 gemeinschaftlich von dem Deutschen Industrie- und Handelstag und dem Reichsverbande des Deutschen Groß- und Überseehandels,

3 gemeinschaftlich von dem Deutschen Industrie- und Handelstag und der Hauptgemeinschaft des Deutschen Einzelhandels.

Gruppe 5:

4 Vertreter der Banken und des Privatversicherungswesens, davon zu benennen:

3 gemeinschaftlich von dem Deutschen Industrie- und Handelstag und dem Zentralverbande des Deutschen Bank- und Bankiergewerbes; unter ihnen soll sich ein Vertreter der Hypothekenbanken befinden, der mit dem landwirtschaftlichen Beleihungswesen vertraut ist;

1 gemeinschaftlich von dem Deutschen Industrie- und Handelstag und dem Reichsverbande der Privatversicherung.

Gruppe 6:

6 Vertreter des Verkehrs und der Fischerei, davon zu benennen:

1 gemeinschaftlich von dem Deutschen Industrie- und Handelstag und dem Verbande Deutscher Reeder,

1 gemeinschaftlich von dem Deutschen Industrie- und Handelstag und dem Reichsausschusse der Deutschen Binnenschiffahrt,

1 gemeinschaftlich von dem Deutschen Industrie- und Handelstage, dem Vereine Deutscher Spediteure (Reichsverband des Deutschen Speditionsgewerbes) und der Tarif- und Interessengemeinschaft des Deutschen Möbeltransports,

1 gemeinschaftlich von dem Deutschen Industrie- und Handelstage, dem Reichsverbande der Fuhrbetriebe Deutschlands, der Kraftverkehr Deutschland G. m. b. H. und dem Reichsverbande der Deutschen Luftfahrt-Industrie,

1 gemeinschaftlich von dem Deutschen Industrie- und Handelstag und dem Vereine Deutscher Straßenbahnen, Kleinbahnen und Privateisenbahnen,

1 gemeinschaftlich von dem Deutschen Fischerei-Vereine, dem Deutschen Seefischerei-Vereine, dem Reichsverbande Deutscher See- und Küstenfischer, dem Vereine Deutscher Heringsfischereien und dem Wirtschaftlichen Verbande der deutschen Hochseefischereien.

Für die Abteilung II

48 Vertreter der Arbeitnehmer, zu benennen gemeinschaftlich von dem Allgemeinen Deutschen Gewerkschaftsbunde, dem Allgemeinen freien Angestelltenbunde, dem Gesamtverbande der christlichen Gewerkschaften Deutschlands, dem Gesamtverbande Deutscher Angestellten-Gewerkschaften und dem Gewerkschaftsringe Deutscher Arbeiter-, Angestellten- und Beamtenverbände (mit Ausnahme seiner Beamtengruppe). Unter ihnen müssen sich in angemessener Zahl Vertreter der Angestellten befinden und hierunter mindestens je 1 Vertreter der Angestellten der Landwirtschaft und der Forstwirtschaft.

Unter den Vertretern der Arbeiter müssen sich befinden:

mindestens 8 Vertreter der Arbeiter der Land- und Forstwirtschaft und

mindestens 1 Vertreter der Heimarbeiter.

Für die Abteilung III

Gruppe 7:

11 Vertreter der Städte, der Landgemeinden und der Landkreise, davon zu benennen:

5 vom Deutschen Städtetage,

1 vom Reichsstädtebunde,

2 vom Deutschen Landgemeindetage,

3 vom Deutschen Landkreistage.

Gruppe 8:

3 Vertreter der öffentlich-rechtlichen Versicherungs- und Kreditanstalten, davon zu benennen:

1 gemeinschaftlich von dem Verbande der Deutschen Berufsgenossenschaften, dem Verbande der Deutschen landwirtschaftlichen Berufsgenossenschaften, dem Verbande deutscher Landesversicherungsanstalten, dem Hauptverbande deutscher Krankenkassen und der Arbeitsgemeinschaft der Krankenkassenspitzenverbände Deutschlands,

1 gemeinschaftlich von dem Deutschen Sparkassen- und Giroverband und dem Verbande Deutscher öffentlich-rechtlicher Kreditanstalten,

1 gemeinschaftlich von dem Verband öffentlicher Lebensversicherungsanstalten in Deutschland, der Vereinigung öffentlicher Feuerversicherungsanstalten in Deutschland und dem Verband öffentlicher Unfall- und Haftpflichtversicherungsanstalten in Deutschland.

Gruppe 9:

5 Vertreter der Konsumgenossenschaften und der Hausfrauen, davon zu benennen:

2 vom Zentralverbande Deutscher Konsumvereine,

1 vom Reichsverbande Deutscher Konsumvereine,

1 von der Großeinkaufsgesellschaft Deutscher Konsumvereine,
1 vom Reichsverbande Deutscher Hausfrauenvereine.

Gruppe 10:
4 Vertreter des landwirtschaftlichen und gewerblichen Genossenschaftswesens, davon zu benennen:
3 gemeinschaftlich von dem Reichsverbande der Deutschen landwirtschaftlichen Genossenschaften und dem Generalverbande der Deutschen Raiffeisengenossenschaften,
1 vom Deutschen Genossenschaftsverbande.

Gruppe 11:
2 Vertreter der Tagespresse, davon zu benennen:
1 vom Verein Deutscher Zeitungsverleger,
1 vom Reichsverbande der Deutschen Presse.

Gruppe 12:
2 Vertreter der Beamtenschaft und
3 Vertreter der freien Berufe, von der Reichsregierung mit Zustimmung des Reichsrats zu ernennen auf Grund von Vorschlagslisten der in der Anlage zu diesem Gesetz aufgeführten Verbände; die Vorschlagsliste eines jeden Verbandes muß drei Namen enthalten.

Gruppe 13:
a) 12 mit dem Wirtschaftsleben der einzelnen Wirtschaftsgebiete des Reichs besonders vertraute Persönlichkeiten zu ernennen vom Reichsrat,
b) 1 Vertreter des Auslandsdeutschtums, zu benennen vom Verbande Deutscher Handelskammern Übersee.

Gruppe 14:
12 Persönlichkeiten, die durch besondere Leistungen die Wirtschaft des deutschen Volkes in hervorragendem Maße gefördert haben oder zu fördern geeignet sind, zu ernennen von der Reichsregierung.

Auswahl der Vertreter durch die Verbände

§ 3

Bei der Benennung von Mitgliedern sind die Verbände nicht auf den Kreis ihrer Mitglieder beschränkt.

§ 4

Körperschaften, denen für sich oder gemeinschaftlich mit anderen die Benennung mehrerer Mitglieder zusteht, haben dabei die wirtschaftlichen Interessen der verschiedenen Wirtschaftsgebiete des Reichs angemessen zu berücksichtigen. Die vom Reichsrat zu ernennenden Vertreter (Gruppe 13 a) sollen denjenigen Wirtschaftsgebieten des Reichs entnommen werden, die bei der Auswahl der nach fachlichen Gesichtspunkten zu benennenden Vertreter keine ausreichende Berücksichtigung gefunden haben.

Verfahren bei der Einberufung der ständigen Mitglieder

§ 5

Die Benennungserklärungen für die Gruppen 1 bis 11, den Vertreter der Gruppe 13 b und für die Abteilung II sowie die Vorschlagslisten für die Gruppe 12 sind dem Reichswirtschaftsminister innerhalb einer von ihm zu bestimmenden Frist einzureichen. Geht eine Benennungserklärung dem Reichswirtschaftsminister innerhalb der von ihm bestimmten Frist nicht zu, so kann er die Stelle nach eigenem Ermessen aus den Kreisen der Beteiligten besetzen. Das gleiche gilt hinsichtlich der Vertreter der Gruppe 12, wenn die vorgeschriebenen Vorschlagslisten nicht innerhalb der bestimmten Frist eingereicht werden.

Erwerb der ständigen Mitgliedschaft

§ 6

Die ständige Mitgliedschaft im Reichswirtschaftsrate wird durch die dem Reichswirtschaftsminister gegenüber zu erklärende Annahme der Einberufung erworben. Die Einberufung gilt als abgelehnt, wenn die Annahmeerklärung dem Reichswirtschaftsminister nicht innerhalb einer von ihm gestellten Frist zugeht oder wenn die Einberufung nur unter Vorbehalt oder Verwahrung angenommen wird; die zur Benennung oder zur Einreichung von Vorschlagslisten befugten Körperschaften sind von einer Ablehnung in Kenntnis zu setzen und haben alsdann erneut einen Vertreter zu benennen oder Vorschlagslisten einzureichen; § 5 findet Anwendung.

Einberufung der nichtständigen Mitglieder

§ 7

Die Einberufung nichtständiger Mitglieder erfolgt durch den Vorstand des Reichswirtschaftsrats für einzelne Sitzungen oder Verhandlungsgegenstände. Es werden einberufen:

a) Persönlichkeiten, die gemäß § 24 Abs. 2 von den einzelnen Abteilungen des Reichswirtschaftsrats oder gemäß § 27 Abs. 3 oder § 36 Abs. 2 von der Reichsregierung oder gemäß § 36 Abs. 3 von einem Ermittlungsausschusse vorgeschlagen werden;
b) Persönlichkeiten, die von solchen Verbänden benannt werden, die in einer beim Reichswirtschaftsrate geführten Liste verzeichnet sind und im Einzelfall auf Vorschlag der einzelnen Abteilungen (§ 24 Abs. 2) vom Vorstand des Reichswirtschaftsrats zur Benennung aufgefordert werden.

In die Liste können nicht nur die im § 2 dieses Gesetzes aufgeführten Verbände, sondern auch andere Verbände aufgenommen werden. Über die Aufnahme in die Liste entscheidet der Vorstand des Reichswirtschaftsrats. Beschlüsse über die Aufnahme können jederzeit gefaßt werden; alle drei Jahre ist die Liste im ganzen nachzuprüfen und, soweit erforderlich neu aufzustellen.

§ 8

Bei der Berufung der nichtständigen Mitglieder findet § 4 Satz 1 entsprechende Anwendung.

Erwerb der nichtständigen Mitgliedschaft

§ 9

Die nichtständige Mitgliedschaft im Reichswirtschaftsrate wird durch die dem Vorstand des Reichswirtschaftsrats gegenüber zu erklärende Annahme der Einberufung erworben. Die Einberufung gilt als abgelehnt, wenn die Annahmeerklärung dem Vorstand des Reichswirtschaftsrats nicht innerhalb einer von ihm gestellten Frist zugeht oder nur unter Vorbehalt oder Verwahrung abgegeben wird; die vorschlagsberechtigten Stellen sind von einer Ablehnung in Kenntnis zu setzen und können erneut von ihrem Vorschlagsrechte Gebrauch machen.

Dauer der Mitgliedschaft

§ 10

Die Mitgliedschaft endigt mit dem Tode des Mitglieds, mit der dem Reichswirtschaftsminister oder dem Vorstande des Reichswirtschaftsrats gegenüber zu erklärenden Niederlegung der Mitgliedschaft, mit dem Verluste der Wählbarkeit zum Deutschen Reichstag, mit dem Spruche des Ehrengerichts auf Verlust der Mitgliedschaft (§ 19), ferner für ständige Mitglieder durch Zeitablauf (§ 11) oder durch Widerruf (§ 12) für nichtständige Mitglieder mit der Erklärung des Vorsitzenden gemäß § 13.

§ 11

Die ständigen Mitglieder werden für 6 Jahre einberufen. Alle 3 Jahre scheidet die Hälfte nach näherer Bestimmung der Geschäftsordnung aus.

Wenn ein ständiges Mitglied vorzeitig ausscheidet, so endigt die Mitgliedschaft des an seiner Stelle einberufenen Mitglieds mit dem Zeitpunkt, zu dem sein Vorgänger nach Abs. 1 Satz 2 ausgeschieden wäre.

§ 12

Die Reichsregierung kann im Einvernehmen mit dem Vorstande des Reichswirtschaftsrats die Einberufung eines ständigen Mitglieds widerrufen, wenn eine Körperschaft es beantragt, die das Mitglied benannt hat oder auf deren Vorschlag es von der Reichsregierung mit Zustimmung des Reichsrats ernannt ist. Das gleiche gilt, wenn eine der im Satz 1 erwähnten Körperschaften nicht mehr besteht, sich gespalten oder ganz oder teilweise mit einer anderen Körperschaft vereinigt hat, oder wenn durch Austritt von Mitgliedern wesentliche Veränderungen in ihrer Zusammensetzung eingetreten sind.

Vor der Entscheidung sind das Mitglied und die beteiligten Körperschaften zu hören.

Bei der Stellungnahme des Vorstandes scheiden Mitglieder aus, die der antragstellenden Körperschaft angehören. Die Ausscheidenden sind nach näherer Bestimmung der Geschäftsordnung durch andere Mitglieder ihrer Abteilung zu ersetzen.

§ 13

Die nichtständige Mitgliedschaft endigt, sobald der Vorsitzende des Ausschusses, zu dessen Sitzung oder Verhandlungsgegenstand das nichtständige Mitglied einberufen wurde, die Sitzung für beendigt oder den Verhandlungsgegenstand für erledigt erklärt.

Einberufung von Ersatzmitgliedern

§ 14

Nach dem Ausscheiden eines Mitglieds wird das an seine Stelle tretende Mitglied in derselben Weise wie das bisherige Mitglied einberufen. Wiedereinberufung ist zulässig.

Anderweitige Bestimmung der benennungsberechtigten Körperschaften

§ 15

Besteht die zur Benennung oder zur Einreichung von Vorschlägen für die Ernennung von ständigen Mitgliedern berechtigte Körperschaft nicht mehr, so bestimmt die Reichsregierung nach Anhörung des Vorstandes des Reichswirtschaftsrats die für die Benennung zuständige Stelle. Das gleiche gilt, wenn eine solche Körperschaft sich gespalten oder ganz oder teilweise mit einer anderen Körperschaft vereinigt hat, oder wenn durch Austritt von Mitgliedern wesentliche Veränderungen in der Zusammensetzung eingetreten sind. In diesen Fällen sind die beteiligten Körperschaften zu hören.

§ 16

Nach Anhörung des Vorstandes des Reichswirtschaftsrats und mit Zustimmung des Reichsrats und eines Ausschusses des Reichstags kann die Reichsregierung alle drei Jahre durch Verordnung die Körperschaften, die nach diesem Gesetze zur Benennung von ständigen Mitgliedern berechtigt sind, anderweit bestimmen oder die Zahl der von ihnen zu benennenden Mitglieder im Rahmen der für die Abteilungen durch dieses Gesetz vorgesehenen Mitgliederzahlen ändern.

Pflichten und Rechte der Mitglieder

§ 17

Die Mitglieder des Reichswirtschaftsrats sind Vertreter der gesamten Wirtschaft des deutschen Volkes. Sie sind nur ihrem Gewissen unterworfen und an Aufträge nicht gebunden.

Wegen ihrer Abstimmung oder wegen der in Ausübung ihrer Mitgliedschaft getanen Äußerungen dürfen sie weder gerichtlich, noch dienstlich verfolgt, noch sonst außerhalb der Versammlung zur Verantwortung gezogen werden.

Sie sind berechtigt, über Personen, die ihnen in ihrer Eigenschaft als Mitglieder des Reichswirtschaftsrats Tatsachen anvertrauen oder denen sie in dieser Eigenschaft Tatsachen anvertraut haben, und über diese Tatsachen selbst das Zeugnis zu verweigern. Auch in bezug auf Beschlagnahme von Schriftstücken stehen sie den Personen gleich, die ein gesetzliches Zeudnisverweigerungsrecht haben.

Mitglieder des Reichswirtschaftsrats, die Beamte oder Angehörige der Wehrmacht sind, bedürfen zur Teilnahme an den Verhandlungen des Reichswirtschaftsrats keines Urlaubs. Mitglieder des Reichswirtschaftsrats, die in einem Dienst- oder Arbeitsverhältnis als Angestellte oder Arbeiter stehen, haben das Recht auf die zur Ausübung ihrer Mitgliedschaft erforderliche freie Zeit.

§ 18

Die Mitglieder des Reichswirtschaftsrats haben sich jeder mißbräuchlichen Verwertung der infolge ihrer Mitgliedschaft zu ihrer Kenntnis gelangten Tatsachen, Maßnahmen und Pläne zu enthalten. Über vertrauliche Verhandlungen (§§ 35, 41) ist Verschwiegenheit zu wahren.

Ehrengerichtliches Ausschlußverfahren

§ 19

Mitglieder des Reichswirtschaftsrats, welche die Vorschriften des § 18 verletzen oder in gewinnsüchtiger Absicht ihre Stellung als Mitglied des Reichswirtschaftsrats mißbrauchen, können durch Spruch des Ehrengerichts ihrer Mitgliedschaft für verlustig erklärt werden. Das Ehrengericht kann daneben auf dauernde Unfähigkeit zur Mitgliedschaft im Reichswirtschaftsrate sowie auf Veröffentlichung des Spruches erkennen. Hierauf kann auch erkannt werden, wenn ein Mitglied schon ausgeschieden ist.

Das Ehrengericht wird vom Vorstand des Reichswirtschaftsrats berufen. Auf Verlangen der Reichsregierung ist es zu berufen. Es besteht aus dem Präsidenten des Reichswirtschaftsgerichts oder seinem von ihm aus der Zahl der richterlichen Beamten zu bestimmenden Vertreter als Vorsitzenden und aus 6 Beisitzern, von denen jede Abteilung des Reichswirtschaftsrats 2 bestimmt.

Wahlprüfung

§ 20

Ob die Ernennung eines ständigen Mitglieds des Reichswirtschaftsrats zu Recht erfolgt ist, entscheidet im Falle der Beanstandung ein Wahlprüfungsgericht. Das Wahlprüfungsgericht besteht aus dem Präsidenten des Reichswirtschaftsgerichts oder einem von ihm zu bestimmenden richterlichen Beamten als Vorsitzenden sowie einem in gleicher Weise zu bestimmenden richterlichen Beamten und je einem ständigen Mitglied der drei Abteilungen des Reichswirtschaftsrats als Beisitzern.

II. Abschnitt

Die Organisation und Arbeitsweise des Reichswirtschaftsrats

Die Organe des Reichswirtschaftsrats

§ 21

Die Organe des Reichswirtschaftsrats sind:
a) der Vorstand,
b) der geschäftsführende Präsident,
c) die Abteilungen,
d) die Ausschüsse,
e) die Vollversammlung.

1. Der Vorstand des Reichswirtschaftsrats

a. Zusammensetzung

§ 22

Der Vorstand besteht aus 15 ständigen Mitgliedern. Ihm gehören an die Vorsitzenden der Abteilungen, die Vorsitzenden der Hauptausschüsse und je drei von den drei Abteilungen gewählte ständige Mitglieder.

Der Vorstand wählt aus seiner Mitte drei Präsidenten, und zwar je einen aus den Mitgliedern der drei Abteilungen. Die Geschäftsführung wechselt regelmäßig zwischen den aus den Abteilungen I und II gewählten Präsidenten; ihr ständiger Stellvertreter in Behinderungsfällen ist der aus Abteilung III gewählte Präsident. Im übrigen wird die Geschäftsführung durch die Geschäftsordnung geregelt.

b. Zuständigkeit

§ 23

Der Vorstand des Reichswirtschaftsrats übt die ihm durch das Gesetz übertragenen Befugnisse aus und beschließt nach Maßgabe der Geschäftsordnung über die laufenden Verwaltungsgeschäfte. Die Ausführung dieser Beschlüsse liegt dem geschäftsführenden Präsidenten (§ 22 Abs. 2) ob.

Der geschäftsführende Präsident verwaltet die ihm durch den Reichswirtschaftsminister nach Maßgabe des Reichshaushaltsplans zur Verfügung gestellten Mittel.

2. Die Abteilungen

Zuständigkeit

§ 24

Jede Abteilung wählt einen Abteilungsvorstand.

Die Abteilungen wählen die ständigen Mitglieder der Ausschüsse aus und machen Vorschläge für die Einberufung von nichtständigen Mitgliedern, soweit nicht etwas anderes bestimmt ist.

Werden Gegenstände behandelt, welche einzelne Berufe vorzugsweise berühren, so sind Vertreter dieser Berufe bei den Vorschlägen für die Einberufung nichtständiger Mitglieder vorzugsweise zu berücksichtigen, wenn die Mitarbeit von Vertretern dieser Berufe erforderlich erscheint.

Entscheidung über die Besetzung der Ausschüsse

§ 25

Wenn ein Fünftel der Mitglieder einer Abteilung oder die Mehrheit einer Gruppe gegen die Auswahl von ständigen Mitgliedern ihrer Abteilung oder den Vorschlag ihrer Abteilung für die Einberufung von nichtständigen Mitgliedern in die Ausschüsse bei dem Vorstande des Reichswirtschaftsrats Widerspruch erhebt oder die Vorschrift des § 24 Abs. 3 nicht beachtet worden ist, so entscheidet derVorstand über die Auswahl und unter Berücksichtigung der Vorschläge der Reichsregierung (§ 8) über den Vorschlag nach Anhörung des Abteilungsvorstandes.

3. Die Hauptausschüsse

A. Die Haupt- und Sonderausschüsse

a. Bestellung und Zusammensetzung

Einsetzung der Hauptausschüsse

§ 26

Als Hauptausschüsse werden ein wirtschaftspolitischer, ein sozialpolitischer und ein finanzpolitischer Ausschuß eingesetzt. Sie werden alle drei Jahre neu gebildet.

Zusammensetzung der Hauptausschüsse

§ 27

Die Zahl der ständigen Mitglieder der Hauptausschüsse wird

durch die Geschäftsordnung bestimmt; doch dürfen keinem Hauptausschusse mehr als 36 ständige Mitglieder angehören.

Für einzelne Verhandlungsgegenstände kann jeder Hauptausschuß die Zuziehung nichtständiger Mitglieder beschließen; die Zahl der jeweils hinzugezogenen nichtständigen Mitglieder darf nicht mehr als ein Drittel der Zahl der ständigen Mitglieder des Hauptausschusses betragen.

Die Hauptausschüsse werden zu je ein Drittel durch die drei Abteilungen besetzt. Von den nichtständigen Mitgliedern kann die Reichsregierung bis zu ein Drittel gemäß § 8 vorschlagen.

Nach näherer Bestimmung der Geschäftsordnung können ständige Mitglieder vertreten werden:

a) für einzelne Sitzungen oder Verhandlungsgegenstände mit ihrer Zustimmung durch nichtständige Mitglieder,
b) im Falle ihrer Behinderung durch ständige oder nichtständige Mitglieder.

Errichtung und Zusammensetzung der Sonderausschüsse

§ 28

Die Hauptausschüsse können mit Zustimmung des Vorstandes des Reichswirtschaftsrats Sonderausschüsse für bestimmte Aufgaben einsetzen. Ständige Sonderausschüsse können nur mit Zustimmung der Reichsregierung eingesetzt werden.

Die Zahl der Mitglieder von Sonderausschüssen und das zahlenmäßige Verhältnis von ständigen zu nichtständigen Mitgliedern wird jeweils durch den zuständigen Hauptausschuß festgesetzt. Die Gesamtzahl darf 24 nicht überschreiten. Im übrigen gelten für die Zusammensetzung die Vorschriften des § 27 entsprechend; doch kann eine Abteilung auf die volle Inanspruchnahme ihrer Sitze verzichten.

Sonderausschüsse können vom Vorstand des Reichswirtschaftsrats, der alljährlich die Fortdauer des Bedürfnisses nach ihrem Bestehen zu prüfen hat, jederzeit aufgelöst werden, soweit sie sich nicht schon nach Erfüllung ihrer Aufgaben selbst aufgelöst haben.

Gemeinsame Sitzungen von Hauptausschüssen

§ 29

Mit Zustimmung des Vorstandes können sich mehrere Hauptausschüsse ganz oder teilweise zu gemeinsamen Sitzungen vereinigen Die für die Hauptausschüsse geltenden Vorschriften finden entsprechende Anwendung.

b. Aufgaben und Rechte der Haupt- und Sonderausschüsse

§ 30.

Die Hauptausschüsse begutachten die Vorlagen der Reichsregierung und erledigen die sonstigen dem Reichswirtschaftsrat übertragenen Aufgaben, soweit nicht das Gesetz etwas anderes bestimmt oder die Hauptausschüsse die Begutachtung oder Erledigung einem Sonderausschuß überweisen oder die vom Vorstand einberufene Vollversammlung (§ 45) sich die Begutachtung oder Erledigung vorbehält. Der Vorstand des Reichswirtschaftsrats bestimmt den jeweils zuständigen Hauptausschuß.

Den Haupt- und Sonderausschüssen steht das Recht der Anregungen (§ 4 des Gesetzes über den Reichswirtschaftsrat) zu. Sie bereiten ferner die von der Vollversammlung (§ 45) zu beschließenden Anträge auf Gesetzesvorlagen vor. Die Beratung von Anträgen auf Gesetzesvorlagen sowie von Anregungen, die nicht im Zusammenhange mit einer von der Reichsregierung zur Begutachtung überwiesenen Vorlage stehen, bedarf der Zustimmung des Vorstandes des Reichswirtschaftsrats.

c. Arbeitsweise der Haupt- und Sonderausschüsse

Vorsitz in den Haupt- und Sonderausschüssen

§ 31

Jeder Haupt- und Sonderausschuß wählt einen Vorsitzenden und nach Bedarf einen Stellvertreter.

Anberaumung der Ausschußsitzungen

§ 32

Die Sitzungen der Haupt- und Sonderausschüsse werden von deren Vorsitzenden anberaumt. Auf Verlangen der Reichsregierung oder des Vorstandes des Reichswirtschaftsrats oder eines Drittels der Mitglieder des Ausschusses haben die Vorsitzenden eine Sitzung anzuberaumen.

Sachverständige

§ 33

Die Haupt- und Sonderausschüsse können Personen, die nicht Mitglieder des Ausschusses sind, wegen ihrer besonderen Sachkunde als Sachverständige hören.

Von der Reichsregierung vorgeschlagene Sachverständige sind zu hören.

Form der Gutachten

§ 34

Die Gutachten der Haupt- und Sonderausschüsse sollen in ihren Ergebnissen durch förmlichen Beschluß festgelegt und mit einem erläuternden Bericht versehen werden. In dem Bericht ist anzugeben, welche Mehrheit den Beschluß gefaßt hat, wie diese Mehrheit sich auf die Angehörigen der verschiedenen Abteilungen und Gruppen im

Ausschuß verteilt, welche Mitglieder an der endgültigen Feststellung des Gutachtens teilgenommen haben und welche Gründe für den Beschluß maßgebend gewesen sind. In geeigneten Fällen ist auf die abweichenden Meinungen und die dafür angeführten Gründe hinzuweisen.

Ausschußmitglieder, die dem Gutachten nicht zugestimmt haben, können getrennt oder gemeinschaftlich ihre abweichende Meinung in einer besonderen Äußerung niederlegen, die dem Berichte des Haupt- oder Sonderausschusses beizufügen ist.

Auf Verlangen der Reichsregierung oder eines Viertels der anwesenden Ausschußmitglieder ist namentlich abzustimmen und im Bericht anzugeben, in welchem Sinne die an der Abstimmung beteiligten Mitglieder gestimmt haben.

Öffentlichkeit der Ausschußsitzungen

§ 35

Die Sitzungen der Haupt- und Sonderausschüsse sind nicht öffentlich; der Ausschuß kann die Öffentlichkeit der Sitzungen beschließen.

Der Vorsitzende hat eine Sitzung für vertraulich zu erklären, soweit der Ausschuß es mit zwei Drittel Mehrheit beschließt oder die Reichsregierung es verlangt. Auf die Tatsache und den Umfang der Vertraulichkeit ist vom Vorsitzenden ausdrücklich hinzuweisen. Der Hinweis ist in die Niederschrift über die Sitzung aufzunehmen.

Die ständigen Mitglieder des Reichswirtschaftsrats haben zu den Sitzungen der Ausschüsse mit Ausnahme der für vertraulich erklärten Sitzungen der Haupt- und Sonderausschüsse und des Ermittlungsausschusses (§§ 36 ff.) Zutritt. Alle ständigen Mitglieder sind durch Mitteilung der Tagesordnungen der Sitzungen der Haupt- und Sonderausschüsse auf dem laufenden zu halten.

Die Präsidenten des Reichswirtschaftsrats und die Vorsitzenden der Abteilungen des Reichswirtschaftsrats können an allen Sitzungen der Haupt- und Sonderausschüsse mit beratender Stimme teilnehmen.

B. Der Ermittlungsausschuß

Bestellung und Zusammensetzung

§ 36

Sollen Erhebungen vorgenommen werden, so bestellt der Vorstand des Reichswirtschaftsrats auf Verlangen oder mit Zustimmung der Reichsregierung einen Ermittlungsausschuß. Der Ausschuß wird jeweils für die Untersuchung eines bestimmten Gebiets bestellt. Er darf nur zum Zwecke der Untersuchung von Fragen der Gesamtwirtschaft oder eines einzelnen Wirtschaftszweigs bestellt werden.

Die Zahl der Mitglieder, das zahlenmäßige Verhältnis, in dem sich hierunter nichtständige Mitglieder befinden müssen, und die Aufgaben des Ausschusses setzt die Reichsregierung jeweils durch Verordnung fest. Die Mitglieder werden zu je einem Viertel von den drei Abteilungen und der Reichsregierung ausgewählt oder vorgeschlagen: die Reichsregierung kann nur nichtständige Mitglieder vorschlagen. Bei Meinungsverschiedenheiten zwischen den Abteilungen entscheidet der Vorstand des Reichswirtschaftsrats.

Der Ausschuß kann sich mit Zustimmung der Reichsregierung durch Zuwahl einer bestimmten Anzahl von nichtständigen Mitgliedern ergänzen. Diese Mitglieder werden auf Vorschlag des Ausschusses für die Dauer des Bestehens des Ausschusses oder für eine in seinem Vorschlag zu bestimmende Zeit oder für die Untersuchung einzelner Aufgaben von dem Vorstand des Reichswirtschaftsrats berufen. Innerhalb eines Ermittlungsausschusses können Unterausschüsse gebildet werden.

Der Vorstand des Ausschusses (§ 37) kann durch besonderen Beschluß Mitglieder von der Teilnahme an bestimmten, in dem Beschlusse zu bezeichnenden Verhandlungen ausschließen, sobald sich die Untersuchung eines bestimmten Gewerbezweigs auf Unternehmungen oder Fragen erstrecken soll, denen gegenüber diese Mitglieder mit Rücksicht auf ihre Familien, Erwerbs- oder Vermögensverhältnisse als befangen angesehen werden können. Ausschußmitglieder, bei denen diese Voraussetzungen vorliegen, haben dem Vorstand des Ausschusses hiervon Anzeige zu machen.

Vorstand des Ausschusses

§ 37

Der Vorstand des Ermittlungsausschusses besteht aus einem von der Reichsregierung aus der Zahl der Mitglieder des Ausschusses bestellten Vorsitzenden und vom Ausschuß aus seiner Mitte gewählten Mitgliedern, deren Zahl die Geschäftsordnung (§ 38) bestimmt.

Der Vorstand bestellt die Vorsitzenden der Unterausschüsse aus der Zahl der Mitglieder des Ausschusses.

Geschäftsordnung und Arbeitsplan

§ 38

Jeder Ermittlungsausschuß stellt im Benehmen mit der Reichsregierung seine Geschäftsordnung und seinen Arbeitsplan fest.

Befugnisse

§ 39

Der Ermittlungsausschuß kann von jedermann mündliche oder schriftliche Auskünfte und Gutachten über wirtschaftliche und soziale Verhältnisse, auch in Form von Abschriften und Zusammenstellungen, sowie die Vorlage von Unterlagen verlangen und Besichtigungen vornehmen. Der Ausschuß kann nach Maßgabe seiner Geschäftsordnung seine Befugnisse auf den Vorsitzenden des Ausschusses, auf Unterausschüsse, auf einzelne Mitglieder oder Beauftragte der Reichsregierung übertragen.

Der Vorsitzende des Ausschusses und von ihm damit beauftragte Mitglieder können im Rahmen der Geschäftsordnung auch eidlich vernehmen.

Für die Abgabe von Gutachten gelten die Vorschriften der Zivilprozeßordnung über den Beweis durch Sachverständige entsprechend, für die Auskunftserteilung, für die Verpflichtung, Besichtigungen zuzulassen und Unterlagen vorzulegen, gelten die Vorschriften der Zivilprozeßordnung über den Zeugenbeweis entsprechend, § 377 Abs. 3, 4 mit der Maßgabe, daß eine eidesstattliche Versicherung nur auf Erfordern abzugeben ist, § 384 Nr. 3 nur, soweit seine Anwendung den Zwecken der Untersuchung nicht zuwiderlaufen würde; § 401 findet keine Anwendung. Die nach der Zivilprozeßordnung dem vernehmenden Richter und dem Prozeßgericht obliegenden Entscheidungen trifft der Vorstand des Ausschusses (§ 37); über Beschwerden entscheidet das Reichswirtschaftsgericht.

Wer, obwohl er von dem Leiter der Vernehmung oder bei Einholung schriftlicher Auskünfte und Gutachten in dem Aufforderungsschreiben auf die Strafbarkeit uneidlicher falscher Aussagen hingewiesen worden ist, wissentlich unrichtige Angaben macht oder durch bewußte Auslassungen erhebliche Umstände verschweigt, wird, sofern nicht nach anderen Vorschriften eine schwerere Strafe angedroht ist, mit Gefängnis bis zu einem Jahre oder mit Geldstrafe oder mit einer dieser Strafen bestraft.

Der Vorsitzende des Ausschusses und die Vorsitzenden von Unterausschüssen sind befugt, bei den obersten Reichsbehörden und durch deren Vermittlung bei den Reichs- und Landesbehörden alle zur Durchführung der Arbeiten erforderlichen Auskünfte einzuholen.

Diese Auskünfte und, soweit die auf Grund der Abs. 1 und 2 veranstalteten Ermittlungen und Vernehmungen nicht vor dem Ausschuß oder einem Unterausschusse stattgefunden haben, die Ergebnisse dieser Ermittlungen und Vernehmungen sind dem Ausschuß oder Unterausschusse mitzuteilen, wobei nach dem Ermessen des Vorsitzenden des Ausschusses die Mitteilung von Einzelheiten oder die Bekanntgabe derjenigen Stellen, von denen die Ergebnisse stammen oder auf die sie Bezug haben, unterbleiben kann.

Bei der Erteilung von Auskünften ist das Steuergeheimnis zu wahren.

Soweit eine Untersuchung durch Beauftragte der Reichsregierung durchgeführt wird, bleibt § 32 des Gesetzes über die Deutsche Reichsbahngesellschaft (Reichsbahngesetz) vom 30. August 1924 (Reichsgesetzbl. II S. 272) unberührt.

Vorlage der Ergebnisse der Untersuchung

§ 40

Die Ergebnisse der Untersuchungen sowie die Stellungnahme des Ermittlungsausschusses hierzu werden von dem Ausschuß der Reichsregierung und von ihr dem Reichswirtschaftsrate, dem Reichsrat und dem Reichstag vorgelegt. Soweit eine einheitliche Meinungsäußerung des Ausschusses nicht zustande kommt, kann jedes Mitglied verlangen, daß seine begründete Meinungsäußerung gleichfalls vorgelegt wird. Alle Meinungsäußerungen sind von denjenigen Mitgliedern, die mit ihnen einverstanden sind, zu unterzeichnen.

Die Reichsregierung kann jederzeit verlangen, daß der Ausschuß oder ein Unterausschuß ihr über die bisherigen Ergebnisse seiner Arbeiten Bericht erstattet.

Öffentlichkeit

§ 41

Die Verhandlungen des Ermittlungsausschusses und seiner Unterausschüsse sind öffentlich, wenn nicht der Ausschluß der Öffentlichkeit oder die Vertraulichkeit vom Ausschuß oder Unterausschusse beschlossen oder vom Vorsitzenden des Ausschusses oder von der Reichsregierung verlangt wird. Ist eine Verhandlung für vertraulich erklärt, so finden die Vorschriften des § 35 Abs. 2 Satz 2 und 3 Anwendung.

Veröffentlichung der Niederschriften und Materialien

§ 42

Die Niederschriften über die Sitzungen eines Ermittlungsausschusses und seiner Unterausschüsse sowie über Vernehmungen und die sonstigen Materialien können mit Zustimmung der Reichsregierung veröffentlicht werden.

Verwendung der Ergebnisse der Untersuchungen

§ 43

Das Ergebnis der Auskünfte oder Ermittlungen eines Ermittlungsausschusses darf nicht zu steuerlichen Zwecken verwendet werden.

Pflichten der Mitglieder

§ 44

Mitglieder eines Ermittlungsausschusses, welche die Vorschriften des § 18 vorsätzlich verletzen oder in gewinnsüchtiger Absicht ihre Stellung als Mitglied des Ausschusses mißbrauchen, werden mit Gefängnis bis zu einem Jahre und mit Geldstrafe oder mit einer dieser Strafen bestraft. Die Strafverfolgung tritt nur auf Antrag ein. Der Antrag kann nur von dem Verletzten, von der Reichsregierung oder dem Ausschuß gestellt werden. § 19 bleibt unberührt.

4. Die Vollversammlung

§ 45

Die Vollversammlung besteht aus den ständigen Mitgliedern.

Die Vollversammlung tritt auf Grund eines Beschlusses des Vorstandes zusammen. Der Vorstand muß eine Vollversammlung einberufen, wenn die Reichsregierung es verlangt.

Die Vollversammlung beschließt über die von Haupt- oder Sonderausschüssen vorbereiteten Anträge auf Gesetzesvorlagen. Im übrigen finden auf die Vollversammlung die für die Hauptausschüsse geltenden Vorschriften mit Ausnahme des § 30 Abs. 2 Satz 3 entsprechende Anwendung, soweit nichts Besonderes bestimmt ist.

Den Vorsitz in der Vollversammlung führt nach Maßgabe der Geschäftsordnung einer der Präsidenten des Reichswirtschaftsrats.

Die Sitzungen der Vollversammlung sind öffentlich. Auf Antrag des Vorstandes kann mit zwei Dritteln Mehrheit die Öffentlichkeit ausgeschlossen werden.

5. Gemeinschaftliche Bestimmungen

Geschäftsordnung

§ 46

Die Vollversammlung beschließt unbeschadet des § 38 die Geschäftsordnung des Reichswirtschaftsrats. Änderungen der Geschäftsordnung können von dem durch je 2 von den einzelnen Abteilungen zu wählende Mitglieder erweiterten Vorstand beschlossen werden.

§ 47

Die Geschäftsordnung (§ 46) kann die Befugnisse eines Organs (§ 21) auf ein Mitglied oder mehrere Mitglieder dieses Organs übertragen. Die für den Ermittlungsausschuß gegebenen besonderen Vorschriften des § 39 bleiben unberührt.

Verantwortungsfreiheit der Berichte über Verhandlungen

§ 48

Wahrheitsgetreue Berichte über die Verhandlungen in den öffentlichen Sitzungen der Vollversammlung und der Ausschüsse bleiben von jeder Verantwortung frei.

Abstimmung

§ 49

Die Organe des Reichswirtschaftsrats fassen, soweit dies Gesetz nicht etwas anderes bestimmt, ihre Beschlüsse mit Stimmenmehrheit.

Anwesenheitsrecht für Vertreter der Reichsregierung, der Reichsbank, der Reichsbahngesellschaft und der Landesregierungen sowie für Reichstagsabgeordnete

§ 50

Die von der Reichsregierung, der Reichsbank oder der Deutschen Reichsbahngesellschaft beauftragten Vertreter haben zu den Sitzungen der Ausschüsse und der Vollversammlung Zutritt, die Vertreter der Reichsregierung auch zu den Sitzungen des Vorstandes. Sie müssen jederzeit gehört werden. Die Vollversammluug und die Ausschüsse können die Anwesenheit von Vertretern der Reichsregierung, der Reichsbank und der Deutschen Reichsbahngesellschaft verlangen.

Die Regierungen der Länder können Bevollmächtigte zu den Sitzungen der Ausschüsse und der Vollversammlung entsenden und durch sie ihren Standpunkt zu dem Gegenstande der Verhandlung darlegen.

Auf Grund eines Beschlusses des Reichstags oder eines seiner Ausschüsse haben Mitglieder des Reichstags zu den in dem Beschlusse bezeichneten Verhandlungen der Ausschüsse und der Vollversammlung des Reichswirtschaftsrats mit Ausnahme der für vertraulich erklärten Sitzungen des Ermittlungsausschusses (§§ 36 ff.) Zutritt. Sie sind berechtigt, hierbei Fragen an Mitglieder des Reichswirtschaftsrats und Sachverständige zu richten.

III. Abschnitt

Ermächtigung der Reichsregierung, Übergangsbestimmungen

Aufwandsentschädigung und Freifahrt

§ 51

Die ständigen Mitglieder des Reichswirtschaftsrats erhalten für die Dauer ihrer Zugehörigkeit zum Reichswirtschaftsrat und für die folgenden acht Tage freie Fahrt auf den deutschen Eisenbahnen in gleichem Umfang wie die Mitglieder des Reichstags sowie eine Entschädigung für die Teilnahme an Sitzungen, zu denen sie namentlich geladen sind, nach Maßgabe näherer Bestimmungen, die gemeinschaftlich von dem Reichswirtschaftsminister und dem Reichsminister der Finanzen erlassen werden.

Personen, die als nichtständige Mitglieder an einer Sitzung eines Ausschusses teilgenommen haben, erhalten eine Vergütung in Höhe der Kosten der Eisenbahnfahrt von ihrem Wohnort zum Orte der Sitzung und zurück, in Ausnahmefällen in Höhe der Kosten der Eisenbahnfahrt von ihrem Aufenthaltsorte zum Orte der Sitzung und zurück, und eine Entschädigung. Die näheren Bestimmungen über die Vergütung und die Entschädigung werden gemeinschaftlich von dem Reichswirtschaftsminister und dem Reichsminister der Finanzen erlassen.

Der geschäftsführende Präsident des Reichswirtschaftsrats erhält eine besondere Entschädigung, die wie in den Fällen der Abs. 1 und 2 festgesetzt wird.

Über eine etwaige Entschädigung der von den Haupt- und Sonderausschüssen oder der Vollversammlung gehörten Sachverständigen sowie der von dem Ermittlungsausschuß auf Grund des § 39 Abs. 1 und 2 in Anspruch genommenen Personen werden Grundsätze gemeinschaftlich von dem Reichswirtschaftsminister und dem Reichsminister der Finanzen erlassen.

Einberufung

§ 52

Die Reichsregierung beruft innerhalb von drei Monaten nach dem Inkrafttreten dieses Gesetzes den Reichswirtschaftsrat ein.

Übergangsbestimmungen

§ 53

Mit der Einberufung des Reichswirtschaftsrats tritt die Verordnung über den Vorläufigen Reichswirtschaftsrat vom 4. Mai 1920 (Reichsgesetzbl. S. 858) außer Kraft. Die Anordnungen wegen der Überleitung der Geschäfte und Arbeiten von dem Vorläufigen Reichswirtschaftsrat auf den Reichswirtschaftsrat trifft der Reichswirtschaftsminister nach Anhörung des Vorstandes des Vorläufigen Reichswirtschaftsrats.

§ 54

Soweit in Gesetzen oder Verordnungen auf den Vorläufigen Reichswirtschaftsrat verwiesen ist, tritt an seine Stelle der Reichswirtschaftsrat.

VII.

Begründung zu dem Entwurf eines Gesetzes über den Reichswirtschaftsrat und zu dem Entwurf eines Gesetzes zur Ausführung des Gesetzes über den Reichswirtschaftsrat

A. Allgemeiner Teil

I. Der Vorläufige Reichswirtschaftsrat

1. Gründe für die Errichtung des Vorläufigen Reichswirtschaftsrats

Alsbald nach dem Inkrafttreten der Reichsverfassung vom 11. August 1919 schuf die Gesetzgebung zur Ausführung des Artikel 165 zwei Glieder der in dieser Vorschrift vorgesehenen Wirtschaftsverfassung: die Betriebsarbeiterräte und den Reichswirtschaftsrat. Für die beschleunigte Errichtung des Reichswirtschaftsrats war vor allem maßgebend, daß Regierung und Nationalversammlung damals vor einer Fülle dringender und schwieriger Aufgaben standen, wie es insbesondere die Ausführung des Versailler Vertrags, die Umstellung der Erzeugung von Kriegs- auf Friedensbedarf, die Übernahme der Eisenbahnen auf das Reich, die Vereinheitlichung der Steuerverwaltung und die damit in engem Zusammenhange stehende große Finanz- und Steuerreform und der Abbau der Zwangswirtschaft waren. Die Regierung wie auch die gesetzgebenden Körperschaften empfanden in jener politisch erregten Zeit ein starkes Bedürfnis nach einer mehr wirtschaftlich eingestellten Beratung. Bereits vor der Verabschiedung der Reichsverfassung hatte der Reichswirtschaftsminister durch einfache Verwaltungsanordnung einen paritätisch besetzten Sachverständigenausschuß von etwa 20 Persönlichkeiten aus der Landwirtschaft, der Industrie, dem Handel, dem Handwerk und den Verbraucherorganisationen nebst der gleichen Zahl von Stellvertretern berufen. Dieser „Wirtschaftsrat beim Reichswirtschaftsministerium" war jedoch lediglich ein Beirat eines Reichsministeriums. Die formelle Art seiner Entstehung und die dem Ermessen des Ministers überlassene Auswahl der beteiligten Körperschaften und Personen verhinderten, daß er auch für eine Beratung der gesetzgebenden Körperschaften auftreten konnte. Gerade in ihren Kreisen, insbesondere in der Nationalversammlung, wurde daher der Wunsch laut, daß alsbald eine selbständige, von der Regierung unabhängige Gutachterkörperschaft geschaffen werden möchte, die in Zusammensetzung, Aufgaben und Rechten möglichst dem in Artikel 165 vorgesehenen Reichswirtschaftsrat gleichen sollte. So entschloß sich die Reichsregierung, auf dem kürzesten Wege — durch eine vom Reichsrat und einem Ausschuß der Nationalversammlung zu billigende Verordnung auf Grund der ihr zustehenden Vollmachten zu einer vereinfachten Gesetzgebung — den in der Verfassung als oberste Spitze der Wirtschaftsverfassung vorgesehenen Reichswirtschaftsrat als vorläufigen vorweg zu errichten.

2. Die Verordnung über den Vorläufigen Wirtschaftsrat

Nach der Verordnung über den Vorläufigen Reichswirtschaftsrat vom 4. Mai 1920 (Reichsgesetzbl. S. 858) bestand diese Körperschaft aus 326 Mitgliedern. Die Reichsregierung hatte in ihrem ersten Entwurf auf Grund der bei dem Kleinen Wirtschaftsrate beim Reichswirtschaftsministerium gemachten Erfahrungen eine Gesamtzahl von 100 Mitgliedern in Aussicht genommen, sah sich aber schon nach den Verhandlungen mit den großen Wirtschaftsverbänden gezwungen, die Zahl auf 200 zu erhöhen. Diese Zahl wurde durch die Beschlüsse des Reichsrats auf 280 und in der Nationalversammlung auf 326 heraufgesetzt.

Diese Mitglieder waren in 10 Gruppen eingeteilt. Die ersten 6 Gruppen bildeten die Vertretung der unmittelbar an der Erzeugung und Verteilung der Waren beteiligten Wirtschaftszweige (Land- und Forstwirtschaft, Fischerei und Gartenbau, Industrie, Handwerk, Handel, Banken und Versicherungswesen und Verkehr). Innerhalb dieser Gruppen wurden, mit alleiniger Ausnahme der Vertretungen der landwirtschaftlichen und gewerblichen Genossenschaften, die Vertreter von Arbeitgebern und von Arbeitnehmern in gleicher Zahl einander gegenübergestellt. Den Gruppen 7 bis 10 gehörten Vertreter der Verbraucherschaft, der Beamtenschaft und der freien Berufe sowie von der Reichsregierung und vom Reichsrat nach freiem Ermessen ernannte Mitglieder an, in ihnen war eine Gegenüberstellung von Arbeitgebern und Arbeitnehmern nur in beschränktem Umfang vorgesehen. Diese unter dem Gesichtspunkt der Berufsgemeinsamkeit gebildeten Gruppen erhielten für die Abstimmung wichtige Minderheitsrechte.

Hinsichtlich der Arbeitsweise strebte die Verordnung über den Vorläufigen Reichswirtschaftsrat an, das Schwergewicht der Arbeiten in die Vollversammlung zu legen. Nur für die Behandlung von Fragen der Übergangswirtschaft sah die Verordnung die Einsetzung zweier ständiger Ausschüsse vor (§ 11 Abs. 3), weil hier nur die Ausschußberatung Gewähr dafür bot, daß nicht ein vorzeitiges Bekanntwerden des bevorstehenden Erlasses von Verordnungen zu unlauteren Machenschaften ausgebeutet werde.

3. Wandlungen in der Arbeitsweise und Zusammensetzung des Vorläufigen Reichswirtschaftsrats

Bald nach dem Beginne seiner Tätigkeit wich der Vorläufige Reichswirtschaftsrat von den vorstehend entwickelten, der Verordnung zugrunde liegenden Gedanken in seiner praktischen Arbeit in mehreren Punkten ab. Das kam auch in der von ihm beschlossenen Geschäftsordnung zum Ausdruck. Die Arbeitgeber und die Arbeitnehmer der Gruppen 1 bis 6 schlossen sich alsbald zu den Abteilungen I und II zusammen, während die Gruppen 7 bis 10 in einer dritten Abteilung zusammengefaßt wurden. Die Abteilungen übernahmen auf Grund von Bestimmungen der Geschäftsordnung zunächst die Vorbereitung der Wahlen zu den Ausschüssen und vollzogen diese Wahlen späterhin, als die Vollversammlung immer seltener zusammentrat, völlig selbständig. Weiterhin bildete sich die Übung heraus, daß vor den Verhandlungen in den Ausschüssen die Abteilungen Vorberatungen über die Stellungnahme ihrer Mitglieder veranstalteten. Hierdurch trat die Bedeutung der Gruppen mehr und mehr zurück. Es stellte sich ferner heraus, daß die Vollversammlung infolge ihrer zu großen Mitgliederzahl für die Herstellung von Gutachten nur in den seltensten Fällen geeignet war. So verlegte man das Schwergewicht der Arbeiten allmählich in die Ausschüsse. Es wurde zur

Regel, daß der Vorstand die Gutachten der Ausschüsse als Gutachten des Reichswirtschaftsrats an die Regierung weiterleitete, ohne daß die Vollversammlung zu ihnen Stellung nahm. Während die Vollversammlung im Jahre 1921 23mal und im Jahre 1922 16mal zusammentrat, wurde sie im Jahre 1923 nur noch 8mal einberufen und ist seit dem Juni 1923 überhaupt nicht mehr versammelt gewesen. — Zur Entlastung der beiden in der Verordnung vorgesehenen ständigen Hauptausschüsse, des wirtschaftspolitischen und des sozialpolitischen Ausschusses, setzte die 10. Vollversammlung am 16. Dezember 1920 als dritten ständigen Hauptausschuß den finanzpolitischen Ausschuß ein. Daneben wurden ständige Sonderausschüsse zur Behandlung einzelner Fachfragen und vorübergehende Arbeitsausschüsse von beschränkter Mitgliederzahl zur Vorbereitung der Beratungen der Haupt- und Sonderausschüsse eingesetzt. Die Höchstzahl gleichzeitig bestehender Sonder- und Arbeitsausschüsse wurde im Jahre 1923 mit 53 erreicht.

Diese Entwicklung wurde im Dezember 1923 durch eine Vereinbarung zwischen der Reichsregierung und dem Vorstand des Vorläufigen Reichswirtschaftsrats zu einem gewissen Abschluß gebracht. Zu dieser Zeit sah sich die Reichsregierung veranlaßt, im Rahmen ihrer allgemeinen Verwaltungs-Sparmaßnahmen zur Sicherung der neugeschaffenen Währung auch an den Vorläufigen Reichswirtschaftsrat mit dem Ersuchen heranzutreten, seine Organisation zweckmäßig zu vereinfachen. Nach der auf diese Anregung hin getroffenen Vereinbarung über Ersparnismaßnahmen bei dem Vorläufigen Reichswirtschaftsrate werden Sitzungen der Vollversammlung nur nach Fühlungnahme mit der Reichsregierung einberufen. Von den Ausschüssen können nur die drei Hauptausschüsse und von den Sonderausschüssen der Ausschuß für Wohnung und Siedlung sowie die auf Sondergesetzen beruhenden Ausschüsse ohne Zustimmung der Reichsregierung zusammentreten, während Unter- und Arbeitsausschüsse dieser Ausschüsse nur tagen, wenn das zuständige Reichsministerium und der Vorstand des Vorläufigen Reichswirtschaftsrats es als notwendig ansehen. Alle Ausschüsse sollen im allgemeinen nur Angelegenheiten, über die ein Gutachten von der Reichsregierung gefordert ist, behandeln. Zur Beratung von Angelegenheiten im Wege der Initiative bedürfen die Ausschüsse der Zustimmung des Vorstandes, der seine Entscheidung nur nach Fühlungnahme mit dem zuständigen Reichsministerium trifft. Weiterhin wurde im Verfolg der getroffenen Vereinbarungen die Berechtigung zur freien Fahrt auf allen deutschen Eisenbahnen auf die ordentlichen Mitglieder der drei Hauptausschüsse und des Vorstandes beschränkt, sowie die Bestimmung getroffen, daß Reise- und Tagegelder stellvertretenden Mitgliedern eines Ausschusses nur dann gewährt werden, wenn sie an Stelle eines ordentlichen Mitgliedes an einer Sitzung teilnehmen. In Ergänzung dieser Vereinbarung wurde die in der Verordnung über den Vorläufigen

Reichswirtschaftsrat der Vollversammlung vorbehaltene Handhabung der Geschäfte dem Vorstand des Vorläufigen Reichswirtschaftsrats übertragen und dieser ermächtigt, seine Befugnisse an die drei geschäftsführenden Vorsitzenden weiterzugeben. Diese Neuordnung hat dazu geführt, daß der Vorläufige Reichswirtschaftsrat in seiner jetzigen Form der von seinem Grundgesetze beabsichtigten Verfassung in wesentlichen Punkten nicht mehr entspricht: Die nach der Verordnung aus 326 Mitgliedern zusammengesetzte Körperschaft besteht heute praktisch nur noch aus etwa 110 Mitgliedern. Die Vollversammlung hat ihre Befugnisse teils den Ausschüssen, teils dem Vorstand überlassen müssen. Als Träger der inneren Organisation erscheinen heute nicht die Gruppen, sondern die durch die Geschäftsordnung gebildeten Abteilungen.

4. Tätigkeit des Vorläufigen Reichswirtschaftsrats

An der Tätigkeit des Vorläufigen Reichswirtschaftsrats ist vielfach in der Öffentlichkeit — und nicht zuletzt in den Kreisen des Reichswirtschaftsrats selbst — erhebliche Kritik geübt worden. Soweit diese Kritik sich auf die erste Zeit seiner Tätigkeit bezieht, ist zu berückischtigen, daß der Reichswirtschaftsrat selbst erst in zeitraubenden vorsichtigen Bemühungen die in seinem Grundgsetze nicht vorgezeichneten Formen für die Erledigung seiner Arbeiten und die innere Handhabung der Geschäfte finden mußte. So setzte sich erst allmählich die Erkenntnis durch, daß eine Versammlung von über 300 Mitgliedern für die Erstattung eines Gutachtens nicht geeignet sei. Für die Verwertung der Gutachten machte sich das Fehlen einer unmittelbaren persönlichen Verbindung zwischen Reichswirtschaftsrat und den gesetzgebenden Körperschaften oft nachteilig bemerkbar. Bei der Beurteilung der Tätigkeit des Vorläufigen Reichswirtschaftsrats darf fener nicht vergessen werden, daß seine Tätigkeit, namentich in der ersten Zeit seines Bestehens, in eine Zeit fiel, in der die Gesetzgebung außergewöhnlich schnell zu arbeiten gezwungen war und in der daher dem Reichswirtschaftsrate vielfach die für eine gründliche Vorbereitung seiner Gutachten erforderliche Zeit nicht zur Verfügung stand. Soweit dem Reichswirtschaftsrate Mangel an Initiative vorgeworfen wird, wird übersehen, daß dem Vorläufigen Reichswirtschaftsrate nur ein beschränktes Recht zur Beantragung von Gesetzesvorlagen insofern zustand, als die Reichsregierung nicht verpflichtet war, die von ihm beantragten Gesetzesvorlagen beim Reichstag einzubringen. Schließlich ist in Betracht zu ziehen, daß die Ausschüsse des Reichswirtschaftsrats, in denen seit Jahren die eigentliche Arbeit geleistet wird, der Vorschrift des Artikel 9 Abs. 2 der Verordnung vom 4. Mai 1920 gemäß nicht öffentlich tagen, so daß die Öffentlichkeit vielfach nicht davon unterrichtet ist, in welchem Umfang Reichsregierung sowie Reichsrat und Reichstag wertvolle

Anregungen und Vorschläge des Reichswirtschaftsrats berücksichtigt haben.

Der Vorläufige Reichswirtschaftsrat hat während seiner sechsjährigen Tätigkeit Arbeiten von einem außerordentlichen Umfang geleistet, bei deren Würdigung besonders zu berücksichtigen ist, daß die damit befaßten Persönlichkeiten nur die außerhalb ihrer Berufstätigkeit ihnen zur Verfügung stehende Zeit der Erledigung dieser Aufgaben widmen konnten. Die Reichsregierung hat aus diesen Arbeiten mannigfache Anregungen erhalten. Vielfach, so z. B. bei der Vorbereitung der Zolltarifgesetzgebung des Jahres 1925, wurden dem Vorläufigen Reichswirtschaftsrate Rohentwürfe vorgelegt, die dort von den Referenten der Ministerien im Zusammenwirken mit den Mitgliedern des Reichswirtschaftsrats zu den Regierungsentwürfen ausgearbeitet wurden. In allen diesen Fällen, in denen die Reichsregierung noch vor ihrer eigenen endgültigen Beschlußfassung über einen Gesetzentwurf den Reichswirtschaftsrat um ein Gutachten ersuchte, sind von ihr Vorschläge und Anregungen des Reichswirtschaftsrats übernommen worden, ohne daß dieses nach außen erkennbar gemacht worden wäre, so daß häufig selbst den gesetzgebenden Körperschaften der Anteil des Vorläufigen Reichswirtschaftsrats an der Gestaltung eines Entwurfs nicht bekannt geworden ist.

5. Die Behandlung der Ausführung des Artikel 165 im Vorläufigen Reichswirtschaftsrat und durch die Reichsregierung

Zu den wichtigsten Aufgaben des Vorläufigen Reichswirtschaftsrats gehörte die ihm durch besondere gesetzliche Vorschrift (Art. 11 der Verordnung über den Vorläufigen Reichswirtschaftsrat) übertragene Aufgabe, beim Aufbau der im Artikel 165 der Reichsverfassung vorgesehenen Arbeiterräte, Unternehmervertretungen und Wirtschaftsräte mitzuwirken. Ein für ihre Vorbereitung eingesetzter Verfassungsausschuß nahm zunächst die Aufstellung von Leitsätzen für die Errichtung von Bezirkswirtschaftsräten in Angriff. Bei dem Versuch einer Abgrenzung der Aufgaben und Zuständigkeiten dieser Bezirkswirtschaftsräte von denjenigen der bestehenden öffentlich-rechtlichen Unternehmerkammern trat jedoch alsbald die Frage in den Vordergrund, ob es dem Sinne des Artikel 165 der Reichsverfassung entsprechend sei, die bestehenden öffentlich-rechtlichen Berufsvertretungen für Industrie und Handel, Landwirtschaft, Handwerk und Kleingewerbe durch Einbeziehung der Arbeitnehmer in diese Kammern abzuändern. Nach langen und eingehenden Verhandlungen wurden im Dezember 1922 Leitsätze für eine Umgestaltung der genannten öffentlich-rechtlichen Berufsvertretungen in dieser Richtung beschlossen. Im November 1923 stellte dann der Verfassungsausschuß Leitsätze für den Ausbau der Bezirkswirtschaftsräte und des Reichswirtschaftsrats fest, die in der Anlage beigefügt sind. Bei der kurz darauf gleichzeitig erfolgten Übersendung der erstgenannten Leitsätze an die Reichsregierung wurden die Leitsätze Nr. 2 über die Bildung von Bezirkswirtschaftsräten der Regierung lediglich als Material überwiesen. Hierbei ging der Verfassungsausschuß davon aus, daß ein endgültiger Beschluß über den Aufbau der Bezirkswirtschaftsräte erst gefaßt werden könne, wenn die Ausgestaltung der Unterstufen (der Berufsvertretungen für Handel und Industrie, Landwirtschaft und Kleingewerbe) feststehe.

Die Reichsregierung hatte alsbald nach dem Beschlusse des Vor läufigen Reichswirtschaftsrats vom Dezember 1922 einen ersten Referentenentwurf über die Berufsvertretungen für Handel und Industrie ausgearbeitet, der in Anlehnung an die Beschlüsse des Verfassungsausschusses die Errichtung von Arbeitnehmervertretungen und ihre Verbindung mit den Industrie- und Handelskammern der Unternehmer durch paritätisch besetzte Ausschüsse vorsah. Dieser vorläufige Entwurf wurde den Spitzenorganisationen der Arbeitgeber- und Arbeitnehmer sowie den Landesregierungen zur Stellungnahme übermittelt. Er erfuhr — und zwar von allen Seiten — heftige Angriffe. Ein Teil der Landesregierungen und die Industrie- und Handelskammern machten lebhafte Bedenken gegen die Möglichkeit seiner Durchführung überhaupt geltend und wiesen auf die Schwierigkeiten einer Umstellung der Handelskammern gerade während des damaligen Ruhrkampfes und der Besetzung des Rhein- und Ruhrgebiets hin. Die Spitzenorganisationen der Arbeitnehmer bemängelten an den Entwürfen, daß sie ihren Forderungen nach gleichberechtigter Mitarbeit nicht gerecht würden.

Diese Aufnahme bewies, daß erhebliche Schwierigkeiten bei der Regelung dieser Fragen zu überwinden waren. Es mußte mit der Notwendigkeit gerechnet werden, bei einer neuen reichsgesetzlichen Regelung auch die Fragen der örtlichen Abgrenzung der Kammerbezirke und der Zusammenlegung kleinerer Kammern zu berühren. Mit der Bildung des endgültigen Reichswirtschaftsrats bis zur Beseitigung dieser Hindernisse zu warten, erschien nicht angängig. Der Vorstand des Vorläufigen Reichswirtschaftsrats brachte wiederholt der Reichsregierung gegenüber zum Ausdruck, daß es nicht möglich sei, unter Bestehenlassen der Verordnung über den Vorläufigen Reichswirtschaftsrat durch eine Vereinbarung mit der Reichsregierung die Mehrzahl der Mitglieder an der Ausübung ihrer Rechte völlig zu verhindern, und daß daher entweder eine Beseitigung der aus Ersparnisgründen eingeführten Beschränkungen oder eine anderweite gesetzliche Regelung unbedingt erforderlich sei. Es kam hinzu, daß die Neuregelung gewisse Unzuträglichkeiten für die innere Organisation dieser Körperschaft zur Folge hatte. Bedeutsame Gruppen innerhalb des Reichswirtschaftsrats waren von der praktischen Mitarbeit so gut wie ausgeschlossen; bei den Mitgliedern der Hauptausschüsse bestand häufig keine Neigung, ihre Rechte aufzugeben. Infolgedessen konnte die einmal festgelegte, oft mehr oder weniger zufällige Zusammensetzung der Ausschüsse häufig nicht mit hinreichender Beweglichkeit den Erfordernissen des Einzelfalles angepaßt werden. So gelangten denn immer dringendere Wünsche nach der baldigen Überführung des Vorläufigen Reichswirtschaftsrats in einen endgültigen Reichswirtschaftsrat, die aus den Kreisen der Wirtschaft, und zwar sowohl von Arbeitgebern wie Arbeitnehmern, geäußert wurden, an die Reichsregierung. Diese entschloß sich daraufhin, ein die Bildung des endgültigen Reichswirtschaftsrats regelndes Gesetz vorzubereiten, das freilich, da es auf die gleichzeitige Errichtung des Reichsarbeiterrats verzichtet, zu seiner Annahme einer verfassungsändernden Mehrheit bedarf. Die Reichsregierung durfte um so mehr auf die Zustimmung der beteiligten Kreise rechnen, als hierdurch die Möglichkeit einer späteren weiteren Ausführung des Artikel 165 in keiner Weise beeinträchtigt wurde.

In Verfolg dieser Vorarbeiten wurden dem Vorläufigen Reichswirtschaftsrat Ende August 1925 zwei Referentenentwürfe zur Begutachtung vorgelegt. Ein Unterausschuß des Verfassungsausschusses des Vorläufigen Reichswirtschaftsrats beriet von Anfang Oktober 1925 bis Mitte Januar 1926 die ihm vorgelegten Entwürfe und erstattete ein eingehend begründetes Gutachten. Die Entwürfe wurden sodann mehrfach mit Vertretern der Landesregierungen und mit allen in Betracht kommenden Verbänden der Arbeitgeber, der Arbeitnehmer und sonstiger Wirtschaftskreise eingehend besprochen.

II. Die Bedeutung des Reichswirtschaftsrats

Die wichtigste Aufgabe des Reichswirtschaftsrats ist die Beratung von Reichsregierung und gesetzgebenden Körperschaften.

Für die Regierung bestand von jeher die Notwendigkeit, sich zur Vorbereitung ihrer Arbeiten des Rates von Sachverständigen aus den verschiedenen Wirtschaftszweigen zu bedienen. Früher war die Auswahl der Sachverständigen ausschließlich in das freie Ermessen der Regierung gestellt, wobei in bezug auf diese Auswahl gelegentlich mehr oder minder willkürlich verfahren werden konnte; auch wurden die Sachverständigen nicht immer gleichzeitig und unter Gegenüberstellung der voneinander abweichenden Auffassungen und Wünsche gehört. Diese Nachteile werden durch die Anhörung einer zentralen Gutachterkörperschaft vermieden oder, sofern Sachverständige von der Regierung auch außerhalb des Reichswirtschaftsrats gehört werden, doch weitgehend ausgeglichen. In einer solchen Körperschaft ist ein von vornherein bestimmter Kreis von Sachverständigen vereinigt. Hier werden ferner die Vertreter der verschiedensten Anschauungen und Interessen einander gegenübergestellt; das hat zur Folge, daß in dem Bestreben nach einer besonders nachdrücklichen

Vertretung fachlicher Interessen etwa vorgetragene Übertreibungen alsbald von den Gegnern berichtigt werden, so daß schon hier diese fachegoistischen Interessen auf das für die Allgemeinheit zuträgliche Maß zurückgeführt werden. Den gesetzgebenden Körperschaften bringt das Bestehen eines Gutachterorgans — vorausgesetzt, daß dessen Arbeiten ihnen rechtzeitig und in leicht zu verwertender Form zugänglich gemacht werden — den Vorteil einer gewissen Entlastung von zeitraubender Materialbeschaffung und damit die Möglichkeit zu stärkerer Konzentration auf die großen politischen Fragen, in denen ihnen die letzte Entscheidung zusteht.

Weiterhin hat der Reichswirtschaftsrat die Bestimmung, die Wünsche der Wirtschaftskreise zusammenfassend zu verarbeiten und, sofern sie sich auf Änderungen der Gesetzgebung beziehen, in der Form von Anträgen auf Gesetzesvorlagen, andernfalls als Anregungen der Reichsregierung zu unterbreiten.

Daneben liegt eine wesentliche Bedeutung des Reichswirtschaftsrats in der durch ihn gegebenen Möglichkeit, die widerstrebenden Interessen innerhalb unseres Wirtschaftslebens auszugleichen, und zwar in wirtschaftspolitischer Hinsicht zwischen den verschiedenen Erwerbsständen und Erwerbszweigen, wie Produzenten und Konsumenten, Landwirtschaft und Industrie, Rohstoffindustrie und Fertigwarenindustrie usw., in sozialpolitischer Hinsicht zwischen den beiden großen Gruppen der Arbeitgeber und Arbeitnehmer. Hier vereinigen sich Arbeitgeber und Arbeitnehmer auch in Zeiten, in denen sich ihre freien Berufsorganisationen nicht zusammenfinden können, zu gemeinsamer Arbeit und zu freiem Gedankenaustausch, der dazu beiträgt, daß beide Gruppen die Schwierigkeiten, die jede von ihnen zu überwinden hat, würdigen und verstehen. Diese jederzeit vorhandene Möglichkeit bedeutet eine nicht gering zu veranschlagende Hilfe für die Lösung oder Milderung sozialer Spannungen.

Schließlich wird durch den Reichswirtschaftsrat eine nähere Verbindung zwischen der Regierung und den von ihren Maßnahmen und Entwürfen betroffenen Wirtschaftskreisen hergestellt. Wie die Regierung durch die im Reichswirtschaftsrate vereinigten Vertreter der großen Wirtschaftsverbände wertvolle Anregungen erhält, wird umgekehrt bei diesen Kreisen durch Vermittlung der Mitglieder des Reichswirtschaftsrats Verständnis für die Maßnahmen und Entwürfe der Reichsregierung geweckt oder gefördert

III. Die Grundzüge der Entwürfe

Auf den vorstehend geschilderten, in der Reichsverfassung zum Ausdruck gekommenen Grundgedanken bauen die Entwürfe bei der Regelung der Stellung, Zusammensetzung und Organisation des Reichswirtschaftsrats auf.

1. Allgemeines.

Für die Beratung der Reichsregierung ist es von besonderem Werte, daß dem Reichswirtschaftsrate Gelegenheit gegeben wird, die Reichsregierung schon bei den Vorarbeiten zu Gesetzentwürfen zu unterstützen, denn gerade bei diesen Vorarbeiten bedarf die Reichsregierung in besonders hohem Maße des Rats von Sachverständigen. Die Vorteile der organisierten Anhörung von Sachverständigen fallen daher für diesen Zeitpunkt besonders ins Gewicht. Damit ist die Möglichkeit gegeben, daß die Anregungen des Reichswirtschaftsrats noch vor der endgültigen sachlichen Beschlußfassung der Reichsregierung über Gesetzentwürfe verwertet werden. Die Reichsregierung hat sich dieser Möglichkeit auch bisher schon vielfach bedient. Sie wird nunmehr ausdrücklich im Entwurfe geregelt. (§ 3 Abs. 1 Satz 2 des Entwurfs A.)

Die Beratung der gesetzgebenden Körperschaften ist in ihrer Wirkung zunächst davon abhängig, daß ihnen die Gutachten des Reichswirtschaftsrats in einer die leichte Benutzung ermöglichenden Form zugänglich gemacht werden. Die zweckmäßige Form der Gutachten zu finden, ist Sache des Reichswirtschaftsrats, dem eine auf Grund der bisherigen Erfahrungen aufgestellte Richtlinie hierfür im § 34 des Entwurfs B gegeben wird, wo vorgesehen ist, daß die Gutachten durch Beschluß festzustellen sind und diesem Beschluß ein erläuternder Bericht beizufügen ist. Darüber hinaus wird die Verwertung der Gutachten erleichtert, wenn die gesetzgebenden Körperschaften Gelegenheit haben, sich durch Rückfragen an Mitglieder des Reichswirtschaftsrats Erläuterungen der Gutachten und der für ihre Erstattung maßgeblichen Gründe zu verschaffen. Da schriftliche Rückfragen wegen der Notwendigkeit ergänzender Fragen und wegen des damit verbundenen Zeitverlustes nicht in Frage kommen, sieht der Entwurf A (§ 3 Abs. 4) die Möglichkeit vor, daß der Reichswirtschaftsrat seine Gutachten auf Verlangen der Reichsregierung oder der gesetzgebenden Körperschaften oder ihrer Ausschüsse mündlich erläutern lassen kann. In der Nationalversammlung ist bei Beratung des Artikel 165 der Reichsverfassung gegen einen Antrag, der dem Reichswirtschaftsrate schlechthin das Recht zur Vertretung seiner Gutachten vor dem Reichstag gewähren wollte, das Bedenken geäußert worden, der Reichstag würde hierdurch in seiner freien Meinungsäußerung behindert werden. Dieses Bedenken kann nach den bisherigen Erfahrungen als überwunden gelten; es hat sich im Verlaufe der sechsjährigen Tätigkeit des Vorläufigen Reichswirtschaftsrats gezeigt, daß eine nicht öffentlich tagende und des Rechtes auf Entscheidung in der Gesetzgebung entbehrende Gutachterkörperschaft nicht in der Lage ist, die Freiheit der Willensbildung des politischen Parlaments zu beeinträchtigen. Auch ist anzunehmen, daß von dieser Möglichkeit nur in Ausnahmefällen Gebrauch gemacht wird.

Wirtschafts- und sozialpolitische Gesetzentwürfe von grundlegender Bedeutung werden nicht nur von der Reichsregierung, sondern gemäß Artikel 68 Abs. 1 der Reichsverfassung auch aus der Mitte des Reichstags eingebracht. Weder die Reichsverfassung noch die Verordnung über den Vorläufigen Reichswirtschaftsrat sahen die Möglichkeit vor, daß der Reichswirtschaftsrat sich mit diesen sogenannten Initiativgesetzentwürfen des Reichstags befaßt. Ein sachlicher Grund für die unterschiedliche Behandlung der Gesetzentwürfe der Reichsregierung und derjenigen des Reichstags in bezug auf die Vorlegung beim Reichswirtschaftsrat ist nicht ersichtlich. Andererseits handelt es sich hier oft um sehr bedeutsame Gesetzentwürfe. Es ist deshalb gerade für ihre Beratung im Reichsrat und gegebenenfalls für die nochmalige Behandlung im Reichstag besonders wertvoll, daß man die Stellungnahme des Reichswirtschaftsrats kennt. Der Entwurf verpflichtet daher die Reichsregierung, derartige Gesetzesvorlagen dem Reichswirtschaftsrat spätestens gleichzeitig wie dem Reichsrat mitzuteilen und die vom Reichswirtschaftsrat erstatteten Gutachten dem Reichsrat und dem Reichstag vorzulegen.

Das Recht der Beantragung von Gesetzesvorlagen stand dem Vorläufigen Reichswirtschaftsrat nur gegenüber der Reichsregierung zu (Artikel 11 Abs. 1 S. 2 der Verordnung vom 4. Mai 1920). Ein Anspruch auf die Einbringung der von ihm beantragten Vorlagen. den die Reichsverfassung (Artikel 165 Abs. 4 Satz 2) dem endgültigen Reichswirtschaftsrat gewährt, und das ebenfalls in der Reichsverfassung für diesen vorgesehene Recht auf Vertretung seiner Vorlagen vor dem Reichstag sind ihm durch die Verordnung nicht zuerkannt worden. Der Entwurf füllt diese Lücke aus und stellt damit die von der Verfassung beabsichtigte Rechtstellung des Reichswirtschaftsrats her (§ 4 des Entwurfs A). Dabei erscheint es angezeigt, die in Artikel 165 der Reichsverfassung vorgesehene Bestimmung, daß der Reichswirtschaftsrat die von ihm beantragte Gesetzesvorlage vor dem Reichstag durch eins seiner Mitglieder vertreten lassen kann, hinsichtlich der Vertretung vor den Ausschüssen des Reichstags nicht einschränkend auszulegen.

2. Zusammensetzung

Für die Zusammensetzung des Reichswirtschaftsrats ergeben sich aus seinem oben gekennzeichneten Zwecke drei Gesichtspunkte: Einmal gilt es, die Mitgliederzahl auf diejenige Zahl zu beschränken, die für seine Arbeitsfähigkeit unbedingt erforderlich ist; zweitens soll der Reichswirtschaftsrat in seiner Gesamtheit ein möglichst getreues Spiegelbild der wirtschaftlichen Stärke der in ihm vertretenen Erwerbszweige sein; drittens soll ein Interessenausgleich zwischen Arbeitgebern und Arbeitnehmern gewährleistet werden.

Der Vorläufige Reichswirtschaftsrat besteht aus 326 Mitgliedern. Die Erfahrung hat gelehrt, daß diese Zahl die für die Arbeiten des Reichswirtschaftsrats erforderliche Mindestzahl bei weitem übersteigt.

Der Entwurf sucht die beiden sich scheinbar widersprechenden Ziele der Beschränkung der Mitgliederzahl und umfassender Berücksichtigung der verschiedenartigen Interessen unserer Wirtschaft dadurch zu erreichen, daß er einer beschränkten Zahl von ständigen Mitgliedern Gelegenheit gibt, sich durch die Zuziehung von nichtständigen Mitgliedern zu ergänzen. Diese nichtständigen Mitglieder werden in die Ausschüsse für einzelne Sitzungen oder für bestimmte Verhandlungsgegenstände vom Vorstand einberufen. Die ziffernmäßige Begrenzung der Ausschußsitze bringt es mit sich, daß die Zahl der nichtständigen Mitglieder im Einzelfall beschränkt ist. Da jedoch hinsichtlich der Auswahl von Persönlichkeiten für die nichtständige Mitgliedschaft der Reichswirtschaftsrat freie Hand hat, so steht ihm insgesamt eine unbegrenzte Zahl von nichtständigen Mitgliedern zur Verfügung. Diese Neuerung dient drei Zwecken: Einmal kann hierdurch lebendige Fühlung mit einem erheblich größeren Kreis von Berufsgruppen und Volkskreisen bei den Beratungen des Reichswirtschaftsrats gehalten werden, als dies im Vorläufigen Reichswirtschaftsrate — trotz seiner weitaus höheren Zahl an ständigen Mitgliedern — möglich war. Zweitens wird die Gewähr geschaffen, daß besonders sachkundige Persönlichkeiten für die Mitarbeit gewonnen werden, deren Sachkunde nicht nur — wie dies bei der Hinzuziehung von Sachverständigen der Fall ist — bei der Beantwortung einzelner Fragen, sondern im Verlauf der gesamten Verhandlung einschließlich der entscheidenden Abstimmung zur Geltung kommen kann. Endlich können nichtständige Mitglieder zur Vertretung ständiger Mitglieder einberufen werden, falls diese durch Krankheit oder längere Auslandsreisen verhindert sind oder den Wunsch haben, daß an ihrer Stelle an der Verhandlung eines bestimmten Gegenstandes eine auf diesem Gebiet sachkundigere Persönlichkeit teilnimmt. Hierdurch wird die jederzeitige Arbeitsfähigkeit des Reichswirtschaftsrats trotz der verhältnismäßig geringen Zahl von 151 ständigen Mitgliedern gesichert. Das Verfahren der Hinzuziehung nichtständiger Mitglieder entspricht ungefähr der vom Vorläufigen Reichswirtschaftsrate bei der Zuziehung von Stellvertretern für die ständigen Ausschußmitglieder beobachteten Übung; es wird sich in einfachster, wenig förmlicher Weise vollziehen.

Bei der Festsetzung der ziffernmäßigen Stärke der einzelnen Berufsgruppen sind in weitgehendem Umfang die Ergebnisse der Statistik über die Zahl der beschäftigten Personen und den Wert der Erzeugung der verschiedenen Wirtschaftszweige zugrunde gelegt. Freilich können die Ergebnisse der Statistik nur bedingt herangezogen werden. Es mußte daneben auf die Vielfältigkeit der Interessen einzelner Wirtschaftszweige Rücksicht genommen werden, die es nicht zuließ, daß diese Zweige durch nur ein Mitglied im Reichswirtschaftsrate vertreten werden. Dies gilt insbesondere für die Gruppen des Handels, der Banken und des Versicherungswesens und des Verkehrs.

Daraus ergibt sich, wenn man nur die statistischen Ergebnisse zugrunde legt, eine scheinbare Bevorzugung dieser kleineren Gruppen gegenüber den großen Gruppen der Industrie und Landwirtschaft. Jedoch ist anzunehmen, daß letztere diesen Nachteil durch die weitgehende Benutzung der Möglichkeit, ihre ständigen Mitglieder für den Einzelfall durch nichtständige Mitglieder zu ersetzen, ausgleichen werden.

Im allgemeinen entspricht das Stärkeverhältnis der einzelnen Berufsgruppen-Vertretungen dem bisherigen Zustand. Für einige Gruppen hat sich aus den bisherigen Erfahrungen die Notwendigkeit einer ziffernmäßigen Verstärkung ergeben. Über die unzureichende Vertretung der Landwirtschaft in den Ausschüssen wurde ständig Klage geführt. Diesem Nachteil versucht der Entwurf in der Weise zu begegnen, daß er außerhalb und neben der Gruppe Landwirtschaft in der Abteilung I in möglichst viele verschiedene Gruppen eine Vertretung der ländlichen Interessen einschaltet. Demgemäß sind in eine aus vier Mitgliedern gebildete Gruppe des Genossenschaftswesens drei Vertreter der landwirtschaftlichen Genossenschaften in die Abteilung III eingereiht worden. Weiterhin ist innerhalb der Gruppe 8 für die Verbände der öffentlichen Lebens-, Unfall- und Feuerversicherungsanstalten, die der Landwirtschaft nahestehen, ein besonderer Vertreter vorgesehen. Schließlich hat auch innerhalb der Gruppe 7 die ländliche Bevölkerung weitgehende Berücksichtigung gefunden, indem der Vertretung der Städte außer derjenigen der schon im Vorläufigen Reichswirtschaftsrate vertretenen Landgemeinden auch eine solche der Landkreise gegenübergestellt wird. Hierbei wird die letztgenannte Vertretung der Landkreise verhältnismäßig stark mit drei Mitgliedern besetzt, um der benennenden Körperschaft die Möglichkeit zu geben, mindestens eine aus der Landwirtschaft stammende Persönlichkeit zu entsenden. Hierdurch soll insbesondere der Nachteil ausgeglichen werden, der sich für die Regelung der Vertretung dee Landwirtschaft daraus ergibt, daß dieser Beruf mit einer ungewöhnlich hohen Zahl mithelfender Familienangehöriger arbeitet, die nicht organisiert sind und für welche daher eine eigene Vertretung im Reichswirtschaftsrate nicht geschaffen werden kann.

Auch die Zahl der von der Reichsregierung nach freiem Ermessen zu berufenden Mitglieder konnte nicht herabgesetzt werden, wie es der Verkleinerung des Reichswirtschaftsrats im übrigen entsprochen hätte; sie hat mithin eine verhältnismäßige Erhöhung erfahren. Es ist erforderlich, daß dem Reichswirtschaftsrate neben den von den Verbänden benannten Vertretern eine Reihe von führenden Persönlichkeiten des Wirtschaftslebens und der sozialen Praxis angehört, die dem Verbandsleben nicht nahestehen, andererseits auf Grund ihres allgemeinen Überblicks in wirtschaftlichen und sozialpolitischen Fragen besonders befähigt sind, den im Reichswirtschaftsrate zu erstrebenden Ausgleich der fachlichen und regionalen Interessen zu fördern. Auch Vertreter der Wirtschafts-, Sozial- und Rechtswissenschaft, die für einen Reichswirtschaftsrat schlechthin unentbehrlich sind, werden auf diese Weise für ihn gewonnen werden müssen.

Die räumlichen Verschiedenheiten der Interessen unseres Wirtschaftslebens zu berücksichtigen, nimmt der Entwurf besonders Bedacht. Einmal ist die Zahl der vom Reichsrat unter diesem Gesichtspunkt zu ernennenden Mitglieder in dem gleichen Umfang wie die Gruppe der von der Reichsregierung berufenen Mitglieder verhältnismäßig erhöht worden. Ferner wird dem Industrie- und Handelstag, d. h. der Spitzenorganisation der sich über das ganze Reichsgebiet erstreckenden örtlichen Industrie- und Handelskammern, bei der Benennung von Vertretern für die Gruppen Industrie, Handel, Banken und Privatversicherungswesen sowie Verkehr eine Mitwirkung gesichert. Endlich schreibt § 4 des Entwurfs B vor, daß, wenn eine Körperschaft oder mehrere Körperschaften gemeinschaftlich mehrere Mitglieder zu benennen haben, dabei die wirtschaftlichen Interessen der verschiedenen Wirtschaftsgebiete des Reichs angemessen zu berücksichtigen sind, und § 8 bestimmt die entsprechende Anwendung dieser Vorschrift auf die Berufung nichtständiger Mitglieder. Diese Vorschriften werden für die Vertretung der Industrie noch durch die Bestimmung des § 2 des Entwurfs B (Gruppe 2) ergänzt, wonach ein Drittel der Industrievertreter aus denjenigen Gebieten entnommen werden soll, die bei der Auswahl der übrigen zwei Drittel nicht angemessen berücksichtigt worden sind.

Trotz der gebotenen Verkleinerung des Reichswirtschaftsrats mußte für einige Volkskreise, die im Vorläufigen Reichswirtschaftsrate nicht vertreten waren, eine neue Vertretung geschaffen werden. Es sind dies außer den schon erwähnten Landkreisen und dem öffentlichen Versicherungswesen die Sozialversicherung, die Zeitungsverleger und das Auslandsdeutschtum. Bei der großen Bedeutung, welche die zweckmäßige Ausgestaltung der Sozialversicherung in der gegenwärtigen und zukünftigen Gesetzgebung hat, ist die ständige Mitarbeit einer mit diesem Gebiet aus unmittelbarer Berufserfahrung vertrauten Persönlichkeit nicht zu entbehren. Um dem Zeitungsgewerbe eine seiner Bedeutung entsprechende und lückenlose Vertretung zu verschaffen, ist es im Hinblick auf die wirtschaftliche und geistige Stellung der Verleger innerhalb des Zeitungsgewerbes erforderlich, auch diesen neben den bisher schon vertretenen Redakteuren einen ständigen Sitz zu gewähren. Durch die Aufnahme eines Vertreters des Auslandsdeutschtums soll diesem eine Teilnahme an dem öffentlichen Leben der Heimat gewährleistet werden. Schließlich ist im Hinblick auf die steigende Bedeutung des Luftverkehrs dem Reichsverbande der Deutschen Luftfahrt-Industrie, der satzungsgemäß die Interessenvertretung des Luftverkehrs darstellt, in der Gruppe des Verkehrs eine Mitwirkung bei der Benennung eines Vertreters des Fuhrgewerbes gewährt.

Die überwiegende Mehrzahl der ständigen Mitglieder des Reichswirtschaftsrats soll, wie bisher, von den großen Wirtschaftsverbänden benannt und auf Grund dieser Benennung von der Reichsregierung einberufen werden. Hierbei schreibt der Entwurf vielfach die gemeinschaftliche Benennung eines oder mehrerer Mitglieder durch mehrere Verbände vor. Daß hierdurch im Einzelfalle Schwierigkeiten für eine Einigung der beteiligten Verbände entstehen können, wird nicht verkannt. Es darf gleichwohl erwartet werden, daß diese Schwierigkeiten überwunden werden, wenn die betreffenden Organisationen sich die Möglichkeiten vor Augen halten, die sich aus der nichtständigen Mitgliedschaft ergeben; die gemeinschaftlich benannten ständigen Mitglieder haben darauf zu achten, daß, wenn eine Tagesordnung die besonderen Interessen eines der benennenden Verbände berührt, die hierfür in Frage kommenden Vertreter als nichtständige Mitglieder hinzugezogen werden. Auch wird eine Einigung der Verbände dadurch erleichtert, daß sie bei dem gemäß § 11 des Entwurfs B alle sechs Jahre erfolgenden Ausscheiden eines ständigen Mitglieds Gelegenheit haben, dieses durch eine andere Persönlichkeit, die einem bei einer früheren Benennung nicht berücksichtigten Verbande nahesteht, zu ersetzen.

Die Vertretung der freien Berufe und der Beamtenschaft hat eine Sonderregelung erfahren. Maßgebend war hierfür die Erwägung, daß die Vertretung dieser Berufsschichten nicht vorwiegend die Aufgabe hat, die besonderen Berufsinteressen der verschiedenen Gruppen im Reichswirtschaftsrate zur Geltung zu bringen. Einmal erscheint dies deswegen undurchführbar, weil bei der außerordentlichen Mannigfaltigkeit ihrer Berufsverbände, wie sie aus der Anlage zu dem Gesetzentwurfe B ersichtlich ist, die der Verkleinerung des Reichswirtschaftsrats entsprechend herabgeminderte Zahl von Sitzen nicht in gerechter Weise auf diese zahlreichen Verbände verteilt werden kann; auch besteht nach übereinstimmenden Äußerungen maßgeblicher Vertreter dieser Kreise kaum eine Aussicht, daß sie sich auf eine entsprechende Zahl von Vertretern einigen werden. Zum anderen werden Fragen, welche das eigentliche Tätigkeitsgebiet dieser Verbände berühren, in einem Reichswirtschaftsrate nur selten behandelt. Soweit der Reichswirtschaftsrat mit derartigen Fragen, z. B. den Tarifen freier Berufe, ausnahmsweise gleichwohl befaßt wird, können die besonderen Berufsinteressen durch nichtständige Mitglieder hinreichend wahrgenommen werden. Die ständige Vertretung dieser Berufe ist gleichwohl nicht zu entbehren. Sie ist dazu bestimmt, dem Reichswirtschaftsrate die fortlaufende Mitarbeit von hervorragenden Sachverständigen zu sichern, die für seine Beratungen unbedingt erforderlich sind. So wird bei den freien Berufen der Arzt seine Kenntnisse und Erfahrungen für den Ausbau der Sozialversicherung, der Rechtsanwalt seine Erfahrungen aus der wirtschaftlichen Auswirkung der Gesetzgebung, der Techniker oder Künstler seine Sachkunde von der technischen Durchführbarkeit wirtschaftspolitischer Maßnahmen oder von der wirtschaftlichen Bedeutung künstlerischer Wertarbeit zur Verfügung stellen müssen. Sie werden zugleich für eine zweckmäßige Heranziehung von nichtständigen Mitgliedern aus den Kreisen der nicht durch ständige Mitglieder vertretenen Berufsgruppen Sorge zu tragen haben. Um eine Vertretung dieser Berufskreise durch Persönlichkeiten, welche diese besonderen Erfahrungen und Kenntnisse besitzen, sicherzustellen, sieht der Entwurf vor, daß sie auf Grund von Vorschlägen der beteiligten Verbände, von denen jeder drei Vorschläge einzureichen hat, von der Reichsregierung mit Zustimmung des Reichsrats ernannt werden.

Um den Interessenausgleich zwischen Arbeitgebern und Arbeitnehmern zu gewährleisten, wird der Gedanke der Parität zwischen diesen Gruppen in Anlehnung an Artikel 165 der Reichsverfassung im Entwurfe festgehalten. Diese Parität wird jedoch nicht mehr, wie bisher, innerhalb der Gruppen 1 bis 6, sondern zwischen der Gesamtheit der den Abteilungen I und II angehörenden Vertreter verwirklicht. Demgemäß ist für die Abteilung der Arbeitnehmer auf eine Gruppenbildung völlig verzichtet, da eine starre Unterscheidung von Arbeitnehmern der verschiedenen Berufsgruppen dem ständig sich vollziehenden Wechsel der Berufszugehörigkeit bei den Arbeitnehmern (z. B. von der Industrie zum Handwerk oder von der Industrie zum Handel und zum Verkehrsgewerbe) nicht gerecht wird. Der Entwurf macht den Vertretungskörperschaften der Arbeitnehmer und den großen Gewerkschaftsorganisationen für die von ihnen gemeinsam auszuübende Benennung lediglich die Auflage, daß sie eine bestimmte Mindestzahl von Arbeitnehmern der Landwirtschaft, der Forstwirtschaft und der Heimarbeit entsenden müssen, um damit zu verhindern, daß diese wichtigen Arbeitnehmergruppen, die im Verhältnis zu den übrigen Arbeitnehmergruppen der großen Gewerkschaftsorganisationen in diesen zahlenmäßig gering vertreten sind, nicht oder nur unzureichend berücksichtigt werden.

3. Arbeitsweise und Organisation des Reichswirtschaftsrats

Bei der Regelung der Arbeitsweise des Reichswirtschaftsrats wird nunmehr die vom Vorläufigen Reichswirtschaftsrat erprobte Übung, seine Arbeiten vorzugsweise in den Ausschüssen und nur ausnahmsweise in der Vollversammlung zu erledigen, gesetzlich festgelegt. Die Größe dieser Ausschüsse und das ziffernmäßige Verhältnis von ständigen zu nichtständigen Mitgliedern in ihnen im einzelnen zu bestimmen, überläßt der Entwurf dem Reichswirtschaftsrate; er setzt lediglich auf Grund der bisherigen Erfahrungen im Interesse der Arbeitsfähigkeit für die Hauptausschüsse eine Höchstzahl von 48, für die Sonderausschüsse eine solche von 24 Mitgliedern fest.

Den Abteilungen wird im Entwurfe nunmehr ausdrücklich die

besonders wichtige Aufgabe der Besetzung der Ausschüsse zugewiesen. Daneben werden sie entsprechend der bisherigen Übung ihre Bedeutung für die Vorbereitung gewisser Verhandlungsgegenstände behalten. Meinungsverschiedenheiten, die sich etwa innerhalb der Abteilungen bei der Entscheidung über die Besetzung von Ausschüssen ergeben, hat gemäß § 25 des Entwurfs B der Vorstand auszugleichen.

Dem Vorstand sind gegenüber der Verordnung über den Vorläufigen Reichswirtschaftsrat erweiterte Vollmachten gegeben, um eine einheitliche Geschäftsführung zu erzielen. Er hat insbesondere die zweckmäßige Besetzung der Ausschüsse zu überwachen und dafür Sorge zu tragen, daß nichtständige Mitglieder aus solchen Kreisen einberufen werden, die durch bestimmte Verhandlungsgegenstände berührt werden und deren Mitarbeit im Reichswirtschaftsrat erforderlich erscheint (§ 24 Abs. 3 und § 25 des Entwurfs B). Um einer Zersplitterung der Arbeiten des Reichswirtschaftsrats vorzubeugen, ist ferner die Einsetzung von Sonderausschüssen von der Zustimmung des Vorstandes abhängig gemacht (§ 28 Abs. 1 des Entwurfs B). Aus dem gleichen Grunde unterliegt die Beratung von Anträgen auf Gesetzesvorlagen und von Anregungen, die nicht im Zusammenhange mit einer Regierungsvorlage behandelt werden sollen, seiner Genehmigung (§ 30 Abs. 2 Satz 3 des Entwurfs B). Schließlich obliegt dem Vorstand die Überweisung der Eingänge an die einzelnen Ausschüsse zur weiteren Behandlung (§ 30 Abs. 1 Satz 2) — sowie die Entscheidung über die Einberufung der Vollversammlung (§ 45 Abs. 2 des Entwurfs B). — Für die Erledigung aller dieser Aufgaben, insbesondere soweit sie die fortlaufende Verwaltungstätigkeit umfassen, wird es nicht immer eines Beschlusses des Gesamtvorstandes bedürfen; sie können vielmehr vom Vorsitzenden oder einzelnen Mitgliedern erledigt werden, auf die der Vorstand seine Befugnisse auf Grund einer entsprechenden Bestimmung der Geschäftsordnung gemäß § 47 des Entwurfs B übertragen kann. Hierdurch wird verbürgt, daß die eine schnelle Erledigung erheischenden Entscheidungen in kürzester Frist getroffen werden können. Da der Vorstand auf Grund des Überblicks, den ihm die vorstehend aufgeführten Befugnisse gewähren, in besonders hohem Maße befähigt ist, die Notwendigkeit gewisser Abänderungen der Geschäftsordnung zu beurteilen, so wird ihm das Recht gewährt, unter Hinzuziehung von sechs ständigen Mitgliedern des Reichswirtschaftsrats Abänderungen der Geschäftsordnung zu beschließen (§ 46 Satz 2).

Die Entscheidung über den Zusammentritt der Vollversammlung wird nunmehr in das freie Ermessen des Vorstandes gestellt (§ 45 Abs. 2 des Entwurfs B). Es ist anzunehmen, daß der Vorstand von dieser Möglichkeit auf Grund der bisherigen Erfahrungen und im Anschluß an die Entwicklung, die sich im Vorläufigen Reichswirtschaftsrate mit der Verlegung des Schwergewichts der Arbeiten aus der Vollversammlung in die Ausschüsse vollzogen hat, nur in Ausnahmefällen Gebrauch machen wird. Eine besondere Regelung der Abstimmung in der Vollversammlung zu treffen, wie dies in der Verordnung über den Vorläufigen Reichswirtschaftsrat geschehen ist, erübrigt sich. Es erscheint zweckmäßig, die Entscheidung dieser Frage, die nur ausnahmsweise praktische Bedeutung erlangen kann, der Regelung durch die Geschäftsordnung zu überlassen.

Eine Sonderstellung unter den Ausschüssen nimmt der »Ermittlungsausschuß« (§§ 36 ff. des Entwurfs B) ein. Schon der Vorläufige Reichswirtschaftsrat hat zwei Enqueten auf dem Gebiete der Leder- und Textilwirtschaft veranstaltet. Diese haben jedoch, da sie mit unzureichenden Mitteln unternommen wurden, nicht vollbefriedigende Ergebnisse gezeitigt. Infolgedessen sah man sich veranlaßt, als im Jahre 1925 die beträchtliche Verschlechterung unserer Wirtschaftslage das Bedürfnis nach einer einwandfreien Untersuchung ihrer Ursachen und einer Übersicht über den tatsächlichen Stand unserer Wirtschaft hervorrief, dieser Untersuchung die notwendige rechtliche Grundlage durch ein Sondergesetz zu gehen. Hierbei handelt es sich um eine einmalige vorübergehende Untersuchung, deren Eigentümlichkeit darin besteht, daß sie nicht so sehr Einzelfragen der Wirtschaft zu prüfen hat, als vielmehr einen Überblick über die gesamten Wirtschaftsverhältnisse zu gewinnen bestimmt ist. Es ist anzunehmen, daß nach ihrer Beendigung und im unmittelbaren Anschluß daran sich das Bedürfnis ergeben wird, einzelne genau abgegrenzte wirtschaftliche Fragen, deren eingehende Prüfung die vorgenannte große Untersuchung für wünschenswert erachtet, mit den Mitteln und Methoden einer Enquente zu erforschen. Darüber hinaus wird ein solches Bedürfnis aber stets dann gegeben sein, wenn es gilt, die Unterlagen zu gewinnen, die zur Beurteilung der Zweckmäßigkeit von zukünftigen Maßnahmen der Gesetzgebung und Verwaltung erforderlich sind. Um diesem Bedürfnis im Einzelfall auf kürzestem Wege ohne die Notwendigkeit einer Sondergesetzgebung, deren Inanspruchnahme häufig Zeitverlust bedeutet, abhelfen zu können, soll nunmehr eine für alle Fälle bereitstehende gesetzliche Grundlage für derartige Untersuchungen geschaffen werden. Freilich muß hierbei vermieden werden, die Zusammensetzung eines solchen Ermittlungsausschusses von vornherein festzulegen; vielmehr kann die zweckmäßige Größe des Ausschusses sowie das angemessene Verhältnis zwischen ständigen und nichtständigen Mitgliedern nur dem Umfang der im Einzelfalle verschiedenen Aufgaben angepaßt werden. Der Entwurf sieht deshalb vor, daß die Zusammensetzung des Ausschusses jeweils ebenso wie seine Aufgaben von der Reichsregierung durch Verordnung festgesetzt werden. — Die Sonderstellung des Ermittlungsausschusses kommt weiterhin darin zum Ausdruck, daß seine Arbeiten in einem geschlossenen Kreise von Mitgliedern, der für die Dauer einer Untersuchung nicht verändert werden kann, erledigt werden sollen, da nur hierdurch die Vertraulichkeit seiner Verhandlungen hinreichend verbürgt wird. Demgemäß wir der Ausschuß nur jeweils für die Untersuchung eines bestimmten Gebiets berufen. Auch können die Mitglieder von den Abteilungen weder ausgewechselt noch durch Stellvertreter zeitweise ersetzt werden. Im übrigen werden diesem Ausschuß die für eine erfolgreiche Durchführung seiner Ermittlungen erforderlichen Untersuchungsbefugnisse gewährt. Für die Regelung im einzelnen hat das Sondergesetz über einen Ausschuß zur Untersuchung der Erzeugungs- und Absatzbedingungen der deutschen Wirtschaft vom 15. April 1926 (Reichsgesetzbl. I S. 195) als Vorbild gedient.

Der Entwurf regelt in den Vorschriften über die Organisation und Arbeitsweise des Reichswirtschaftsrats eine Reihe von Einzelheiten, deren Bestimmung die Verordnung über den Vorläufigen Reichswirtschaftsrat dessen Geschäftsordnung überlassen hat. Dies erklärt sich dadurch, daß für den Entwurf Erfahrungen nutzbar gemacht werden konnten, die bei Erlaß der Verordnung über den Vorläufigen Reichswirtschaftsrat noch nicht zur Verfügung standen. Es erscheint angezeigt, diese Erfahrungen nunmehr gesetzlich festzulegen, um der neuen Körperschaft zeitraubende Bemühungen um eine solche Festsetzung zu ersparen. Der Reichsregierung wird dabei ein Einfluß auf die Arbeitsweise und die innere Organisation nicht in größerem Umfang gewährt, als ihr solche Rechte auf Grund der Verordnung über den Vorläufigen Reichswirtschaftsrat zustanden oder von diesem durch seine Geschäftsordnung freiwillig gewährt wurden.

4. Rahmengesetz und Ausführungsbestimmungen

Die grundsätzlichen Bestimmungen über Stellung, Zusammensetzung und Aufgaben des Reichswirtschaftsrats sind in einem Rahmengesetze vereinigt, auf dessen im Hinblick auf Artikel 165 der Reichsverfassung verfassungsändernden Charakter im Eingang des Gesetzes und auf S. 13/14 der Begründung hingewiesen ist. Die Fülle der Einzelbestimmungen ist in ein besonderes Ausführungsgesetz verwiesen.

B. Besonderer Teil

I. Zu dem Entwurf eines Gesetzes über den Reichswirtschaftsrat (Entwurf A)

Zu § 1. Der Entwurf stellt zur Erleichterung des Verständnisses des Gesetzes eine programmatische Vorschrift über die Aufgaben des Reichswirtschaftsrats an die Spitze. Die Art der Erledigung der Aufgaben wird in den Grundzügen durch die §§ 3 und 4 des Entwurfs A und in ihren Einzelheiten durch den Entwurf zum Ausführungsgesetze festgelegt.

Die Verordnung über den Vorläufigen Reichswirtschaftsrat führt im Artikel 11 als Gegenstände, mit denen diese Körperschaft bei ihrer begutachtenden und anregenden Tätigkeit befaßt werden sollte, lediglich Gesetzentwürfe und Entwürfe zu einer Reihe gesetzesgleicher Verordnungen auf. Tatsächlich hat der Vorläufige Reichswirtschaftsrat aber darüber hinaus die Reichsregierung auch vielfach auf ihr Ersuchen bei wirtschafts- und sozialpolitischen Verwaltungsmaßnahmen von grundlegender Bedeutung beraten; so hat er z. B. noch in jüngster Zeit eingehend zu dem von der Reichsregierung zur Bekämpfung der Arbeitslosigkeit entworfenen sogenannten Arbeitsbeschaffungsprogramm Stellung genommen. Der Entwurf legt nunmehr durch § 1 dem Reichswirtschaftsrat ausdrücklich die Pflicht zu einer solchen weitergehenden Beratung und einer entsprechenden Ausdehnung seiner Initiativtätigkeit auf. Die Veranstaltung von Untersuchungen auf wirtschafts- und sozialpolitischem Gebiete soll der für diesen Zweck besonders vorgesehene Ermittlungsausschuß (§§ 36 ff. des Entwurfs B) erledigen.

Die Unterscheidung zwischen wirtschaftspolitischen und sozialpolitischen Aufgaben des Reichswirtschaftsrats beruht auf dem Wortlaut des Artikel 165, wonach diese beiden Arten von Gesetzentwürfen dem Reichswirtschaftsrate vorgelegt werden sollen oder von ihm beantragt werden können. Die Erfüllung beider Arten von Aufgaben liegt nach §§ 26 ff. des Entwurfs B drei Hauptausschüssen, nämlich dem wirtschaftspolitischen, dem sozialpolitischen und dem finanzpolitischen Ausschuß, ob. Daß zu den wirtschaftspolitischen Maßnahmen auch solche finanzpolitische Maßnahmen gehören, welche die Art der Aufbringung der für die Zwecke des Reichs erforderlichen Mittel betreffen. unterliegt keinem Zweifel. Der Reichswirtschaftsrat wird daher auch in Zukunft mit allen grundlegenden Steuergesetzen befaßt werden. Andererseits will die Reichsverfassung Maßnahmen und Gesetzentwürfe, welche sich auf die Verteilung und die Verwaltung der Einnahmen des Reichs beziehen, wie es insbesondere die Reichshaushaltsgesetze und die Besoldungsordnungen für die Beamten sind, von einer Behandlung im Reichswirtschaftsrat ausschließen. Es besteht auch, wie der Verfassungsausschuß des Vorläufigen Reichswirtschaftsrats anerkannt hat, kein Bedürfnis, die Tätigkeit des Reichswirtschaftsrats auf diese Gegenstände auszudehnen.

Zu § 3. Die Bestimmung, daß die dem Reichswirtschaftsrate zur Begutachtung vorzulegenden Gesetzentwürfe von grundlegender Bedeutung sein müssen, entspricht sowohl dem Artikel 165 der Reichsverfassung wie auch der Verordnung über den Vorläufigen Reichswirtschaftsrat. In der bisherigen Übung sind dem Vorläufigen Reichswirtschaftsrate häufig auch Gesetzentwürfe vorgelegt worden, die nicht unzweifelhaft von grundlegender Bedeutung waren. Diese Möglichkeit wird auch in Zukunft benutzt werden, soweit dies im Einzelfalle tunlich ist.

Wenn der Reichswirtschaftsrat schon bei Vorarbeiten zu wirtschafts- und sozialpolitischen Gesetzentwürfen von der Reichsregierung gehört ist, so wird es sich häufig erübrigen, daß er zu dem auf Grund dieser Vorarbeiten fertiggestellten Regierungsentwurfe nach der Beschlußfassung der Reichsregierung nochmals ein Gutachten erstattet. Die Reichsregierung wird daher im Satz 2 des Abs. 1 von der Verpflichtung befreit, dem Reichswirtschaftsrate solche Entwürfe nochmals zur Begutachtung vorzulegen. Es wird ihr vielmehr lediglich die Bekanntgabe dieser Entwürfe an den Reichswirtschaftsrat vorgeschrieben, die spätestens mit der Vorlegung beim Reichsrat zu erfolgen hat, wobei es dann — falls die Reichsregierung eine nochmalige gutachtliche Äußerung nicht erfordert — dem Reichswirtschaftsrat überlassen bleibt, ob er zu dem Entwurfe nochmals in einem Gutachten Stellung nehmen will. Eine solche Gelegenheit muß dem Reichswirtschaftsrat im Hinblick auf die Möglichkeit gegeben werden, daß der endgültige Entwurf der Reichsregierung von den Vorarbeiten in wichtigen Punkten abweicht. Die in diesem Falle vom Reichswirtschaftsrat erstatteten Gutachten hat die Reichsregierung gemäß Abs. 2 alsbald den gesetzgebenden Körperschaften zugänglich zu machen.

Wichtige, aus der Mitte des Reichstags eingebrachte Gesetzentwürfe werden von der Reichsregierung in der Regel noch vor der endgültigen Beschlußfassung des Reichstags dem Reichsrat bekanntgegeben, damit diesem eine ausreichende Frist für die Vorbereitung seiner Entscheidung über die etwaige Erhebung eines Einspruchs zur Verfügung steht. Die Reichsregierung hat den Ressorts in der Geschäftsordnung für die Reichsministerien ausdrücklich eine entsprechende Richtlinie vorgeschrieben. Indem der Entwurf vorsieht, daß diese Initiativgesetzentwürfe des Reichstags dem Reichswirtschaftsrate nicht später wie dem Reichsrat mitgeteilt werden sollen, sichert er auch dem Reichswirtschaftsrate die Möglichkeit, noch rechtzeitig zu diesen Entwürfen Stellung zu nehmen.

Die mündliche Erläuterung der Gutachten vor den gesetzgebenden Körperschaften und ihren Ausschüssen (Abs. 4) soll nur auf Verlangen der Reichsregierung, des Reichstags, des Reichsrats oder von den Ausschüssen des Reichstags und Reichsrats erfolgen können. Der Vorläufige Reichswirtschaftsrat hat, wie sich aus den in der Anlage beigefügten Leitsätzen über die Bildung des endgültigen Reichswirtschaftsrats ergibt, den Wunsch geäußert, daß der Reichswirtschaftsrat auch auf eigenes Verlangen zu einer solchen Vertretung seiner Gutachten befugt wird. Eine derartige Erweiterung der Rechte des Reichswirtschaftsrats erscheint jedoch mit seiner Stellung als Gutachterkörperschaft nicht vereinbar.

Zu § 4. Der Entwurf unterscheidet hinsichtlich der Initiativtätigkeit des Reichswirtschaftsrats zwischen Anträgen auf Gesetzesvorlagen und Anregungen zu wirtschafts- und sozialpolitischen Maßnahmen. Die letzte Entscheidung über Anträge auf Gesetzesvorlagen soll mit Rücksicht auf die besondere Bedeutung dieser Tätigkeit der

Vollversammlung vorbehalten bleiben; Haupt- und Sonderausschüssen obliegt nur die Vorbereitung dieser Entscheidung (§§ 30 Abs. 2, 45 des Entwurfs B). Zu Anregungen von wirtschafts- und sozialpolitischen Maßnahmen sind dagegen auch die Haupt- und Sonderausschüsse befugt.

Die Reichsverfassung hat die Frage, ob der Reichsrat mit den vom Reichswirtschaftsrate beantragten Gesetzesvorlagen, denen die Reichsregierung nicht zustimmt, vor ihrer Einbringung beim Reichstag befaßt werden soll, nicht ausdrücklich entschieden. Da diese Frage im Schrifttum streitig geworden ist, soll durch den Hinweis auf Artikel 69 der Reichsverfassung eine Klarstellung dahin erzielt werden, daß das übliche Verfahren der vorherigen Beschlußfassung des Reichsrats auch für diese Vorlagen gilt.

Bestehen zwischen Reichsregierung und Reichswirtschaftsrat Meinungsverschiedenheiten darüber, ob eine vom Reichswirtschaftsrate beantragte Vorlage von grundlegender Bedeutung ist, so wird die Reichsregierung die Vorlage gleichwohl beim Reichstag einzubringen haben und bei der vorgeschriebenen Darlegung ihres Standpunkts darauf hinweisen können, daß sie die Vorlage nicht für eine solche von grundlegender Bedeutung halte.

II. Zu dem Entwurf eines Gesetzes zur Ausführung eines Gesetzes über den Reichswirtschaftsrat (Entwurf B)

Zu § 1. Die Wählbarkeit zum Reichstag ist in dem Reichswahlgesetz in der neuen Fassung vom 6. März 1924 (Reichsgesetzbl. I S. 159 ff.) geregelt. Danach können zum Reichswirtschaftsrat einberufen werden alle 25jährigen Reichsangehörigen, die nicht entmündigt sind oder unter vorläufiger Vormundschaft oder wegen geistigen Gebrechens unter Pflegschaft stehen, noch auch infolge eines rechtskräftigen Urteils die bürgerlichen Ehrenrechte verloren haben.

Die Neuerung des ehrengerichtlichen Ausschlußverfahrens wird bei §§ 18 und 19 begründet.

Zu § 2 Abt. II. Für die Beamten ist eine besondere Vertretung in der Abteilung III Gruppe 12 vorgesehen. Da der Spitzenverband der Hirsch-Dunckerschen Gewerkschaften, der Gewerkschaftsring Deutscher Arbeiter-, Angestellten- und Beamtenverbände, die Beamtenorganisation dieser Richtung mit umfaßt, so ist seine Beamtengruppe hier von der Benennungsberechtigung ausdrücklich ausgeschlossen.

Zu § 2 Gruppe 13. Falls der Reichsrat Vertreter der Arbeitgeber oder Arbeitnehmer ernennt, darf ohne weiteres erwartet werden, daß er für eine gleichmäßige Beteiligung der verschiedenen Interessentengruppen Sorge tragen wird.

Zu § 3. Die Vorschrift bezieht sich, da sie von Mitgliedern schlechthin spricht, sowohl auf die zur Benennung ständiger Mitglieder gemäß § 2 befugten Verbände als auch auf solche Verbände, die gemäß § 7 b nichtständige Mitglieder benennen.

Zu §§ 5 und 6. Bei der Regelung des Verfahrens der Einberufung von ständigen Mitgliedern und des Erwerbes ihrer Mitgliedschaft sind die entsprechenden Vorschriften der Verordnung über den Vorläufigen Reichswirtschaftsrat (Artikel 4 dieser Verordnung), soweit sie sich bewährt haben, zugrunde gelegt. Bei der Durchführung dieser Vorschriften hat sich die für den Eingang der Benennungen vorgeschriebene Frist von zwei Wochen als zu kurz erwiesen, weil die Verbände vielfach zur Beschaffung der erforderlichen formellen Unterlagen in dieser Frist nicht in der Lage waren. Da eine für alle Fälle passende angemessene Frist von vornherein nicht bestimmt werden kann, soll diese Frist in Zukunft von dem Reichswirtschaftsminister im Einzelfalle festgesetzt werden.

Zu § 7. Für die Ausgestaltung der nichtständigen Mitgliedschaft im einzelnen waren die drei mit dieser Einrichtung verfolgten Zwecke maßgebend, nämlich erstens besonders sachkundige Persönlichkeiten heranzuziehen, ferner den Kreis der an den Arbeiten des Reichswirtschaftsrats zu beteiligenden Berufsgruppen über die zur Benennung ständiger Mitglieder berechtigten Körperschaften hinaus zu erweitern und schließlich die Stellvertretung von ständigen Mitgliedern sicherzustellen.

Hinsichtlich des Verfahrens der Einberufung nichtständiger Mitglieder sind zwei Möglichkeiten zu unterscheiden: Entweder soll der ständige Bestand an Mitgliedern eines Hauptausschusses durch für einzelne Verhandlungsgegenstände zugezogene nichtständige Mitglieder erweitert werden; dann entscheidet zunächst der betreffende Hauptausschuß darüber, ob und in welchem Umfang dies zu geschehen hat (§ 27 Abs. 2). Oder es soll ein nichtständiges Mitglied nur zur Vertretung eines ständigen Ausschußmitglieds einberufen werden (§ 27 Abs. 4); in diesem Falle wird zunächst das betreffende ständige Mitglied von seiner Behinderung oder seiner Absicht, für einen Verhandlungsgegenstand auf seinen Ausschußsitz zugunsten eines besonderen Sachkenners zu verzichten, dem Vorstand oder der Abteilung Anzeige machen. Für die Vorschläge der Abteilung bestehen wieder zwei Möglichkeiten: Ist der vorschlagenden Abteilung eine geeignete Persönlichkeit bekannt, so schlägt sie diese dem Vorstand vor, der sie als nichtständiges Mitglied alsdann einberuft. Ist dagegen der Abteilung eine solche Persönlichkeit nicht bekannt, so schlägt sie dem Vorstand einen Verband vor. Der Vorstand fordert alsdann den Verband zur Benennung eines Vertreters auf und beruft den ihm benannten Vertreter als nichtständiges Mitglied ein. Alle diese von den Ausschüssen, den Abteilungen und dem Vorstande zu treffenden Entscheidungen und Maßnahmen können beschleunigt erledigt werden, da gemäß § 47 des Entwurfs B durch die Geschäftsordnung einzelne Mitglieder dieser Organe dazu ermächtigt werden können. Es ist sonach zu erwarten, daß sich das Verfahren in der Praxis in der einfachsten Form und in kürzester Frist abwickeln wird.

Zur Erleichterung der Auswahl von Verbänden, die für die Benennung nichtständiger Mitglieder geeignet sind, aus der Zahl von mehr als 2000 Berufsverbänden soll eine zur sofortigen Benutzung geeignete übersichtliche Liste der hierfür in Betracht kommenden Verbände aufgestellt und, damit den fortlaufenden Veränderungen unter den Verbänden Rechnung getragen werden kann, alle 3 Jahre nachgeprüft und gegebenenfalls erneuert werden.

Durch das der Reichsregierung gewährte Recht, Persönlichkeiten für die Einberufung als nichtständige Mitglieder vorzuschlagen, erhält sie die Möglichkeit, hervorragende Sachverständige, deren Sachkunde nicht nur bei einer einzelnen Vernehmung, sondern während der gesamten Verhandlung über einen bestimmten Gegenstand einschließlich der entscheidenden Abstimmung zur Geltung kommen soll, im Rahmen des Reichswirtschaftsrats zu hören, wobei diese hier den Vertretern abweichender Auffassungen gegenübergestellt werden können. Es ist zu erwarten, daß die Reichsregierung von diesem Rechte nur in beschränktem Umfang Gebrauch machen wird, da in der Regel der Reichswirtschaftsrat selbst in dem Bestreben, seine Ausschüsse möglichst vollständig und in der für die jeweilige Beratung am besten geeigneten Weise zusammenzusetzen, solche Persönlichkeiten von sich aus heranziehen wird.

Zu § 10. In der Verordnung über den Vorläufigen Reichswirtschaftsrat war keine Bestimmung darüber getroffen, welcher Stelle gegenüber die Niederlegung der Mitgliedschaft zu erklären ist. Es bestanden vielfach Meinungsverschiedenheiten darüber, ob auch die Verzichterklärung eines Mitglieds gegenüber seinem Verband ohne weiteres die Niederlegung der Mitgliedschaft enthalte. Um nunmehr eine klare Rechtslage zu schaffen, bestimmt der Entwurf ausdrücklich, daß eine Niederlegungserklärung nur wirksam ist, wenn sie dem Reichswirtschaftsminister oder dem Vorstand des Reichswirtschaftsrats gegenüber erklärt wird.

Zu §§ 11 und 12. Während für den Vorläufigen Reichswirtschaftsrat im Hinblick auf seine begrenzte Lebensdauer eine zeitliche Beschränkung der Mitgliedschaft nicht gesetzlich festgelegt zu werden brauchte, ist dieses für den endgültigen Reichswirtschaftsrat geboten. Gemäß § 17 des Entwurfs sind zwar die Mitglieder an Weisungen der Verbände und Gruppen, denen sie die Mitgliedschaft zu verdanken haben, im Einzelfalle nicht gebunden. Gleichwohl ist ein gewisses Vertrauensverhältnis zwischen den Verbänden und den von ihnen in den Reichswirtschaftsrat entsandten Mitgliedern auf die Dauer nicht zu entbehren, wenn das Ziel, das Verständnis für die Entwürfe und Maßnahmen der Reichsregierung durch Vermittlung der Mitglieder des Reichswirtschaftsrats in den Kreisen der Wirtschaft zu fördern, erreicht werden soll. Nimmt z. B. ein Mitglied wegen Mangel an Zeit oder Interesse an den Arbeiten des Reichswirtschaftsrats nicht mehr mit dem gebotenen Eifer teil, so wird die Verbindung des betreffenden Verbandes mit dem Reichswirtschaftsrat unterbrochen. Um den Verbänden Gelegenheit zu geben, in gewissen Zeitabständen ein Mitglied, das sie nicht mehr für geeignet zu ihrer Vertretung im Reichswirtschaftsrate halten, durch eine andere Persönlichkeit zu ersetzen, sieht der Entwurf vor, daß die Mitglieder nur für einen Zeitraum von jeweils 6 Jahren dem Reichswirtschaftsrate angehören.

Für solche Fälle, in denen besondere Gründe gegen den weiteren Verbleib eines Mitglieds im Reichswirtschaftsrate sprechen und dem Verband eine Vertretung durch ein solches Mitglied nicht länger zugemutet werden kann, gewährt der Entwurf den Verbänden die Möglichkeit, jederzeit den Widerruf der Mitgliedschaft bei der Reichsregierung zu beantragen. Solche Fälle werden z. B. dann gegeben sein, wenn ein Mitglied sich eine unehrenhafte Handlung hat zuschulden kommen lassen oder wenn der von einem Verband als Mitglied benannte Geschäftsführer zu einem anderen Verbande, der andere, vielleicht sogar entgegengesetzte Interessen vertritt, übergegangen ist. Ein solcher Antrag verpflichtet jedoch die Reichsregierung nicht zu dem geforderten Widerrufe, sondern eröffnet ihr nur die Möglichkeit dazu. Es muß an dem schon von der Verordnung über den Vorläufigen Reichswirtschaftsrat für dessen Mitglieder anerkannten Grundsatz festgehalten werden, daß die Mitglieder des Reichswirtschaftsrats als Vertreter der gesamten Wirtschaft des deutschen Volkes nur ihrem Gewissen unterworfen und an Aufträge nicht gebunden sind; denn die Mitglieder können nur dann, wenn sie frei von allem Zwange ihre Entscheidungen im Reichswirtschaftsrate treffen, als wirkliche Sachverständige gelten, und auch nur unter dieser Voraussetzung sind sie in der Lage, unter Würdigung der von Vertretern gegensätzlicher Anschauungen vorgetragenen Gründe sich mit diesen zu einer einheitlichen Stellungnahme zusammenzufinden.

Eine allen in Betracht kommenden Fällen gerecht werdende Richtlinie, die einer richterlichen Entscheidung zugrunde gelegt werden könnte, wird kaum gefunden werden. Die Entscheidung über den Widerruf kann daher nicht Gerichten, sondern nur Verwaltungsinstanzen übertragen werden. Als solche sieht der Entwurf neben der Reichsregierung, der diese Entscheidung schon nach dem bisherigen Rechtszustand oblag, auch den Vorstand des Reichswirtschaftsrats vor, um seine praktische Erfahrung in Fragen der Verbandsbildung und des Verhältnisses zwischen Mitgliedern und ihren Benennungskörperschaften zur Geltung kommen zu lassen. Reichsregierung und Vorstand des Reichswirtschaftsrats werden gemeinschaftlich im Einzelfalle sorgfältig zu prüfen haben, ob ohne Gefährdung des Grundsatzes der Unabhängigkeit der Mitglieder von Weisungen ihrer Verbände diesen ein weiterer Verbleib des Mitglieds im Reichswirtschaftsrate zugemutet werden kann.

Die Befugnis der Reichsregierung, auch ohne Antrag den Widerruf der Mitgliedschaft auszusprechen, bezog sich bisher nur auf den

Fall, daß die bisher zur Benennung berechtigte Körperschaft nicht mehr besteht (Artikel 4 Abs. 6 der Verordnung für den Vorläufigen Reichswirtschaftsrat). Für die nicht seltenen Fälle der Spaltung eines solchen Verbandes oder seiner Vereinigung mit einer anderen Körperschaft konnte die Reichsregierung von diesem Recht oft keinen Gebrauch machen, da es häufig zweifelhaft war, ob nach solcher Veränderung der frühere Verband nicht nur dem Namen nach, sondern der Sache nach noch fortbestand. Die im Entwurfe vorgesehene Erweiterung erfaßt auch diese zweifelhaften und oft strittigen Fälle.

Zu §§ 15 und 16. Die Entscheidung über die ersatzweise Bestimmung von benennungsberechtigten Körperschaften wird, wie dies schon in der Verordnung über den Vorläufigen Reichswirtschaftsrat (Artikel 4 Abs. 8) geschehen ist, der Reichsregierung anvertraut. Da andererseits der Vorstand des Reichswirtschaftsrats bei der durch § 7 geregelten Aufstellung der Liste von Verbänden, die für den Vorschlag nichtständiger Mitglieder in Betracht kommen, sich mit Veränderungen innerhalb des Verbandslebens befaßt, so ist es geboten, seine auf diesem Gebiete gewonnenen Erfahrungen für die Entscheidungen der Reichsregierung nutzbar zu machen. Der Entwurf schreibt daher für die Fälle der §§ 15 und 16 der Reichsregierung die Anhörung des Vorstandes vor.

Für einen endgültigen Reichswirtschaftsrat erscheint es angezeigt, die Möglichkeit zu schaffen, daß den fortlaufenden Veränderungen innerhalb der Wirtschaftsverbände bei der Zusammensetzung der Körperschaft in schnellerer und einfacherer Weise Rechnung getragen wird, als dies auf dem Wege der ordentlichen Gesetzgebung möglich ist. Im § 16 wird daher die Reichsregierung ermächtigt, mit Zustimmung des Reichsrats und eines Ausschusses des Reichstags durch Verordnung eine Änderung der Bestimmung von benennungsberechtigten Körperschaften vorzunehmen. Diese Ermächtigung wird, um der Möglichkeit allzu häufiger und grundsätzlicher Änderungen im Aufbau des Reichswirtschaftsrats vorzubeugen, in doppelter Weise eingeschränkt: Es darf von ihr nur in periodischen Abständen von je drei Jahren Gebrauch gemacht werden, und das Stärkeverhältnis der verschiedenen Abteilungen zueinander darf nicht berührt werden.

Zu § 17. In der Verordnung über den Vorläufigen Reichswirtschaftsrat war nur den Beamten und Angehörigen der Wehrmacht das Recht auf die zur Ausübung der Mitgliedschaft im Reichswirtschaftsrat erforderliche freie Zeit gewährt; für die Arbeiter und Angestellten fehlte eine entsprechende Vorschrift. Es ist jedoch in gleichem Maße wie für die Arbeitgebervertretung auch für die Vertretung der Arbeitnehmer erwünscht, daß dem Reichswirtschaftsrate nicht nur die von den großen Verbänden hauptamtlich angestellten Persönlichkeiten, sondern auch unmittelbar in der Wirtschaft tätige Mitglieder angehören. Um dieses zu erleichtern, füllt der Entwurf die bisher bestehende Lücke aus und gewährt auch solchen Mitgliedern des Reichswirtschaftsrats, die als Angestellter oder Arbeiter in einem Dienst- oder Arbeitsverhältnisse stehen, das Recht auf die zur Ausübung ihrer Mitgliedschaft erforderliche freie Zeit. Hierdurch wird klargestellt, daß eine Teilnahme an Sitzungen des Reichswirtschaftsrats nicht als schuldhafte Verletzung eines Dienstvertrags gelten kann. Die übrigen Freiheiten und Vorrechte werden den Mitgliedern in gleichem Umfang wie den Angehörigen des Vorläufigen Reichswirtschaftsrats gewährt. Sie stehen nunmehr auch den nichtständigen Mitgliedern zu, soweit nicht das Gesetz, wie bei der Regelung der Berechtigung zur freien Eisenbahnfahrt, ausdrücklich etwas anderes bestimmt.

Zu §§ 18 und 19. Die Einfühung eines ehrengerichtlichen Ausschlußverfahrens rechtfertigt sich dadurch, daß im § 3 Abs. 1 Satz 2 des Entwurfs A die Möglichkeit, den Reichswirtschaftsrat schon bei den Vorarbeiten der Reichsregierung zu wirtschafts- und sozialpolitischen Gesetzentwürfen zu hören, nunmehr gesetzlich festgelegt wird. Bei diesem Verfahren ist die Gefahr gegeben, daß ein vorzeitiges Bekanntwerden von Entwürfen der Reichsregierung zu unlauteren Machenschaften ausgebeutet wird. Um dem zu begegnen, sieht der Entwurf die Möglichkeit vor, daß Mitglieder, welche die Verpflichtung, sich der mißbräuchlichen Verwertung ihrer Kenntnisse zu enthalten oder über vertrauliche Verhandlungen Verschwiegenheit zu wahren, verletzen oder in gewinnsüchtiger Absicht ihre Stellung mißbrauchen, hierfür zur Verantwortung gezogen werden können. Das Ehrengericht braucht nicht in jedem Fall auf Ausschluß des betreffenden Mitglieds zu erkennen; vielmehr kann bei milder Beurteilung einer Verletzung auch von diesem Spruche abgesehen werden. Um andererseits in besonders kraß liegenden Fällen den Mitgliedern, und zwar auch solchen, die bereits ausgeschieden sind, die Möglichkeit einer Wiedereinberufung abzuschneiden, sieht der Entwurf vor, daß auch auf dauernde Unfähigkeit zur Mitgliedschaft erkannt werden kann.

Da die Reichsregierung an der Einhaltung der Pflicht zur Verschwiegenheit über ihre Vorrlagen oft in hohem Maße interessiert ist, so gewährt der Entwurf ihr das Recht, den Zusammentritt des Ehrengerichts zu verlangen.

Die von dem Ermittlungsausschuß kraft seiner umfassenden Befugnisse gewonnenen Unterlagen bedürfen eines besonderen Schutzes der Vertraulichkeit. Die Verantwortlichkeit seiner Mitglieder wird daher durch die besonderen Strafvorschriften des § 44 gesichert.

Zu § 20. Die Tätigkeit des Wahlprüfungsgerichts wird zum Zwecke seiner Entlastung abweichend von der bisherigen Regelung auf die Fälle beschränkt, in denen Beanstandungen vorliegen. Diese Milderung der bisherigen strengen Vorschriften erscheint unbedenklich, da schon die Reichsregierung als einberufende Stelle in jedem

Falle eingehend zu prüfen hat, ob die Voraussetzungen für die Mitgliedschaft gegeben sind.

Zu §§ 22 und 23. Da der Vorstand den gesamten Geschäftsgang zu überwachen, insbesondere für eine ordnungsmäßige Besetzung der Ausschüsse und die Zuweisung der Vorlagen an die Ausschüsse zu sorgen hat, ist es wünschenswert, daß die Vorsitzenden der Abteilungen und Ausschüsse, die mit diesen Angelegenheiten ständig befaßt werden, und daher in besonders hohem Maße vertraut sind, dem Vorstand angehören.

Die Vorschrift des Abs. 2 des § 22, wonach zwei geschäftsführende Präsidenten des Reichswirtschaftsrats, die aus den Abteilungen I und II zu wählen sind, sich in halbjährlichem Wechsel ablösen, knüpft an die Übung des Vorläufigen Reichswirtschaftsrats an. Es bleibt der Geschäftsordnung überlassen, zu bestimmen, in welchen Zeitabschnitten die Wahl der Präsidenten zu erneuern ist.

Dem Vorstand werden außer der im § 23 aufgeführten Aufgabe noch im einzelnen durch das Gesetz folgende Aufgaben und Befugnisse zugewiesen:

Die Einberufung der nichtständigen Mitglieder (§ 7), die Einberufung des Ehrengerichts (§ 19 Abs. 2), die Entscheidung über die Besetzung der Ausschüsse (§ 25), die Zustimmung zur Errichtung von Sonderausschüssen und zur Vereinigung mehrerer Hauptausschüsse (§§ 28 und 29), die Bestimmung des im Einzelfalle zuständigen Hauptausschusses (§ 30 Abs. 1 Satz 2), die Zustimmung zur Beratung von Anträgen auf Gesetzesvorlagen und von Anregungen, die nicht im Zusammenhange mit einer von der Reichsregierung zur Begutachtung überwiesenen Vorlage stehen, in Haupt- und Sonderausschüssen (§ 30 Abs. 2 Satz 2), das Recht, die Anberaumung von Sitzungen der Haupt- oder Sonderausschüsse zu verlangen (§ 32 Satz 2), die Bestellung eines Ermittlungsausschusses (§ 34), die Berufung der Vollversammlung (§ 45 Abs. 2), das Recht, Abänderungen der Geschäftsordnung gemeinsam mit je zwei von den einzelnen Abteilungen zu wählenden Mitgliedern zu beschließen (§ 46 Satz 2). Für eine beschleunigte Erledigung dieser Entscheidungen ist die im § 47 vorgesehene Möglichkeit bedeutsam, daß die Geschäftsordnung Befugnisse des Vorstandes auf einzelne Mitglieder desselben übertragen kann.

Zu §§ 24 und 25. Häufig wird es einer beschleunigten Entscheidung über die Auswahl von ständigen oder den Vorschlag nichtständiger Mitglieder für die Ausschüsse bedürfen. Dies ist z. B. dann der Fall, wenn nichtständige Mitglieder für die Beratung einer dringlichen Vorlage der Reichsregierung oder bei plötzlicher Verhinderung eines ständigen Mitglieds zu dessen Vertretung hinzugezogen werden sollen. In solchen Fällen können der Abteilungsvorsitzende oder einzelne Mitglieder der Abteilung, denen die Geschäftsordnung gemäß

§ 47 die Befugnisse hierzu übertragen kann, die erforderlichen Entscheidungen treffen.

Es ist zu erwarten, daß alle Gruppen eine möglichst starke Beteiligung an den Ausschußsitzen erstreben. Um bei etwaigen Meinungsverschiedenheiten innerhalb der Abteilungen die letzte Entscheidung nicht ausschließlich einem Mehrheitsbeschlusse zu überlassen und um überstimmte Minderheiten zu schützen, sieht der Entwurf vor, daß auf die Beschwerde einer Gruppe oder eines Fünftels der Mitglieder einer Abteilung der Vorstand endgültig über die Besetzung zu entscheiden hat.

Es ist mit der Möglichkeit zu rechnen, daß bei den Abteilungen im Einzelfall, und zwar insbesondere dann, wenn eine Einigung über die Vorschläge für nichtständige Mitglieder nicht leicht zu erzielen ist, eine Abneigung gegen die Heranziehung nichtständiger Mitglieder entsteht. Soll hierdurch der Zweck der nichtständigen Mitgliedschaft, auch den durch ständige Mitglieder nicht vertretenen Wirtschaftsgruppen Gelegenheit zur Mitarbeit zu geben, nicht beeinträchtigt werden so muß Vorsorge getroffen werden, daß derartige Widerstände der Abteilungen überwunden werden. Um dies sicherzustellen, wird der Vorstand durch § 25 verpflichtet, in die Entscheidung der Abteilungen einzugreifen, wenn diese bei ihren Vorschlägen solche Wirtschaftsgruppen übergehen, deren Mitarbeit für die sachgemäße Erledigung eines Verhandlungsgegenstandes geboten erscheint.

Zu § 26. Durch die Vorschrift des § 26 Satz 2, daß die Hauptausschüsse alle drei Jahre neu zu bilden sind, werden die Abteilungen genötigt, in diesen periodischen Abständen die Zweckmäßigkeit der Zusammensetzung eines Hauptausschusses zu überprüfen.

Zu §§ 27 und 28. Um die Möglichkeit offenzuhalten, die Mitgliederzahl der Hauptausschüsse dem für jeden dieser Ausschüsse verschiedenen Umfang der Aufgaben anzupassen, überläßt der Entwurf die Festsetzung der Zahl der Geschäftsordnung und beschränkt sich darauf, lediglich eine Höchstzahl aufzustellen. Sie soll in Anlehnung an den bisherigen Zustand 48 betragen.

Für die Zuziehung nichtständiger Mitglieder sind zwei Möglichkeiten zu unterscheiden: Entsteht in einem Hauptausschusse das Bedürfnis, den ständigen Bestand an Mitgliedern durch besonders sachkundige Persönlichkeiten für die Beratung eines bestimmten Gegenstandes zu ergänzen, so können nach § 27 Abs. 2 zu diesem Bestande bis zu zwölf nichtständige Mitglieder hinzutreten. Zweitens kann bei ständigen Ausschußmitgliedern der Wunsch bestehen, daß an ihrer Stelle an der Verhandlung eines bestimmten Gegenstandes eine mit diesem Gebiet auf Grund ihrer besonderen Berufserfahrung besser vertraute Persönlichkeit teilnimmt. In diesem Falle oder im Falle der Behinderung eines ständigen Mitglieds können nach § 27 Abs. 4 nichtständige Mitglieder einberufen werden. In welchem Umfang dies geschehen kann, soll durch die Geschäftsordnung bestimmt werden, da das zweckmäßige Zahlenverhältnis zwischen ständigen und nichtständigen Mitgliedern nur auf Grund der mit der neuen Einrichtung in der Praxis gewonnenen Erfahrungen ermittelt werden kann.

Die Hauptausschüsse sollen, da sie kraft ihres Rechtes zur selbständigen Begutachtung und Beantragung von Gesetzentwürfen berufen sind, den gesamten Reichswirtschaftsrat nach außen zu vertreten, seine Zusammensetzung möglichst getreu widerspiegeln. Daher bestimmt § 27 Abs. 3, daß grundsätzlich jede Abteilung Anspruch auf ein Drittel der Sitze hat. Für die Sonderausschüsse, die vorzugsweise mit Fraegn bestimmter Fachgebiete befaßt werden, kommt es auf diese Gesichtspunkte nicht in dem gleichen Maße an; § 28 Abs. 2 Satz 3 läßt demgemäß für sie eine ungleichmäßige Beteiligung der Abteilungen mit deren Einverständnis zu.

Haupt- und Sonderausschüssen bleibt es unbenommen, jederzeit zur Vorbereitung ihrer Entscheidungen Unter- oder Arbeitsausschüsse einzusetzen. Der Entwurf überläßt die Regelung dieser Frage der Geschäftsordnung.

Zu § 29. Die Aufgaben der verschiedenen Haupt- und Sonderausschüsse überschneiden sich erfahrungsgemäß vielfach. Um eine einheitliche Stellungnahme mehrerer durch eine Vorlage berührter Ausschüsse zu erleichtern, sieht der Entwurf die Möglichkeit gemeinsamer Tagungen von Haupt- und Sonderausschüssen vor.

Zu § 30. Die vorbereitende Initiativtätigkeit der Ausschüsse wird von der Genehmigung des Vorstandes abhängig gemacht, um eine einheitliche Durchführung dieser wichtigen Tätigkeit des Reichswirtschaftsrats sicherzustellen. Der Vorstand hat hierbei insbesonderen dafür zu sorgen, daß, sofern durch die von einem Ausschuß behandelten Anträge und Anregungen das Arbeitsgebiet eines anderen Ausschusses berührt wird, auch dieser bei der Beratung beteiligt wird.

Zu § 33. Das Bedürfnis nach Anhörung von Sachverständigen wird auch für den endgültigen Reichswirtschaftsrat bestehen, die Zuwahl nichtständiger Mitglieder kann allein diesem Bedürfnis nicht gerecht werden, da die Zahl solcher hinzuziehender Persönlichkeiten im Einzelfalle begrenzt ist. Durch das im Abs. 2 der Reichsregierung vorbehaltene Recht, die Heranziehung bestimmter Sachverständiger zu verlangen, erhält die Reichsregierung die Möglichkeit, Sachverständige, auf die sie besonderen Wert legt, nicht nur innerhalb der Ministerien, sondern im Rahmen des Reichswirtschaftsrats zu hören. Diese Möglichkeit dürfte vor allem für die Fälle praktisch bedeutsam werden, in denen der Reichswirtschaftsrat gemäß § 3 Abs. 1 Satz 2 des Entwurfs A bei Vorarbeiten zu Gesetzentwürfen gehört wird.

Zu § 34. Die zweckmäßige Form der Gutachten kann in Anbetracht der Verschiedenheit der Aufgaben nicht im einzelnen im Gesetze bestimmt werden. Der Entwurf beschränkt sich daher darauf, eine Richtlinie für die Erstattung der Gutachten zu geben. Er geht hierbei davon aus, daß es Aufgabe des Reichswirtschaftsrats sei, den Willen der Mehrheit durch Beschluß zu ermitteln und diesem Beschlusse die für ihn maßgeblichen Gründe beizufügen. Sowohl die Reichsregierung wie auch die gesetzgebenden Körperschaften werden häufig Wert darauf legen, zu wissen, welche Mehrheit sich für ein Gutachten entschieden hat und welche Wirtschaftsgruppen demgemäß voraussichtlich für oder gegen das Gutachten eintreten; deshalb sollen nach Abs. 1 Satz 2 in dem Berichte, der den Beschlüssen des Reichswirtschaftsrats beizufügen ist, diese Punkte erkenntlich gemacht werden. Um zu vermeiden, daß hieraus auf die Stellungnahme von Mitgliedern, die etwa infolge zufälliger Abwesenheit an der endgültigen Feststellung des Gutachtens nicht teilgenommen haben, falsche Schlüsse gezogen werden können, sollen weiterhin auch die an der Schlußfeststellung beteiligten Mitglieder jedesmal namentlich im Bericht aufgeführt werden. In besonders wichtigen Fällen wird es für die Empfänger des Gutachtens von Bedeutung sein, daß sie nicht nur die Namen der an den Verhandlungen beteiligten Mitglieder, sondern auch ihre Stellungnahme zu den Beschlüssen kennen. Um diese Möglichkeit offenzuhalten, bestimmt Abs. 3, daß auf Verlangen der Reichsregierung oder eines Viertels der anwesenden Ausschußmitglieder namentlich abzustimmen und im Bericht anzugeben ist, in welchem Sinne die an der Abstimmung beteiligten Mitglieder gestimmt haben. Zu den „beteiligten" Mitgliedern im Sinne dieser Vorschrift gehören auch diejenigen, die sich der Stimme enthalten.

Auch der endgültige Reichswirtschaftsrat wird, wie sein Vorgänger, bestrebt sein müssen, nach Möglichkeit eine einheitliche Stellungnahme seiner Mitglieder zu erzielen, um seinem Gutachten möglichst weitgehende Beachtung zu verschaffen. Kommt jedoch eine solche einheitliche Auffassung nicht zustande, so kann es für Regierung und gesetzgebende Körperschaften oft wertvoll sein, auch die Gründe kennenzulernen, welche die mit dem Mehrheitsbeschlusse nicht übereinstimmenden Mitglieder zu ihrer abweichenden Stellungnahme bestimmt haben. Abs. 2 sieht deshalb vor, daß jedes Ausschußmitglied seine abweichende Auffassung schriftlich niederlegen kann, und daß diese Meinungsäußerung dem Berichte des Ausschusses beizufügen ist.

Zu § 36. Sofern bei der Veranstaltung von Untersuchungen voraussichtlich die Verwaltung der Länder in Anspruch genommen oder anderweitig ihre Interessen besonders berührt werden, wird sich die Reichsregierung vor ihrer Entscheidung über die Bestellung eines Ermittlungsausschusses gemäß Artikel 67 der Reichsverfassung mit dem Reichsrat ins Benehmen setzen. Andererseits wird die Reichsregierung Wünsche des Reichsrats nach Veranstaltung von Untersuchungen tunlichst berücksichtigen.

Die Art der Zusammensetzung eines Ermittlungsausschusses nach

Berufszugehörigkeit und Sachkunde seiner Mitglieder muß seiner besonderen jeweiligen Aufgabe angepaßt werden. Da auch die für eine sachgemäße Erledigung der Arbeiten geeignete Größe des Ausschusses durch den jeweils verschiedenen Umfang der Aufgaben bestimmt wird, erscheint er zweckmäßig, einen solchen Ausschuß für jede Aufgabe neu zu bilden. Dies bietet zugleich den Vorteil, daß für die gleichzeitige Untersuchung verschiedener voneinander unabhängiger Fragen mehrere nebeneinander arbeitende Ermittlungsausschüsse bestellt werden können.

Da die Reichsregierung und jede der drei Abteilungen des Reichswirtschaftsrats bei der Zusammensetzung eines Ermittlungsausschusses mit der gleichen Zahl von Mitgliedern beteiligt werden müssen, so kann die Reichsregierung in der von ihr zu erlassenden Verordnung jeweils nur eine durch 4 teilbare Gesamtzahl festsetzen. Diese Zahl wird in der Regel weit niedriger sein, als die Mitgliederzahl des durch das Gesetz vom 15. April 1926 begründeten Ausschusses zur Untersuchung der Erzeugungs- und Absatzbedingungen der deutschen Wirtschaft, da sich im Gegensatz zu diesem Ausschuß, dessen ungewöhnlich umfangreiches Arbeitsgebiet in dem Gesetze nicht begrenzt ist, die Ermittlungsausschüsse in der Regel auf die Erforschung festumrissener Einzelfragen beschränken sollen; eine solche Beschränkung entspricht den Vorbildern ausländischer, insbesondere englischer Enqueten. Das der Reichsregierung gewährte Recht, ein Viertel der Mitglieder vorzuschlagen, gibt ihr die Möglichkeit, auch Angehörige der gesetzgebenden Körperschaften in den Ausschuß zu entsenden und auf diese Weise eine Verbindung zwischen diesen Körperschaften und dem Ausschuß herzustellen.

Vor der Festsetzung des zahlenmäßigen Verhältnisses zwischen ständigen und nichtständigen Mitgliedern wird die Reichsregierung sich voraussichtlich mit den Abteilungen des Reichswirtschaftsrats ins Benehmen setzen, um zu ermitteln, in welchem Umfang diese auf die Auswahl ständiger Mitglieder Wert legen. Gleichwohl kann es vorkommen, daß sich Streitigkeiten zwischen den Abteilungen darüber ergeben, in welcher Weise sich die ständigen und nichtständigen Mitglieder auf die einzelnen Abteilungen verteilen. Hierüber soll gegebenenfalls gemäß Abs. 2 Satz 3 der Vorstand des Reichswirtschaftsrats entscheiden.

Bei den auf Grund der Verordnung der Reichsregierung berufenen Mitgliedern des Ausschusses wird sich vielfach nach dem Beginne der Arbeiten und der Feststellung des Arbeitsplans das Bedürfnis ergeben, dem Ausschuß nicht angehörende Persönlichkeiten zur vorübergehenden oder ständigen Mitarbeit heranzuziehen. Diesem Bedürfnis abzuhelfen, ist die im Abs. 3 vorgesehene Möglichkeit einer Ergänzung des Ausschusses bestimmt. Da in diesem besonderen Falle der Ausschuß auf Grund seiner bei den Vorarbeiten gewonnenen Erfahrungen besser als die Abteilungen in der Lage ist, zu übersehen, welche Persönlichkeiten für eine solche Mitarbeit besonders geeignet sind, ist ihm in Abweichung von der Regel des § 24 Abs. 2 das Recht des Vorschlags für diese ergänzungsweise einzuberufenden nichtständigen Mitglieder gegeben. Dem der Reichsregierung vorbehaltenen Rechte, die Mitgliederzahl eines Ermittlungsausschusses von vornherein zu bestimmen, entspricht es, daß auch eine etwaige spätere Erweiterung des Ausschusses an ihre Zustimmung geknüpft wird. Die Reichsregierung wird insbesondere darauf zu achten haben, daß eine übermäßige Erhöhung der Mitgliederzahl vermieden wird und daß die ergänzende Zuwahl ausschließlich zu dem Zwecke benutzt wird, dem sie dienen soll: nämlich den erst im Verlauf der Untersuchung auftauchenden Bedürfnissen nach einer Erweiterung gerecht zu werden.

Gehören einem mit der Untersuchung eines bestimmten Gewerbezweigs befaßten Ermittlungsausschusse Persönlichkeiten an, die in diesem Zweige tätig sind oder ihm wenigstens nahestehen, so kann dies die vom Ausschuß befragten Personen und die Inhaber von untersuchten Betrieben im Einzelfalle zu einer der erstrebten Aufklärung hinderlichen Zurückhaltung veranlassen, die der Furcht vor der Preisgabe von Geschäftsgeheimnissen gegenüber Konkurrenten entspringt. Gleichwohl ist es nicht angezeigt, für solche besonderen Untersuchungen allgemein derartige Persönlichkeiten von der Zugehörigkeit zum Ausschuß auszuschließen; denn gerade sie werden auf Grund ihrer Sachkunde häufig in besonders hohem Maße befähigt sein, auf eine zweckdienliche Fragestellung hinzuwirken. Der Entwurf sieht daher zur Vermeidung der für Einzelfälle zu erwartenden Schwierigkeiten lediglich die Möglichkeit vor, daß ein Mitglied, welches mit Rücksicht auf seine Familien-, Erwerbs- oder Vermögensverhältnisse als befangen angesehen werden kann, durch einen Beschluß des Vorstandes des Ermittlungsausschusses von gewissen Verhandlungen ausgeschlossen wird.

Zu § 37. Die Stellung des Vorsitzenden des Ermittlungsausschusses erhält dadurch eine besondere Bedeutung, daß ihm das Recht zur eidlichen Vernehmung verliehen wird. Diese Bedeutung soll gegenüber der Öffentlichkeit dadurch zum Ausdruck kommen, daß der Vorsitzende sein Amt von einem Auftrag der Reichsregierung ableitet. Der Entwurf sieht daher in Anlehnung an die entsprechende Regelung des Gesetzes über einen Ausschuß zur Untersuchung der Erzeugungs- und Absatzbedingungen der deutschen Wirtschaft vor, daß der Vorsitzende von der Reichsregierung bestellt wird. Er ist jedoch als Beauftragter der Reichsregierung nicht etwa ihr Vertreter. Der Vorsitzende des Ausschusses zur Untersuchung der Erzeugungs- und Absatzbedingungen der deutschen Wirtschaft sollte nach dem Gesetze weder Mitglied des Ausschusses sein noch Stimmrecht haben, da zu erwarten war, daß ihn bei dem ungewöhnlichen Umfang der Aufgaben und der von vornherein feststehenden Bildung mehrerer selbständiger Unterausschüsse die ihm zugedachte zusammenfassende formale Leitung voll in Anspruch nehmen würde. Diese besonderen Umstände sind voraussichtlich bei den Ermittlungsausschüssen, deren Aufgaben und Mitgliederzahl weit geringer sein werden, nicht gegeben. Für die Gewährung des Stimmrechts an ihn spricht insbesondere, daß dies in einem zahlenmäßig beschränkten Mitgliederkreise von erheblicher Bedeutung sein kann und daß er wegen seiner Verantwortung für ein fruchtbares Ergebnis der Arbeiten dieses Mittels zur Einflußnahme auf den Gang der Arbeiten nicht entraten kann. Der Entwurf gewährt ihm daher sämtliche Rechte und Pflichten eines Mitglieds.

Zur Erleichterung der Verantwortung stellt der Entwurf dem Vorsitzenden einen Vorstand an die Seite, der aus Mitgliedern des Ausschusses von diesem gewählt wird.

Zu § 39. Bei der Beschaffung der für die Untersuchung erforderlichen Unterlagen werden die Ermittlungsausschüsse voraussichtlich in erster Linie auf das Material zurückgreifen, das bei den Behörden sowie bei den verschiedenen Verbänden der Wirtschaft vorhanden ist. Derartiges Material wird einem Ausschuß selbstverständlich, soweit nicht gesetzliche Vorschriften, wie z. B. die Bestimmung des Abs. 6 über die Aufrechterhaltung des Steuergeheimnisses, entgegenstehen, von allen beteiligten Seiten bereitwillig zur Verfügung gestellt werden. Für die Behörden wird eine entsprechende Verpflichtung ausdrücklich im Abs. 5 festgesetzt. Für die Verbände ergibt sich aus der im Abs. 1 aufgeführten Befugnis, von jedermann mündliche oder schriftliche Auskunft sowie die Vorlage von Unterlagen zu verlangen.

Zur Ergänzung dieses Materials wird es aber für den Ausschuß gelegentlich erforderlich sein, eigene Erhebungen zu veranstalten. Diesem Zwecke dient zunächst das Recht, von jedermann Auskünfte oder Gutachten über wirtschaftliche und soziale Verhältnisse zu verlangen. Um Kosten und Zeit zu ersparen, ist vorgesehen, daß auch schriftliche Auskünfte und Gutachten eingefordert werden können. Weiterhin wird für die Mitglieder des Ausschusses die Möglichkeit geschaffen, sich durch Besichtigung an Ort und Stelle die für die Beurteilung einzelner Fragen erforderlichen Kenntnisse zu verschaffen. Endlich wird die Befugnis gewährt, die Vorlage schon vorhandener Unterlagen zu verlangen. Für die Einholung von Auskünften wird in der Regel die uneidliche mündliche oder schriftliche Vernehmung ausreichend sein. Ausnahmsweise kann das Bedürfnis auftreten, sich eine verstärkte Überzeugung von der Wahrheit der erteilten Auskünfte zu verschaffen. In solchen Fällen kann der Vorsitzende des Ausschusses gemäß Abs. 2 auch eidliche Vernehmungen vornehmen. Da der Vorsitzende im Einzelfalle hieran verhindert sein kann, so wird ihm die Befugnis eingeräumt, einzelne Mitglieder des Ausschusses hiermit besonders zu beauftragen, wobei daran gedacht ist, daß er in der Regel nur solche Persönlichkeiten auswählen wird, die mit der Vornahme eidlicher Vernehmungen vertraut sind.

Die übrigen Befugnisse sollen dem Ausschuß zustehen. Er kann sie auf den Vorsitzenden, auf einzelne Unterausschüsse, auf einzelne Mitglieder oder auf Beauftragte der Reichsregierung übertragen, um unnötige Kosten zu ersparen und um eine möglichst wirksame Gewähr für die Geheimhaltung etwa erforschter Betriebsgeheimnisse zu geben.

Auf das Verfahren bei der Ausübung der erwähnten Befugnisse sollen die Vorschriften der Zivilprozeßordnung über den Beweis durch Zeugen und Sachverständige entsprechende Anwendung finden. Dabei ergab sich jedoch die Notwendigkeit, einige Vorschriften von der entsprechenden Anwendung ganz oder teilweise auszuschließen. Nach § 377 Abs. 3, 4 der Zivilprozeßordnung kann die schriftliche Beantwortung einer Beweisfrage nur in Ausnahmefällen und auch dann nur unter eidesstattlicher Versicherung ihrer Richtigkeit erfolgen. Nach Abs. 1 des § 39 des Entwurfs soll aber die schriftliche formlose Befragung von Personen eine durchaus gebräuchliche Art der Beschaffung von Unterlagen sein, für die der Zwang zur Bekräftigung durch eidesstattliche Versicherung eine unerwünschte Erschwerung des Verfahrens bedeuten würde. Auch die in der Zivilprozeßordnung in Gestalt der Rechte zur Zeugnisverweigerung gegebenen Schutzvorschriften, die nicht nur gegenüber der Pflicht zur Auskunftserteilung, sondern auch gegenüber den anderen aus den Befugnissen des Ausschusses sich ergebenden Verpflichtungen durchgreifen, können nicht ohne Einschränkung übernommen werden. § 384 Ziffer 3, wonach dem Zeugen für alle Fragen, die er nicht würde beantworten können, ohne ein Kunst- oder Gewerbegeheimnis zu offenbaren, ein Recht zur Verweigerung zusteht, hat in der Rechtsprechung eine derartig weite Auslegung erfahren, daß eine ohne Rücksicht auf den Zweck der Erhebungen erfolgende Anwendung dieser Bestimmung die Erreichung dieser Zwecke erschweren, möglicherweise sogar vereiteln würde. Eine entsprechende Einschränkung ist daher angezeigt. Dadurch werden die befragten Personen und untersuchten Betriebe jedoch keineswegs gezwungen, Betriebsgeheimnisse der Öffentlichkeit preiszugeben. Vielmehr ist für die gebotene Geheimhaltung — außer durch Androhung von Strafen gegen etwaige Verletzungen der Verschwiegenheitspflichten (§ 44) — weitgehend Vorsorge getroffen, indem einmal gemäß § 41 auf Verlangen der Reichsregierung oder des Vorsitzenden oder auf Beschluß des Ausschusses die Öffentlichkeit der Verhandlungen ausgeschlossen werden muß und indem weiterhin bei Vernehmungen und Besichtigungen durch den Vorsitzenden oder einzelne Mitglieder des Ausschusses im § 39 Abs. 6 die Möglichkeit gegeben ist, daß die Bekanntgabe von Einzelheiten oder derjenigen Stellen, von denen die Ergebnisse stammen, bei der Mitteilung an den Ausschuß oder einen Unterausschuß nach dem Ermessen des Vorsitzenden unterbleiben kann. Schließlich mußte § 401 der Zivilprozeßordnung, der das Recht der Zeugen und Sachverständigen auf Entschädigung nach Maßgabe der Gebührenordnung für Zeugen und Sachverständige festsetzt, von der entsprechenden Anwendung ausgenommen werden, weil gemäß § 51 Abs. 4 des Entwurfs die Frage der Entschädigung durch Grundsätze der Reichsregierung geregelt werden soll. Die nach der Zivilprozeßordnung den vernehmenden Richtern und dem Prozeßgerichte bei der Vernehmung von Zeugen und Sachverständigen obliegenden Entscheidungen werden dem Vorstande des Ausschusses vorbehalten; als Beschwerdeinstanz gegen diese Entscheidungen wird das Reichswirtschaftsgericht bestimmt. Die Entscheidungsbefugnis des Vorstandes und des Reichswirtschaftsgerichts bezieht sich auf die Frage, ob im Einzelfall eine entsprechende Anwendung des § 384 Nr. 3 der Zivilprozeßordnung den Zwecken der Untersuchung zuwiderlaufen würde.

Für den Fall, daß die Erfüllung der aus den Befugnissen des Ausschusses sich ergebenden Verpflichtungen verweigert wird, ergibt sich aus der entsprechenden Anwendung der Vorschriften der Zivilprozeßordnung, daß die dort gegenüber der Verweigerung eines Zeugnisses oder Gutachtens vorgesehenen Folgen eintreten. Es erübrigt sich mithin, für diese Verweigerungen besondere Strafbestimmungen vorzusehen. Solcher Bestimmungen bedarf es dagegen, wenn die verpflichteten Personen wissentlich unrichtige Angaben machen, worunter auch die Erteilung unvollständiger Auskünfte fällt. Hiergegen werden daher im Abs. 3 in Anlehnung an die in dem dem Reichstag vorliegendenEntwurf eines Allgemeinen deutschen Strafgesetzbuchs vorgesehene Regelung der Bestrafung falscher vor Behörden gemachter Angaben Strafen angedroht, und zwar Gefängnis bis zu einem Jahre und Geldstrafe oder eine dieser Strafen, bei Fahrlässigkeit Geldstrafe.

Die Vorschrift des Abs. 7, wonach bei der Erteilung von Auskünften das Steuergeheimnis zu wahren ist, entspricht dem allgemeinen Rechtsgrundsatze, daß auch in den Fällen, in denen Gesetze oder Verordnungen allgemein die Pflicht zur Amtshilfe oder im besonderen die Pflicht zur Erteilung von Auskünften vorschreiben, die Pflicht zur Wahrung des Steuergeheimnisses unberührt bleibt. Um diesen Grundsatz auch für dieses Gesetz klarzustellen, ist die erwähnte Vorschrift aufgenommen worden. Die Vorschrift verpflichtet nicht nur die Finanzbehörden, sondern auch Dritte — Behörden oder Einzelpersonen (z. B. Zeugen und Sachverständige) — die aus Anlaß einer Besteuerung zu ihrer Kenntnis gelangenden Verhältnisse von Steuerpflichtigen geheimzuhalten.

Nach Abs. 1 kann der Ermittlungsausschuß seine Befugnis zur Einholung von Auskünften auch auf Beauftragte der Reichsregierung übertragen. Dadurch wäre an sich die Möglichkeit gegeben, daß Beauftragte der Reichsregierung auf Grund einer Übertragung der Rechte des Ermittlungsausschusses von der Reichsbahn-Gesellschaft Auskünfte in weiterem Umfang verlangen, als die Reichsregierung sie nach § 32 des Reichsbahngesetzes im allgemeinen von dieser Gesellschaft verlangen kann. Diese Möglichkeit soll durch die Vorschrift des Abs. 8 ausgeschlossen werden.

Zu § 40. Für die Einleitung der Förderung dringlicher Gesetzgebungsarbeiten wird die Reichsregierung häufig auch Teilergebnisse der Untersuchung des Ermittlungsausschusses oder eines Unterausschusses benutzen können. Um ihr dies zu ermöglichen, ist im Abs. 2 bestimmt, daß sie jederzeit von dem Ausschuß oder einem Unterausschuß einen Bericht über die bisherigen Arbeiten einfordern kann.

Zu § 41. Eine möglichst weitgehende Teilnahme der Öffentlichkeit an den Arbeiten des Ermittlungsausschusses ist nach den im Ausland gemachten Erfahrungen in vielen Fällen geeignet, die erstrebte Aufklärung zu fördern. Um diese Teilnahme sicherzustellen, sollen die Verhandlungen des Ermittlungsausschusses in der Regel öffentlich stattfinden. Einem berechtigten Bedürfnis nach Ausschluß der Öffentlichkeit kann jederzeit genügt werden, da ein solcher Ausschluß auf Beschluß des Ausschusses oder eines Unterausschusses oder auf Verlangen des Vorsitzenden des Ausschusses oder der Reichsregierung erfolgen muß.

Zu § 42. Die endgültigen Berichte und sonstigen Beschlüsse des Ermittlungsausschusses werden der Öffentlichkeit ohne weiteres dadurch zugänglich gemacht, daß die Reichsregierung sie dem Reichstag gemäß § 40 vorlegt. Die Veröffentlichung der gesamten Materialien, insbesondere der Niederschriften über Vernehmungen und Verhandlungen des Ausschusses oder der Unterausschüsse mußte dagegen von der Zustimmung der Reichsregierung abhängig gemacht werden, da sich unter diesen Materialien vielfach Äußerungen und Mitteilungen der Reichsregierung selbst befinden werden, welche sie ohne die Gewähr einer vertraulichen Behandlung nicht bekanntgeben könnte.

Zu § 43. Zum Ausgleich für die weitgehenden Verpflichtungen, die sich insbesondere aus dem Rechte des Ermittlungsausschusses zur eidlichen Vernehmung und zur Einsicht in die Geschäftsbücher für die vor ihm zu vernehmenden Zeugen und Sachverständigen und für die zu untersuchenden Betriebe ergeben, muß diesen verpflichteten Betrieben und Personen die Sicherheit gewährt werden, daß das bei ihnen ermittelte Material nicht zu steuerlichen Zwecken benutzt wird. Demgemäß wird in Anlehnung an die entsprechenden Vorschriften der Bekanntmachung über Auskunftspflicht vom

12. Juli 1917 (Reichsgesetzbl. S. 604)
―――――――――――――――――
11. April 1918 (Reichsgesetzbl. S. 187)

und des Gesetzes über einen Ausschuß zur Untersuchung der Erzeugungs- und Absatzbedingungen der deutschen Wirtschaft vom 15. April 1926 eine solche Verwendung ausdrücklich ausgeschlossen.

Zu § 44. Die Mitglieder des Ermittlungsausschusses erhalten auf Grund seiner besonderen Befugnisse von vertraulich zu behandelndem Material in einem Umfang Kenntnis, wie dies sonst nur den öffentlichen Beamten möglich ist. Sie müssen daher den gleichen Strafvorschriften für den Fall einer Verletzung der ihnen hinsichtlich der Behandlung vertraulichen Materials auferlegten Pflichten unterstellt werden. Der Entwurf droht demzufolge für eine derartige Pflichtverletzung außer dem im § 19 vorgesehenen Ausschluß durch das Ehrengericht weiterhin in Anlehnung an § 376 der Reichsabgabenordnung und § 12 Abs. 2 des Gesetzes über einen Ausschuß zur Untersuchung der Erzeugungs- und Absatzbedingungen der deutschen Wirtschaft eine Gefängnisstrafe bis zu einem Jahre und eine Geldstrafe oder eine dieser Strafen an: diese Strafen sind im ordentlichen Gerichtsverfahren zu verhängen.

Zu § 47. Auf die Bedeutung, welche die Möglichkeit, durch die Geschäftsordnung Befugnisse eines Organs auf einzelne oder mehrere Mitglieder zu übertragen, für die beschleunigte Erledigung der von den einzelnen Organen zu treffenden Entscheidungen hat, ist in der Begründung zu den §§ 7, 24 und 25, 27 und 28 hingewiesen.

Zu § 50. Die Sonderstellung, welche die Deutsche Reichsbahn-Gesellschaft und die Reichsbank auf Grund ihrer Statuten haben, lassen es angezeigt erscheinen, daß Vertreter dieser Körperschaften in gleicher Weise wie die Vertreter der Reichsregierung Zutritt und Recht auf Gehör für die Sitzungen der Ausschüsse und der Vollversammlung im Reichswirtschaftsrat erhalten. Im übrigen entspricht die Regelung der Vertretung von Reichsregierung und Ländern im Reichswirtschaftsrate dem bisherigen Rechtszustande.

Das Recht der Reichstagsabgeordneten zur Anwesenheit im Reichswirtschaftsrate stellt eine Neuerung des Entwurfs dar. Es gilt für alle — einschließlich der vertraulichen — Verhandlungen der Vollversammlung und der Haupt- und Sonderausschüsse. Nur die vertraulichen Verhandlungen des Ermittlungsausschusses mußten ausgenommen werden, da diese zur Sicherung einer befriedigenden Aufklärung nur einem fest bestimmten Kreise von Persönlichkeiten, die besonderen Strafvorschriften (§ 44) unterstehen, zugänglich sein sollen.

Zu § 51. Für die Gewährung des Rechts zur freien Eisenbahnfahrt an die Mitglieder des Reichswirtschaftsrats ist insbesondere maßgebend, daß ihnen hierdurch die fortlaufende persönliche Fühlungnahme mit den örtlichen Unterverbänden ihrer Spitzenorganisationen erleichtert wird. Eine solche fortlaufende Verbindung ist besonders wünschenswert, damit die räumlichen Verschiedenheiten der Wirtschaft in dieser Körperschaft nachdrücklich zur Geltung gebracht werden können.

VIII.

Leitsätze für die Bildung des endgültigen Reichswirtschaftsrats, aufgestellt vom Verfassungsausschuß des vorläufigen Reichswirtschaftsrats

I. Bezirksabgrenzung

1. Für die Abgrenzung der Wirtschaftsbezirke ist die wirtschaftliche Zusammengehörigkeit der Gebiete maßgebend. Die Durchschneidung der politischen Grenzen ist nach Möglichkeit zu vermeiden. Kleine Bezirke sind zusammenzufassen. Kleine Länder und Länderteile, welche besondere wirtschaftliche Verhältnisse gegenüber den Nachbargebieten nicht aufweisen, sind dem Bezirkswirtschaftsrat eines wirtschaftlich gleichartigen Nachbarbezirkes, soweit erforderlich mit dem Charakter einer eigenen Sektion, anzugliedern.

Soweit wirtschaftlich zusammengehörige Gebiete verschiedenen Bezirken zugeteilt werden, ist das Zusammenwirken ihrer Bezirkswirtschaftsräte in gemeinsamen Angelegenheiten gesetzlich sicherzustellen.

II. Organisation

2. Vertreter der gesamten Wirtschaftskreise jedes Bezirkes treten nach Bedarf, mindestens einmal im Jahre, zur Eröterung gemeinsamer Angelegenheiten zusammen; sie bilden den Bezirkswirtschaftsrat. Auf Verlangen eines Viertels der Mitglieder ist er zu berufen.

Der Bezirkswirtschaftsrat gibt sich eine Satzung, die der Genehmigung der obersten Landesbehörde, bei mehreren beteiligten Ländern der zuständigen obersten Landesbehörden bedarf. Im letzten Falle entscheidet bei Nichteinigung der obersten Landesbehörden der Reichswirtschaftsminister.

3. Das Recht zur Vertretung haben:

a) je zur Hälfte die amtlichen und die freien Berufsvertretungen in Handel, Industrie und Verkehr, im Handwerk und in der wirtschaft, ferner die Berufsvertretungen der Forstwirtschaft und der Hauswirtschaft;

b) die durch die Satzung bestimmten Vereinigungen der sonstigen Kreise des Wirtschaftslebens (insbesondere Gemeinden und Gemeindeverbände, freie Berufe, Beamte, genossenschaftlich organisierte Verbraucher).

Wieviel Sitze den einzelnen Organisationen zustehen, bestimmt die Satzung. Die Arbeitgeber- und die Arbeitnehmervertreter zu a bilden in gleicher Stärke die Abteilungen I und II, die Vertreter zu b die Abteilung III.

Die Vertreter werden von den einzelnen Organisationen für die Dauer der Wahlzeit des Bezirkswirtschaftsrats entsandt; sie können jederzeit abberufen werden.

Den Arbeitgebern und ihren Beauftragten wird untersagt, Arbeitnehmer in der Übernahme und der Ausübung eines Mandats für den Bezirkswirtschaftsrat zu beschränken oder sie deswegen zu benachteiligen.

4. Über den geschäftsführenden Vorsitz entscheidet alljährlich der Bezirkswirtschaftsrat durch Wahl aus seiner Mitte. Näheres bestimmt die Satzung. Die Abteilungen, denen der Vorsitzende nicht angehört, stellen je einen stellvertretenden Vorsitzenden; die drei Vorsitzenden bilden den Vorstand des Bezirkswirtschaftsrats. Der Vorstand befindet über wichtige Angelegenheiten gemeinsam. Näheres bestimmt die Satzung.

Der Bezirkswirtschaftsrat kann eine eigene Geschäftsstelle mit besoldeten Hilfskräften einrichten.

Der Bezirkswirtschaftsrat kann ständige und sonstige Ausschüsse einsetzen; ihre Befugnisse regelt die Satzung.

5. Die beteiligten Behörden sind zu allen Tagungen einzuladen.

III. Aufgabenkreis

6. Der Bezirkswirtschaftsrat ist bei wichtigeren wirtschaftlichen und sozialen Fragen, die für den Bezirk von allgemeiner — über das Interesse einer Berufsgruppe hinausgehender — Bedeutung sind, von den Behörden gutachtlich zu hören.

7. Der Bezirkswirtschaftsrat ist befugt, seinerseits zur Lösung wirtschaftlicher und sozialer Aufgaben Anregungen zu geben und Anträge an die Behörden zu stellen.

8. Dem Bezirkswirtschaftsrat obliegt die Ausübung der ihm durch soziale und wirtschaftliche Gesetze zugewiesenen Aufgaben der Verwaltung und der Aufsicht. Mit Zustimmung der Beteiligten kann er bei öffentlichen oder gemeinnützigen Veranstaltungen zur Förderung der Wirtschaft oder zur Ausbildung der in der Wirtschaft stehenden Personen mitwirken; seine Beteiligung an wirtschaftlichen Unternehmungen ist jedoch unzulässig.

9. Der Bezirkswirtschaftsrat wählt nach näherer Vorschrift des Gesetzes über den Reichswirtschaftsrat einen Teil der Mitglieder des Reichswirtschaftsrats.

IV. Kosten

10. Die Reisekosten und Tagegelder der Mitglieder des Bezirkswirtschaftsrats werden von den entsendenden Organisationen getragen. Die übrigen Kosten tragen die Länder oder die von ihnen bestimmten Landesstellen.

Eine längere Aussprache fand statt bei Beratung der Leitsätze unter III über die Frage der künftigen Mitgliederzahl im endgültigen Reichswirtschaftsrat und diejenige der Bildung bzw. Eingliederung von Fachausschüssen.

Zur ersten Frage war von den beiden Berichterstattern Mitzlaff,

Cohen der Antrag gestellt worden, „die Gesamtzahl der Mitglieder des Reichswirtschaftsrats im Interesse praktischer Arbeit und aus finanziellen Gründen auf etwa die Hälfte der jetzigen Mitgliederzahl zu beschränken".

Nach Ablehnung mehrerer Anträge, die zum Teil unter, zum Teil über dieser Hälfte lagen, wurde schließlich den Ausführungen der Berichterstatter und deren Antrag dahingehend zugestimmt, „daß diese Gesamtzahl nicht mehr als die Hälfte der jetzigen Mitgliederzahl betragen soll".

Zur Frage der Bildung von Fachausschüssen hatte noch am 27. November der Unterausschuß des Verfassungsausschusses Stellung genommen, auf Grund eines Beschlusses des Wirtschaftspolitischen Ausschusses vom 14. November 1923 (vgl. „Mitteilungen" 3. Jahrgang Nr. 36). Übereinstimmend wurde hier die Auffassung vertreten, daß die Bildung von Fachausschüssen im Vorläufigen Reichswirtschaftsrate nicht mehr in Frage kommen könne. Auseinander gingen jedoch die Ansichten über die Form der Eingliederung der Fachausschüsse in den endgültigen Reichswirtschaftsrat. Bei der Aussprache im Verfassungsausschusse traten in letzter Hinsicht die Gegensätze zwischen den Vorschlägen im Regierungsentwurf und den Ansichten der Ausschußmitglieder, wie dies bereits in der Sitzung des Wirtschaftspolitischen Ausschusses am 14. November 1923 geschehen war, erneut deutlich in Erscheinung in einer ganzen Reihe von Erklärungen und Abänderungsanträgen, die sich gegen die Begründung des Regierungsentwurfs, gegen dessen starre Formen und gegen die den Fachausschüssen gegenüber dem Reichswirtschaftsrat und dessen Hauptausschüssen eingeräumten Befugnisse richteten. Die Regierungsvorlage wurde daher mit großer Stimmenmehrheit abgelehnt und nachstehender Antrag Brandt-Mendelssohn-Dr. Schwartz mit 26 Stimmen angenommen:

> „Zur Mitarbeit an den Beschlüssen der ständigen Ausschüsse können vom Reichswirtschaftsrate Fachausschüsse (Arbeitsausschüsse) bestellt werden, denen auch andere Personen als die Mitglieder des Reichswirtschaftsrats angehören können."

Mit diesen Abänderungen wurden mit 27 Stimmen die Leitsätze III über die Bildung des endgültigen Reichswirtschaftsrats in der nachstehenden Fassung angenommen:

Zuständigkeit

1. Der Reichswirtschaftsrat ist nach der Verfassung berufen, als Gesamtvertretung des deutschen Wirtschaftslebens auf wirtschaftspolitischem und sozialpolitischem Gebiet an der Gesetzgebung und Verwaltung des Reiches mitzuwirken.

Bei der endgültigen Regelung der Zuständigkeit und der Verfassung des Reichswirtschaftsrats ist an den grundlegenden Bestimmungen des Artikel 165 der Reichsverfassung festzuhalten.

2. Die Mitwirkung des Reichswirtschaftsrats an der Gesetzgebung ist durch Artikel 165 dahin geregelt:

a) Der Reichswirtschaftsrat soll Gesetzentwürfe der Regierung auf wirtschafts- und sozialpolitischem Gebiete begutachten.

b) Er kann Gesetzesvorlagen beantragen, eigene Gesetzesvorlagen aufstellen, durch die Reichsregierung bei dem Reichstag einbringen und vor dem Reichstag vertreten.

An beidem ist festzuhalten und insbesondere auf die unter b genannte Befugnis Wert zu legen. Die Forderung, den Reichswirtschaftsrat aus einem bloß begutachtenden Organe zu einer zweiten mitbeschließenden Gesetzgebungskammer zu machen, wird nicht erhoben.

3. Das Recht auf gutachtliche Anhörung des Reichswirtschaftsrats ist dahin zu regeln, daß dem Reichswirtschaftsrat alle wirtschaftspolitischen und sozialpolitischen Gesetzentwürfe zur gutachtlichen Äußerung vorgelegt werden sollen. Die Anhörung soll in einem möglichst frühen Zeitpunkt erfolgen, möglichst vor endgültiger Beschlußfassung des Reichskabinetts. Auf jeden Fall muß dem Reichswirtschaftsrate zur Stellungnahme eine ausreichende Frist gewährt werden.

Die Gutachten des Reichswirtschaftsrats sind den gesetzgebenden Körperschaften vorzulegen. Auf Verlangen ist dem Reichswirtschaftsrate die Möglichkeit zu gewähren, sein Gutachten durch eigene Beauftragte bei den gesetzgebenden Körperschaften zu vertreten.

4. Dem Reichswirtschaftsrat obliegt die Ausübung der ihm durch soziale und wirtschaftliche Gesetze des Reichs zugewiesenen Aufgaben der Verwaltung und der Aufsicht. Insbesondere wird, soweit die Verwaltungstätigkeit der zentralen Behörden einer Mitwirkung bedarf, diese Mitwirkung bei der Ausführung der Gesetze in möglichst weitem Umfang dem Reichswirtschaftsrat und seinen Organen zu übertragen sein.

5. Nach der Verfassung ist der Reichswirtschaftsrat zur Mitwirkung auf dem gesamten wirtschafts- und sozialpolitischen Gebiete berufen.

Damit er dieser Aufgabe gerecht werden kann und zugleich Gesetzgebung und Verwaltung eine einheitliche Beratung finden, sind neben dem Reichswirtschaftsrate, wo nicht zwingende Gründe vorliegen, Sonderbeiräte auf einzelnen Fachgebieten in Fragen der Gesetzgebung und Verwaltung von den zentralen Verwaltungsbehörden zu vermeiden. Sind sie nicht zu vermeiden, so ist zwischen ihnen und dem Reichswirtschaftsrat eine organische Verbindung herzustellen. Soweit Organe der Wirtschafts- und Sozialverwaltung nach den Gesetzen des Reichs Vertreter der Wirtschaftskreise umfassen, sollen diese vom Reichswirtschaftsrat bestellt werden.

Zusammensetzung des Reichswirtschaftsrats

6. Der endgültige Reichswirtschaftsrat soll Vertreter der Arbeitgeber und der Arbeitnehmer aus Handel, Industrie und Verkehr, dem Handwerk, der Landwirtschaft und der Forstwirtschaft umfassen. Arbeitgeber- und Arbeitnehmervertreter bilden in gleicher Stärke die Abteilungen I und II. Daneben bilden Vertreter der sonstigen Kreise des Wirtschaftslebens die Abteilung III. In den Abteilungen I und II ist eine Gliederung nach Berufsgruppen vorzusehen, in der Abteilung III können Gruppen nach näherer Vorschrift der Geschäftsordnung gebildet werden. Die Abteilung III soll umfassen Vertreter der Gemeinden und der Gemeindeverbände, der freien Berufe, der Beamten der genossenschaftlich oder in sonstiger Form zur Wahrung ihrer Verbraucherinteressen organisierten Verbraucher des Wohnungswesens, der Sozial- und Wirtschaftswissenschaften sowie die von der Reichsregierung nach Ziffer 7 benannten Mitglieder.

7. Bei der Wahl der Mitglieder ist neben dem Gesichtspunkt der Gewinnung von Vertretern der allgemeinen wirtschaftlichen Interessen zu berücksichtigen, daß auch die besonderen wirtschaftlichen Interessen der verschiedenen Wirtschaftsgebiete des Reichs zur Geltung kommen müssen. Die Wahlen haben demgemäß zu erfolgen, sobald Bezirkswirtschaftsräte gebildet sind, teils durch die Bezirkswirtschaftsräte, teils durch die zentralen Organisationen.

Die Vertreter der Bezirkswirtschaftsräte haben Anspruch auf höchstens ein Viertel der Gesamtzahl der Sitze. Die Verteilung dieser Sitze auf die Bezirkswirtschaftsräte regelt die Reichsregierung mit Zustimmung des Reichsrats; dabei sind Arbeitgeber- und Arbeitnehmervertreter unter den von den Bezirkswirtschaftsräten Gewählten in gleicher Zahl zu berücksichtigen.

Für eine gesetzlich festgelegte Zahl von Mitgliedern ist die Ernennung durch die Reichsregierung vorzunehmen.

Das zum Vorläufigen Reichswirtschaftsrate dem Reichsrat — der Reichsregierung — zugestandene Ernennungsrecht fällt fort.

Den Arbeitgebern und ihren Beauftragten ist untersagt, Arbeitnehmer in der Übernahme oder der Ausübung eines Mandats zum Reichswirtschaftsrate zu beschränken oder sie deswegen zu benachteiligen.

8. Die Gesamtzahl der Mitglieder des Reichswirtschaftsrats soll im Interesse praktischer Arbeit und aus finanziellen Gründen nicht mehr als die Hälfte der jetzigen Mitglieder betragen.

Arbeitsweise des Reichswirtschaftsrats

9. Für die einzelnen Arbeitsgebiete errichtet der Reichswirtschaftsrat ständige Ausschüsse aus seinen Mitgliedern. Auch können für einzelne Angelegenheiten vorübergehend Sonderausschüsse bestellt werden.

Die Ausschüsse können Sachverständige zur Mitberatung, jedoch ohne Stimmrecht, zuziehen. Sie können Beteiligte anhören.

Zur Mitarbeit an den Beschlüssen der ständigen Ausschüsse können vom Reichswirtschaftsrate Fachausschüsse (Arbeitsausschüsse) bestellt werden, denen auch andere Personen als die Mitglieder des Reichswirtschaftsrats angehören können.

10. In der Regel werden die dem Reichswirtschaftsrat obliegenden Beratungen und Entscheidungen in den mit dem Rechte selbständiger Entschließung ausgestatteten Ausschüssen endgültig erledigt.

Eine Beratung in der Vollversammlung findet nur statt
- auf Verlangen der Regierung,
- auf Beschluß des nach Abs. 1 zuständigen Ausschusses,
- auf Verlangen einer ganzen Abteilung,
- auf Beschluß des Vorstandes,
- auf Verlangen von mindestens einem Fünftel der Mitglieder des Hauses.

IX.

Begleitbericht zu dem Decret über den Conseil national économique

(Journ. Off. 1925, S. 698)

PRÉSIDENCE DU CONSEIL.
CONSEIL NATIONAL ÉCONOMIQUE.

Rapport
au Président de la République Française.

Paris, le 16 janvier 1925

Monsieur le Président.

Guidé par le souci d'unir, dans une solidarité étroite, toutes les forces productives et sociales de la France, j'ai chargé le ministre du travail et de l'hygiène d'instituer une commission en vue d'aboutir à la création, auprès de la présidence du conseil, d'un organ destiné à étudier les grandes questions intéressant la vie économique du pays.

Cette commission vient d'achever ses travaux. Le décret ci joint en contient les indications essentielles, en laissant de côté les dispositions qui nous ont paru, à l'heure actuelle, incompatibles avec l'organisation constitutionelle et législative du pays.

La création projetée peut-être considérée comme ayant un précédent. En effet, il a déjà été institué, auprès de la présidence du conseil, un conseil supérieur de la défense nationale qui a pour but de permettre au Gouvernement l'étude de l'ensemble des questions intéressant la sécurité de l'Etat.

Le conseil national économique devra rechercher dans le domaine économique un résultat analogue. Le président du conseil supérieur de la défense nationale et le directeur du secrétariat général de cet organisme participeront, d'ailleurs, aux travaux du conseil national économique.

Cette création est justifiée par la complexité de la vie économique et sociale, qui est telle que les différents départements ministériels, qui ont pour tâche de développer ou de contrôler l'activité économique de la nation, n'ont pas entre eux un lien suffisant. D'autre part, l'importance des intérêts économiques est à ce point vitale que le Gouvernement et les pouvoirs publics doivent, à tous moments, se trouver en état d'utiliser les avis consultatifs émanant de personnalités qui, outre leur compétence spéciale et technique, puissant être considérées comme représentant la pensée des grandes organisations professionelles qui les auront déléguées au conseil.

Ce conseil consultatif permettra au Gouvernement de poursuivre une politique synthétique et d'éviter l'écueil, toujours menaçant dans ce domaine, des décisions fragmentaires et insuffisamment coordonnées. Les diverses forces économiques du pays sont, en effet, à la fois solidaires et complémentaires.

L'organisation projetée a un caractère d'expérience. Elle ne sera, en aucune façon, un parlement ou même une chambre professionelle, comme cela a été tenté dans certains pays voisins. Elle laisse entières la souveraineté du Parlement et l'autorité gouvernementale. Elle diffère cependant des conseils administratifs ou interministériels en ce que, composée de représentants désignés librement par les organismes professionels ou sociaux les plus représentatifs, elle cherchera des solutions générales. Elle constituera, pouvons-nous dire, un centre de résonance de l'opinion publique.

Cet organisme devra constituer également un foyer de documentation économique important, accessible à la fois aux différents départements ministériels, aux deux chambres et aux intéressés.

Pour toutes ces raisons, j'ai l'honneur de soumettre à votre approbation le projet de décret ci-joint, en vous priant de vouloir bien le revêtir de votre signature.

Veuillez agréer, monsieur le Président, l'hommage de mon respectueux dévouement.

Le président du conseil
ministre des affaires étrangères,
ÉDOUARD HERRIOT.

X.

Decret über den Conseil national économique vom 16. Januar 1925

Le Président de la République française,
Sur le rapport du président du conseil,
ministre des affaires étrangères,
Décrête:

Art. 1er. — Il est institué un conseil national économique ayant pour fonctions d'étudier les problèmes intéressant la vie économique du pays, d'en rechercher les solutions et de proposer l'adoption de ces solutions aux pouvoirs publics. Les attributions du conseil national économique, autonome dans sa composition, sont administrativement d'ordre consultatif.

Art. 2. — Le conseil national économique est rattaché à la présidence du conseil. Il sera pourvu à ses dépenses par des crédits inscrits au titre du budget du ministère du travail.

Art. 3. — Le conseil national économique est composé de quarantesept membres représentant les différentes forces économiques et sociales de la nation, dans les proportions ci-dessous indiquées:

I. — Population et consommation.

a) Coopération de consommation et ligues d'acheteurs 3
b) Association des maires, municipalités 2
c) Usagers des services publics 2
d) Pères et mères de famille et mutualité 2

II. — Travail.

A. — Travail intellectuel et enseignement 3
B. — Travail de direction:
a) Industrie 3
b) Agriculture 3
c) Commerce 2
d) Transports 1
e) Coopération 1
f) Services publics 1
C. — Travail salarié:
a) Fonctionnaires 2
b) Techniciens 2
c) Main-d'oeuvre:
1. Industrie 5
2. Commerce 2
3. Agriculture 1
4. Transports 2
D. — Métiers urbains et ruraux (artisans) 2

III. — Capital.

A. — Capital industriel et commercial 3
B. — Capital immobilier (propriété rurale et urbaine) 2
C. — Banque, bourse, assurance et caisses d'épargne 3

Art. 4. — Les membres du conseil national économique seront délégués, dans chaque catégorie, par la ou les organisations les plus représentatives. Ces organisations seront désignées par le Gouvernement, sur la proposition du ministre du travail, après avis des ministres intéressés. Le président du conseil fera connaître à ces organisations le nombre de représentants qu'elles auront à envoyer au conseil. Il appartiendra au conseil national économique de statuer pour le cas où la détermination de la ou des organisations le plus représentatives serait contestée.

Art. 5. — La durée du mandat des membres titulaires du conseil est fixé à deux ans.

Il est prévu des membres suppléants, qui seront désignés dans les mêmes conditions que les membres titulaires.

Il sera procédé au remplacement de chaque membre décédé ou démissionnaire de la même façon que lors de la désignation originaire et pour le laps de temps restant à courir.

Art. 6. — Les membres du conseil doivent être Français, âgés de vingt-cinq ans au moins et jouir de leurs droits civils et politique.

Les femmes seront admises dans les mêmes conditions d'âge et de nationalité.

Art. 7. — Le conseil national économique tiendra, chaque année, quatre sessions ordinaires de dix jours.

Si des sessions extraordinaires sont nécessaires, le conseil national économique pourra être convoqué par le président du conseil, sur la proposition du conseil national économique.

Art. 8. — Le président du conseil est président de droit du conseil national économique, qui élit, à la majorité absolue, son vice-président et son bureau et fait son règlement.

Les membres du conseil national économique titulaires (à défaut, les suppléants) et les experts, participent conjointement aux sessions. Seuls, les membres titulaires (à défaut, les membres suppléants) ont voix délibératives.

Art. 9. — Le conseil national économique élit dans son sein une commission permanente de dix membres. Il détermine les attributions et les pouvoirs qu'il lui délègue.

La commission permanente élit son bureau, qui sera présidé par le vice-président du conseil national économique.

Elle assurera l'expédition des affaires courantes dans l'intervalle entre deux sessions, l'exécution des décisions prises par le conseil national économique, la préparation de l'ordre du jour des séances dudit conseil.

Art. 10. — Le conseil national économique aura un secrétariat général permanent. Le secrétaire général sera nommé par décret, sur la proposition du président du conseil, après avis du ministre du travail et du bureau du conseil national économique.

Art. 11. — Le conseil national économique établira la iltes des experts qu'il juge nécessaire d'associer de façon permanente à ses travaux.

Les ministres du travail, de l'hygiène, du commerce, de l'agriculture, des finances, des travaux publics et des colonies délégueront au conseil national économique, chacun deux experts, qui y siégeront de droit. Pourront également participer aux travaux du conseil national économique, au même titre que les experts, le directeur des services du secrétariat général du conseil supérieur de la défense nationale et le président de la commission permanente du conseil supérieur de la défense nationale, ainsi que le représentant du Gouvernement français au conseil d'administration du bureau international du travail.

Art. 12. — Lorsqu'une question intéressera une catégorie économique ou professionelle non représentée conseil de façon permanente, le conseil national économique admettra, pour l'étude de cette question, des représentants de cette catégorie, qui participeront à ses travaux et qui seront désignés conformément aux dispositions de l'article 4.

Art. 13. — Tous les ministres, sous-secrétaires d'État, hauts commissaires, les commissions compétentes de la Chambre et du Sénat auront le droit de se faire représenter aux délibérations du conseil national économique et de sa commission permanente.

Le conseil pourra également demander à être entendu par les commissions compétentes de l'une ou de l'autre Chambre, ainsi que par les ministres et membres du Gouvernement et leur demander de se faire représenter à ses délibérations ou à celles de sa commission permanente, au cas ou ils n'auraient pas déjà délégué des fonctionnaires de leur département.

Art. 14. — Le conseil national économique pourra créer les organes permanents nécessaires à sa documentation et à ses publications.

Art. 15. — Le conseil national économique est consulté directement par le président du conseil. A la majorité des deux tiers des voix des membres présents, il peut également demander à son bureau d'inscrire à l'ordre du jour de sa prochaine session les questions qu'il estime présenter un intérêt économique soit au point de vue national, soit dans leurs incidences internationales.

Art. 16. — Les délibérations des travaux du conseil national économique seront prises sous forme de rapports ou de recommandations, dont les conclusions seront publiées au journal officiel.

Art. 17. — Les rapports constituent la forme ordinaire des communications ou avis transmis par le secrétariat permanent du conseil national économique à la présidence du conseil.

Les recommandations devront êtres votées par les deux tiers des membres présents. Elles seront transmises, par le viceprésident du conseil national économique, au président du conseil, qui fera connaître, dans le délai d'un mois, la suite donnée, ou demandera d'examiner à nouveau la question.

Art. 18. — Le Gouvernement adressera pour information, au conseil national économique, après leur dépôt, tous les projets ou propositions de loi présentant un intérêt économique.

Tout loi d'ordre économique pourra prescrire la consultation obligatoire du conseil national économique, pour l'élaboration des règlements d'administration publique nécessaires à son application. L'avis du conseil national économique sera joint au dossier adressé au conseil d'Etat. La loi prescrira le délai dans lequel l'avis du conseil national économique devra être fourni.

Art. 19. — Le président du conseil, ministre des affaires étrangères, le ministre du travail, de l'hygiène ,de l'assistance et de la prévoyance sociales, le ministre des finances, le ministre du commerce et de l'industrie, le ministre de l'agriculture, le ministre des travaux publics et le ministre des colonies sont chargées, chacun en ce que le concerne, de l'exécution du présent décret.

Fait à Paris, le 16 janvier 1925.

GASTON DOUMERGUE.

Par le Président de la République:

Le président du conseil,
ministre des affaires étrangères,
ÉDOUARD HERRIOT.

Le ministre du travail, de l'hygiène,
de l'assistance et de la prévoyance sociales,
JUSTIN GODART.

Le ministre des finances,
CLEMENTEL.

Le ministre du Commerce et de l'industrie
RAYNALDY.

Le ministre de l'agriculture,
H. QUEILLE.

Le ministre des travaux publics.
VICTOR PEYTRAL.

Le ministre des colonies,
DALADIER.

XI.

Begründung zu dem Entwurf zu einem Gesetz über den Conseil national économique

(Aus dem Journal Officiel de la République Française. Documents Parlementaires. Chambre. Annexe. Session Oruinaire 1927)

S. 240 u. f.

(Sess. extr. — 1re séance du 17 novembre 1927.)

PROJET DE LOI portant institution, organisation et fonctionnement d'un *conseil national économique*, présenté au nom de M. Gaston Doumergue, Président de la République française, par M. Raymond Poincaré, président du conseil, ministre des finances, par M. Louis Barthou, garde des sceaux, ministre de la justice, par M. Aristide Briand, ministre des affaires étrangères, par M. Albert Sarraut, ministre de l'intérieur, par M. André Tardieu, ministre des travaux publics, par M. Maurice Bokanowski, ministre du commerce et de l'industrie, par M. Edouard Herriot, ministre de l'instruction publique et des beaux-arts, chargé de l'intérim du ministère de l'agriculture, par M. Léon Perrier, minstre des colonies, par M. André Fallières, ministre du travail, de l'hygiène, de l'assistance et de la prevoyance sociales, par M. Paul Painlevé, ministre de la guerre, par M. Georges Leygues, ministre de la marine, par M. Édouard Herriot, ministre de l'instruction publique et des beaux-arts, et par M. Louis Marin, ministre des pensions. — Renvoyé à la commission des finances, sous réserve de l'avis de la commission de l'agriculture, de l'avis de la commission du commerce et de l'industrie, et de l'avis de la commission du travail.)

EXPOSÉ DES MOTIFS

I

Messieurs, le mouvement économique engendré par la guerre a révélé la nécessité d'une meilleure organisation des forces économiques. La plupart des pays, atteints par la grande tourmente, se sont attachés à cette œuvre, soit que producteurs et consommateurs se soient spontanément groupés pour tenter de remédier à une situation anarchique, soit que les gouvernements eux-mêmes aient pris l'initiative d'une coordination des efforts communs.

Au premier de ces mouvements se rattache la constitution récente d'ententes et associations nationales et internationales qui s'efforcent de régulariser le rythme de la production, d'organiser scientifiquement le travail, d'unifier les prix. De là encore cette efflorescence croissante de syndicats et de coopératives, de fédérations, d'unions et de confédérations groupant les agriculteurs, les industriels, les commerçants, les travailleurs, les techniciens, les consommateurs, pour défendre leurs intérêts et harmoniser leurs efforts.

L'initiative des pouvoirs publics se marque non seulement dans une action continue prenant les formes diverses de la production, de la limitation, de la restriction ou de la contrainte, mais encore par la création d'organismes nouveaux qui correspondent à ces besoins essentiels de coordination et d'harmonie.

C'est cette préoccupation qui a notamment inspiré la création des conseils économiques en Allemagne, en Tchécoslovaquie, en Pologne, en Italie. C'est la constitution de Weimar qui a créé le conseil économique du Reich »de telle manière que tous les principaux groupes professionnels y soient représentés dans la mesure de leur importance économique et sociale«.

En décembre 1921, la République tchécoslovaque constituait un conseil économique chargé »d'émettre des avis ou de formuler des propositions sur les questions économiques d'une importance générale«.

En septembre 1923, le gouvernement italien créait, à son tour, un conseil supérieur de l'économie nationale pour délibérer sur tous les problèmes intéressant la vie économique du pays.

En Pologne, un conseil économique avait été prévu par l'article 68 de la constitution; en 1925, était élaboré son statut législatif.

II

C'est au cours de l'année 1924, que le Gouvernement français décida de mettre à l'étude la création d'un organisme analogue.

Elle avait été sollicitée tout à la fois par des organisations ouvrières et par des organisations patronales. Les unes et les autres, se rendaient compte que les graves problèmes d'après guerre ne pouvaient être résolus sans une connaissance approfondie des questions économiques.

Pour rétablir l'équilibre, on entrevoyait la nécessité d'une politique de la main-d'œuvre, des matières, de l'outillage national, des transports, des échanges internationaux. Tous ces efforts divers devaient converger vers une action coordonnée. Pour fixer le but à atteindre, pour définir les moyens à utiliser, les pouvoirs publics ne devaient-ils pas s'entourer non seulement de l'avis des compétences, mais encore de dégager de la confrontation des intérêts divers l'intérêt général de l'économic nationale?

Et c'est ainsi que le Gouvernement en est venu à constituer le conseil national économique, en vue de procéder à cette étude et d'y associer les représentants de toutes les forces économiques du pays.

L'institution fut préparée au ministère du travail par une commission présidée par le ministre, qui en délibéra pendant plusieurs mois, et le Gouvernement estima alors, qu'avant de solliciter les délibérations et le vote du Parlement, il était opportun de tenter une expérience. Plutôt que de figer dans une loi les conditions de fonctionnement d'un organisme entièrement nouveau, il apparaissait utile de faire l'épreuve d'une réalisation provisoire et de rechercher les enseignements de la vie et du temps.

Et c'est ainsi que le conseil national économique fut créé par un décret du 16 janvier 1925, successivement complêté par un décret du 19 juin suivant, et deux arrêtés ministériels des 9 avril et 19 juin 1925.

Dans la pensée des organisateurs, il ne s'agissait pas de superposer une commission nouvelle à celles qui fonctionnent auprès des divers départements ministériels. A l'heure où s'impose la simplification de la machine administrative, il eût été téméraire de la compliquer de nouveaux rouages. De par sa composition, le conseil économique devait grouper la généralité des compétences et des intérêts, dominer les technicités partielles, s'élever au-dessus des points de vue spécialisés. Il devait refléter, aussi fidèlement que possible, l'intérêt supérieur de la nation.

Il s'agissait encore moins de constituer une sorte de Parlement économique au petit pied: la souveraineté nationale a ses mandataires qui, seuls, ont le droit de parler en son nom.

On entendait créer un vaste organe d'études, au fonctionnement duquel coopéreraient toutes les organisations économiques du pays, et qui dégagerait de vues divergentes et d'intérêts opposés les principes essentiels de la politique économique recommandés comme les plus opportuns aux pouvoirs publics.

III

L'expérience est désormais faite. Depuis deux années, le conseil national économique, ainsi créé, a manifesté sa vitalité et prouvé son utilité. Ses débuts ont sans doute été laborieux et hésitants. Qu'y a-t-il de surprenant qu'un organisme nouveau de cette importance cherche sa voie, et que se prépare lentement l'atmosphère dans laquelle il se peut utilement développer?

Entre producteurs de l'industrie et de l'agriculture, ouvriers et patrons, coopérateurs, consommateurs et producteurs, transporteurs et commerçants, intellectuels et manuels, ont pu, dans les premiers temps, se produire des divergences d'intérêts. Mais la réunion périodique, autour d'une même table, des représentants de ces divers groupements, leur travail assidu en commun, la responsabilité collective de leurs délibérations ont, peu à peu, créé des liens. La communauté des efforts, la simultanéité des recherches ont établi entre eux une interpénétration. Chacun, se préoccupant de bonne foi des motifs d'opposition ou de réserve, a appris à connaître et à apprécier les points de vue différents du sien.

Cet état d'esprit infiniment précieux est la condition même du progrès social, et le conseil national économique n'aurait-il eu comme premier effet que de le créer, qu'il y trouverait sa justification.

Mais l'institution nouvelle a produit, en outre, les résultats positifs que l'on pouvait attendre de sa collaboration.

Ses premières délibérations ont été consacrées au problème du logement. Il l'a envisagé dans son ensemble, et, sans négliger aucun des aspects du problème, il s'est spécialement attaché à celui de la construction. Après plus de trente séances de commissions, une très minutieuse enquête auprès des techniciens les plus avertis et une documentation approfondie, il a, à la quasi-unanimité de ses membres, dressé un vaste programme comportant des mesures de réalisation immédiates et tout un plan général de construction d'immeubles. Le *Journal officiel* a d'ailleurs reproduit intégralement le rapport du conseil et ses conclusions. Ressources, moyens d'action, mesures administratives et fiscales, tout s'y trouve prévu, et le Parlement peut y puiser tous les éléments d'une solution définitive.

Cette étude achevée, le conseil national économique a entrepris une vaste enquête sur les lacunes et les défectuosités de notre outillage national. Passant en revue les moyens de production que la collectivité met à la disposition des intéressés et qui constituent le patrimoine national, il a dressé le bilan des moyens de transport, des forces motrices, des moyens de communication, des éléments de la production agricole, de l'outillage colonial. Il élabore depuis un an, et aura vraisemblablement achevé au cours de l'année 1928, un plan d'aménagement, de développement et d'organisation, dont les pouvoirs publics pourront s'inspirer avec le plus grand profil.

Préoccupé des réalisations pratiques, il s'est attaché à formuler des suggestions plus ou moins immédiatement réalisables et, dans le temps même où il poursuit son enquête, il recherche les meilleurs procédés pour financer les travaux projetés.

On peut apprécier le prix d'une étude qui a été poursuivie ainsi avec toute l'objectivité désirable, qui est le fruit d'une élaboration désintéressée, et à laquelle collaborent, sans discontinuité, les représentants de toutes les forces économiques du pays.

Aussi, le Gouvernement n'a-t-il pas hésité, à plusieurs reprises, à faire appel à son concours.

A la fin de l'année 1926, lorsqu'apparurent les prodromes d'une crise de chômage, fort heureusement depuis lors décroissante, le Gouvernement s'est préoccupé de prévoir les mesures propres à en atténuer les effets, et c'est au conseil national économique qu'il a demandé de dresser le programme des travaux qui pourraient être rapidement mis sur le chantier, de manière à utiliser les bras inoccupés à des tâches directement utiles à la prospérité nationale. En quelques semaines, le conseil national économique avait accompli sa tâche de la manière la plus heureuse, ayant mis les pouvoirs publics en mesure de répondre aux nécessités de la situation, si elle venait à s'aggraver.

Les ministres des travaux publics et de l'agriculture, de leur côté, n'ont pas hésité à s'adresser au conseil pour lui soumettre successivement leurs projets d'intensification de la production agricole, d'aménagement des voies fluviales, de développement des ports maritimes, et, lorsque le Parlement aura à en délibérer, les avis éclairés du conseil économique ne seront pas les moindres éléments de sa décision.

L'utilité de l'institution ne fait donc plus de doute. L'importance du concours qu'elle est appelée à jouer dans la vie économique du pays éclate aux yeux, mais son avenir est subordonné à la consération définitive de son organisation. Il n'est plus possible de continuer cette intéressante expérience sans la faire sanctionner par le pouvoir législatif.

Le Gouvernement a mis les Chambres en mesure de se rendre compte, dans l'intérêt de l'organisation nouvelle, de la place qu'elle doit prendre, de la mission qui lui est dévolue. C'est au Parlement qu'il appartient, et qu'il appartient seul de fixer désormais le statut définitif du conseil national économique, d'arrêter sa composition, de régler son fonctionnement, de marquer l'étendue et la limite de son action.

Lorsque les premiers crédits prévus pour son fonctionnement ont été soumis aux Chambres, il a été entendu qu'un projet de loi serait déposé par le Gouvernement à cet effet.

L'article 134 de la loi du 3 avril 1926 a sanctionné l'existence légale de l'organisme provisoire, à la condition qu'une loi ultérieure en déterminerait les règles définitives.

C'est à cet appel que le Gouvernement a entendu répondre par le dépôt du présent projet de loi.

IV

Dans l'élaboration de ce texte, il s'est inspiré tout à la fois des enseignements de l'expérience acquise, des discussions auxquelles l'élaboration du conseil actuel avait donné lieu, des critiques qu'elle a provoquées, sans négliger les exemples de l'étranger.

D'une manière générale, confirmant le point de vue qu'il a déjà à plusieurs reprises exposé, le Gouvernement tient à marquer que le conseil économique ne doit être en aucune manière un parlement ou même une chambre professionnelle, et qu'il laissera entières les prérogatives des représentants du pays et l'autorité gouvernementale. Mais l'institution nouvelle doit tirer son importance du fait que les membres en seront librement désignés par un certain nombre de grandes corporations, de syndicats, de formations professionelles ou sociales et qu'elle pourra ainsi procéder, non plus seulement à des études fragmentaires et dispersées, mais à la recherche de solutions générales coordonnées.

Après la définition de l'institution ainsi comprise, le projet fixe successivement la composition du conseil, ses attributions, son fonctionnement.

V

Il paraît indispensable que le conseil économique, pour délibérer utilement, ne soit ni trop nombreux, ni restreint à l'excès, et c'est une première difficulté que d'y faire représenter, sans en omettre aucun, les principales forces et les principaux intérêts économiques du pays.

L'expérience a établi qu'il n'y a aucun avantage appréciable à créer deux classes de membres: des titulaires et des suppléants.

Actuellement, le conseil économique comprend 47 titulaires et 94 suppléants, soit 141 membres.

Après avoir minutieusement dressé la liste des groupements qui doivent être appelés à participer à ses travaux, il a semblé qu'on pouvait obtenir cette représentation, sans dépasser le chiffre de 150, qui paraît un maximum, mais que l'expérience des dernières sessions permet de ne pas considérer comme excessif.

Pour la composition du conseil, il est indispensable de remanier le groupement des catégories, tel qu'il figure au décret actuellement en vigueur. On a fait observer, en effet, très justement que la représentation de l'agriculture et celle du commerce y étaient sacrifiées à celle de l'industrie, que le patronat figurait à la fois sous la rubrique »Capital« et sous celle de »Travail«, qu'il y avait des groupements dont la représentation ne paraissait pas indispensable, comme celle des instituteurs, et qu'il en était, par contre, d'autres qui avaient été complètement oubliés.

On peut, sans doute, adopter bien des méthodes différentes pour grouper rationnellement les forces économiques du pays. La classification la plus claire et la plus conforme à la réalité, celle à laquelle s'arrêtent la plupart des économistes français et étrangers, distingue: 1° la production; 2° la circulation, sous forme d'échanges, transmission et transports; 3° la consommation.

Il est certain, d'autre part, que si les intérêts de la consommation doivent être représentés au conseil économique, puisque l'aménagement de la sonsommation est essentiel à la vie économique du pays, ne serait-ce que pour obtenir certaines restrictions à la consommation inutile, au bénéfice de celle qui est, en quelque mesure, créatrice de richesses, comme l'épargne ou la prévoyance — on ne saurait oublier que tous les habitants du pays, y compris les producteurs, sont des consommateurs, et que si les 20 millions de Français qui travaillent sont déjà représentés au conseil économique, comme participant à la production et aux échanges, le reste de la population ne doit équitablement avoir qu'une représentation très limitée: en lui attribuant un peu plus de vingt sièges, il semble que ses intérêts y seront suffisamment défendus.

En ce qui concerne les proportions respectives à attribuer à la production et aux échanges, le recensement professionnel de la population de 1921 permet d'établir que la production utilise près de 17

reusement proportionelle à la population qu'elles représentent, d'au-millions d'habitants, tandis que le commerce, les transports et les services publics en groupent un peu moins de 5 millions (4.760.000). Une proportion rigoureuse devrait donc tendre à donner trois quarts des sièges à la production, un quart au commerce et aux transports.

Toutefois, la multiplicité et la diversité des opérations auxquelles participent les organismes qui traitent d'échanges, de crédits, de moyens de transmissions et de transports, de commerce intérieur et extérieur, et l'importance de ce facteur dans le développement de la richesse nationale, paraissent devoir entraîner une répartition moins exactement mathématique.

Sur ces bases on peut distinguer dans le groupe de la production, les éléments essentiels qui la constituent. Ce sont:

1° Le capital foncier;

2° Les matières premières, l'outillage et les forces motrices;

3° Le travail.

Parmi les organes participant aux échanges, transmissions et transports, on peut classer:

1° Ceux qui s'occupent de monnaie et de crédit;

2° Ceux qui traitent des moyens de transmission et transport;

3° Le commerce proprement dit;

4° Le personnel employé dans ces divers établissements.

Enfin, parmi les organes représentant les formes diverses de la consommation, il semble que l'on doive retenir:

1° Ceux qui représentent les intérêts généraux de tous les consommateurs;

2° Les groupements privés d'usagers;

3° Les établissements d'épargne, de mutualité et d'assurance;

4° Le budget de l'État.

A. — 1° Le capital foncier ne peut êitre plus fidèlement représenté, que par les chambres d'agriculture pour les terres rurales, par les chambres de commerce pour le capital foncier industriel, par les chambres de propriétaires et les offices d'habitations à bon marché pour les immeubles urbains, par le service du domaine de l'État et des eaux et forêts pour tout ce qui concerne les biens appartenant à la collectivité;

2° Sous la rubrique matières premières, outillages et forces motrices, on peut classer toutes les branches de l'agriculture, toutes les industries extractives et de transformation, les manufactures de l'État, l'outillage public.

A s'en tenir à la répartition de la population, l'agriculture, les forêts et la pêche groupaient, en 1921, 9.023.549 producteurs et l'industrie 7.846.234. Mais, les questions industrielles sont, à l'heure présente, infiniment plus complexes, et peut-être est-il arbitraire d'accorder à chacune de ces deux branches d'activité une représentation rigou-

tant plus que, parmi les travailleurs agricoles, un assez grand nombre sont constitués en groupes familiaux dont chaque membre n'a pas besoin d'être représenté séparément; on constate, d'autre part, un plus grand nombre d'enfants travaillant dans l'agriculture que dans l'industrie.

Il apparaît équitable d'attribuer une représentation égale à ces deux branches d'activité.

En donnant à chacune 14 représentants, il semble que les formes d'agriculture et les branches de l'industrie les plus importantes pourront compter au moins un représentant au conseil.

Il peut être utile, toutefois, de réserver deux des places aux représentants des intérêts généraux et de l'agriculture et de l'industrie qui se trouvent particulièrement défendus par la confédération générale des associations agricoles et la confédération générale de la production industrielle.

Dans l'industrie, les douze places pourraient être attribuées aux industries les plus importantes, soit:

Les industries minières groupant 317.607 travailleurs.

Les industries sidérurgiques, 1.133.843 travailleurs.

Les industries chimiques, 190.463 travailleurs.

Les industries de l'alimentation, 471.550 travailleurs.

Les industries textiles, 792.266 travailleurs.

Les industries du vêtement, 1.215.448 travailleurs.

Les industries du livre, 122.862 travailleurs.

Les industries des cuirs et peaux, 299.100 travailleurs.

Les industries du bois, 649.477 travailleurs.

Les industries du bâtiment et annexes, 621.615 travailleurs.

Les industries du caoutchouc, du papier et du carton, 124.261 travailleurs.

Les entreprises de distribution d'eau et d'électricité, 35.585 travailleurs.

L'agriculture compterait des représentants pour:

Les cultures des céréales et cultures fourragères.

Les cultures industrielles.

Les cultures fruitières et maraîchères.

Les vignes.

Les bois, forêts et pêche.

Les industries agricoles.

L'élevage.

Chaque industrie et chaque branche d'agriculture seraient représentées par des délégués choisis par les groupements professionnels correspondants.

Les manufactures de l'État participent activement à l'accroissement de la production; il est indispensable de leur réserver une représentation spéciale;

3° En ce qui concerne le travail, il ne semble pas possible, sous peine de rompre un équilibre nécessaire, de lui attribuer moins de 40 délégués, parmil esquels 29 représenteraient, à proprement parler, la main-d'œuvre. On atteindrait ainsi un chiffre de voix sensiblement identique pour les représentants du patronat et pour ceux des salariés. Ces délégués seraient répartis de manière à laisser aux confédérations générales des travailleurs de l'agriculture et de l'industrie, 4 délégués; 2 à la main-d'œuvre artisanale; 2 aux agents des services publics; 1 aux travailleurs groupés en coopératives de production; les 20 autres seraient également répartis entre les groupements professionnels représentant la main-d'œuvre agricole et la main-d'œuvre industrielle.

Faisant équilibre aux 8 délégués représentant le capital foncier, 8 délégués représenteraient le travail intellectuel, dans la mesure où il est associé directement à la production nationale, soit: 2 désignés par la confédération des travailleurs intellectuels et 6 choisis parmi les ingénieurs (chimistes, électriciens, mécaniciens, agricoles), parmi les savants travaillant à des recherches scientifiques applicables à l'industrie, parmi des économistes et des juristes spécialisés dans les questions agricoles et industrielles.

Il paraît, en outre, indispensable de faire une place aux représentants des institutions qui, ayant pour but essentiel d'améliorer la race, de développer l'apprentissage et l'enseignement technique, d'organiser l'immigration, l'émigration et le placement, concourent diretement à l'accroissement du rendement du travail et coopèrent à la production en défendant les intérêts généraux de la collectivité.

B. — Parmi les groupements et organes participant aux échanges, transmissions et transports, 9 délégués seraient attribués aux représentants des institutions de monnaie et de crédit, 12 à ceux qui représentent les moyens de transmission et de transport, 9 à ceux qui représentent spécifiquement les intérêts commerciaux, 18 au personnel employé dans les établissements, institutions et entreprises:

1° Parmi les premiers, il semble nécessaire de faire place:

Aux banques d'émission; aux institutions de Crédit foncier, d'amortissement et de dépôt; aux banques d'escompte représentées par les syndicats de banquiers et les associations de banques populaires; aux bourses représentées par les syndicats d'agents de change et chambres de compensation de banquiers; aux coopératives de crédit (agricole, industriel et commercial, artisanal);

2° Les moyens de transmission comprennent deux éléments principaux:

a) Les postes, télégraphes, téléphones, T. S. F.;

b) La presse.

L'outillage public, à la création, l'entretien et le fonctionnement duquel participent tout à la fois les collectivités administratives et les établissements publics, représente un des éléments essentiels du dévoloppement des communications et des transports.

Quant aux entreprises de transport elles-mêmes, elles se distinguent nécessairement suivant qu'il s'agit de transports par voie ferrée, transports sur route, transports fluviaux, transports maritimes ou transports aériens.

Il paraît nécessaire que les directeurs de ces services et les chefs de ces industries, les groupements qui gèrent cet outillage soient équitablement représentés au conseil économique;

3° Le commerce proprement dit a différents points de vue à défendre, suivant qu'il s'agit du commerce en gros, du commerce en demigros et en détail, ou des échanges internationaux. A chacun de ces trois groupes, on attribuerait trois représentants;

4° Mais il est légitime qu'à côté des dirigeants, le personnel qui collabore par son travail aux échanges, aux transmissions et aux transports, ait, comme pour la production proprement dite, des représentants qualifiés et distincts. Cette représentation doit être nécessairement limitée au personnel des institutions, établissements et entreprises qui peut avoir des vues particulières et des intérêts spéciaux à soutenir, sans dépasser, par rapport à celle des travailleurs de l'agriculture et de l'industrie, une équitable proportion. Aussi a-t-il semblé raisonnable de réserver cinq sièges au personnel employé dans les institutions de crédit, les bourses et les banques, huit à celui qui est employé dans les transmissions et les transports, cinq à celui qui est employé dans le commerce.

C. — 1° Les intérêts généraux des consommateurs semblent ne pouvoir être mieux défendus que par les élus des circonscriptions départementales et communales, qui représentent, à des titres divers, l'ensemble des populations intéressées: quatre délégués seraient désignés par les départements, classés suivant leur importance; quatre par les communes, réparties également d'après leur population.

Pour les départements, il résulte de la statistique de 1921 que dix-huit comptent plus de 500.000 habitants, trente-trois de 301 à 500.000 habitants, trente-sept moins de 300.000 habitants. Il semble équitable, en raison de l'importance respective de la population groupée dans chacune de ces catégories, d'attribuer à chacun de ces catégories, d'attribuer â chacun des ces groupes un représentant.

Quant au département de la Seine, qui, à lui seul, groupe 4.500.000 habitants, il paraît légitime qu'il puisse avoir un mandataire spécial.

Parmi les communes, on compte généralement comme population urbaine celle des centres de plus de 2.000 habitants et comme population rurale cette des centres de moins de 2.000 habitants.

En 1921, la population rurale, ainsi définie, représentait 21 millions; la population urbaine 18 millions. En attribuant deux représentants à chacune de ces populations, on respecte ainsi très sensiblement cette proportion.

Il est légitime, toutefois, qu'un des deux délégués de la population urbaine soit spécialement nommé per la capitale;

2° Toutefois, on ne saurait négliger la représentation des groupements privés de consommateurs, parmi lesquels les coopératives de consommation jouent un rôle prépondérant, Elles comptent, en effet, plus de 1.200.000 adhérents, et déployent une activité particulièrement féconde.

On attribuerait, en outre, deux représentants aux ligues de consommateurs et d'acheteurs, aux associations d'usagers des grands services publics et aux groupements de locataires qui font des efforts intéressants en vue de coordonner les intérêts des consommateurs.

Deux délégués représenteraient les organismes et associations de tourisme;

3° Pour l'épargne, la mutualité et l'assurance, six délégués seraient attribués dans des proportions variables, en raison de leur importance respective, aux caisses d'épargne, sociétés de secours mutuels, compagnies d'assurances et caisses d'assurances sociales.

4° Enfin, il semble nécessaire que le budget de l'État soit spécialement représenté, aussi bien par ceux qui l'établissent que par ceux qui l'alimentent. Au point de vue spécial du présent projet, le budget peut être, en effet, considéré comme le plus grand consommateur de la nation.

Cette répartition paraît équitable. Elle permet de faire appel aux principaux organes qui, sous des formes les plus diverses, participent à l'économie nationale. On pourrait, sans doute, envisager des proportions et des attribution différentes. Celles qui sont proposées se justifient par des raisons sérieuses, tirées de nécessités pratiques, de vues rationnelles ou de données de l'expérience.

Si le législateur doit intervenir pour déterminer, dans la composition du conseil, l'équilibre des forces qui y sont représentées, il y aurait de graves inconvénients, semble-t-il, à ce qu'il précisât luimême, nominativement, les institutions et les groupements qui seront, à titre exclusif, investis du privilège de choisir des représentants.

On pourrait, il est vrai, admettre deux systèmes de choix extrêmement simples. L'un consisterait à remettre au Gouvernement le droit de désigner les membres du conseil national économique, en ne le limitant que par l'indication des catégories dans lesquelles il les doit choisir. Mais on voit immédiatement que ce mode de nomination modifierait entièrement l'aspect et le rôle du conseil national économique, qui apparaitrait comme un organe placé sous l'étroite et directe dépendance du Gouvernement. Cette intervention exlusive serait susceptible d'enlever aux consultations du conseil une partie de la valeur que leur attribue l'indépendance du recrutement. Elle pourrait être soupçonnée d'introduire la politique dans l'économique.

Un second procédé, qui a été souvent recommandé et qui est encore défendu par de nombreux partisans, tend à organiser l'élection directe des délégués du conseil national économique: c'est le suffrage universel professionalisé, à qui on remettrait le soin de nommer des mandataires économiques. Il n'a pas paru possible de se rallier à ce point de vue. Le Parlement seul est et doit rester la représentation du suffrage universel. En outre, un conseil ainsi comporterait un bien plus grand nombre d'électeurs économiques qu'il n'y a d'électeurs politiques, puisque les lemmes et les jeunes gens y participeraient nécessairement. Ne pourrait-on l'accuser de puiser dans l'extension même de cette base électorale une excessive autorité. Il faut éviter, à tout prix, de donner à l'institution nouvelle les apparences d'états-généraux économiques, et de tomber dans la conception chère à certains théoriciens, qui ne se recommandent pas toujours par leur amour immodéré pour les institutions républicaines.

Il convient d'ajouter que la coordination des forces économiques existe encore, en France, à l'état embryonnaire; un grand nombre de ceux qui collaborent à l'activité du pays n'ont pas de représentation professionnelle. N'importe-t-il pas de faire leur éducation, avant de leur demander de participer au choix d'une représentation qui, tout en soutenant les intérêts propres à chaque groupe, doit se soucier, avant tout, de l'intérêt général ?

Il est impossible, à tout prendre, d'organiser méthodiquement un système d'élections économiques s'appliquant à plus de 20 millions de Français sans une longue préparation dans les institutions et dans les mœurs.

Aussi le Gouvernement propose-t-il de s'en tenir approximativement au système actuel, qui, sans doute, n'est pas exempt de critiques, mais qui, à la reflexion et à l'usage, parait le plus expédient.

Dans chacune des catégories fixées, un décret déterminerait la ou les organisations les plus représentatives. En cas de contestation sur ces désignations, les groupements intéressés pourraient s'adresser au conseil d'État, et c'est cette haute juridiction qui, avec toutes les garanties d'une justice impartiale, après enquête et sur justification, arbitrerait le différend. L'institution d'un recours contentieux paraît, en effet, préférable à celui qui est actuellement prévu dans le décret de 1925. Si la validation des élections politiques est de la compétence exclusive de la Chambre et du Sénat, on ne voit pas pour quel motif des désignations faites par le Gouvernement pourraient être annulées par un organisme qui n'a ni attribut parlamentaire ni caractère juridictionnel. C'est une garantie pour tous de remettre le différend entre les mains de la plus haute juridiction administrative du pays.

La désignation des membres du conseil étant ainsi fondée exclusivement sur l'importance des forces que représentent les groupements, il est naturel, pour donner au conseil l'autorité et l'indépendance, que ce soient ces organisations qui choisissent elles-mêmes librement leurs délégués.

Ainsi paraissent heureusement conciliées l'autorité gouvernementale et l'indépendance des membres du conseil.

Ce système comporte des modalités différentes, lorsqu'il s'agit de catégories, dans lesquelles les institutions appelées à participer au fonctionnement du conseil national économique, sont, en raison même de leur qualité propre ou de leur nombre restreint, désignées de plein droit dans le texte de loi. En ce cas, les délégués semblent devoir être nommés par l'ensemble des présidents de ces organismes, respectivement réunis en collège électoral. Telle est la règle qu'il semble opportun de fixer pour les chambres d'agriculture, de commerce, de propriétaires et les offices d'habitations à bon marché.

Les représentants des services publics ne peuvent être, au contraire, désignés que par les ministres, sous l'autorité de qui ils se trouvent placés.

Quant aux délégués des institutions de crédit et banques d'émissions, il paraît expédient de les faire désigner par les gouverneurs ou directeurs de ces établissements.

Il reste enfin une catégorie speciale, pour laquelle un mode de désignation particulier est nécessaire: ce sont les délégués des départements, villes et communes. Les premiers ne peuvent tenir leur mandat que des assemblées départementales elles-mêmes, réunies en collèges électoraux à cet effet. Par contre, pour éviter la complication qui résulterait de la consultation des 38.000 conseils municipaux, tout en maintenant le principe nécessaire de l'élection, il semble opportun de confier aux maires qui constituent en définitive, la représentation élue la plus élevée des communes, la mission de se réunir, pour désigner leurs délégués au conseil.

Pour Paris, cet obstacle disparaissant, c'est au conseil municipal lui-même que revient normalement le choix du représentant de la capitale.

VI

Le conseil doit être exclusivement un organe consultatif. Mais cette consuitation peut être, semble-t-il, provoquée de plusieurs manières différentes:

1° Le conseil peut être saisi par le Gouvernement d'une question. En ce cas, on lui demande soit un avis, soit la préparation d'un texte de loi ou de décret;

2° Un département ministériel peut avoir, lui-même, préparé un projet de loi ou un décret et demande l'avis du conseil sur ces textes, avec l'autorisation préalable du président du conseil;

3° Il y a un intérêt, semble-t-il, à ce que, de sa propre initiative, comme il le fait actuellement, et avec l'assentiment du Gouvernement, le conseil puisse inscrire à son ordre du jour les problèmes économiques sur lesquels il lui paraît utile d'appeler l'attention des pouvoirs publics. La suite logique de son travail ne peut être, en ce cas, qu'une série de vœux auxquels il appartient au Gouvernement seul de donner, s'il y a lieu, une suite utile.

Ainsi se trouve nettement délimitée l'activité du conseil et marquée aussi la place qu'il peut prendre dans l'organisation économique du pays, sans empiéter en aucune manière, ni sur l'autorité gouvernementale, ni sur les pouvoirs du Parlement.

VII

En ce qui concerne le fonctionnement da conseil, on peut, sans doute, envisager des modalités diverses, mais ce ne sont pas là questions essentielles et, à cet égard, l'expérience actuelle permet d'aboutir à des solutions raisonnables:

La présidence revient nécessairement au président du conseil des ministres;

Les quatre vice-présidents sont élus par l'assemblée;

Le secrétaire général est nommé, par décret, après consultation des vice-présidents élus.

Telle parait être la meilleure constitution du bureau.

A l'intérieur du conseil, un comité permanent, qui comprend tout naturellement le bureau. Mais, au lieu de borner à ce comité permanent l'organisation intérieure de l'assemblée, il semble, à l'instar des institutions étrangères, qu'il serait utile d'instituer au moins cinq commissions permanentes, chargées plus spécialement des questions relatives à l'agriculture, à l'industrie, aux commerce et transports, à l'organisation du travail, aux mesures financières, de manière à créer, au sein du conseil même, des organes d'études spécialisés, toujours prêts à répondre aux appels qui leur seraient adresseés et dans lequel s'établirait un équilibre harmonieux des principales forces représentées.

Le président et les deux vice-présidents, élus par chacune de ces cinq commissions, constitueraient ainsi, tout naturellement avec les quatre vice-présidents et le secrétaire général, le comité permanent chargé de coordonner les travaux, de procéder aux études urgentes et de veiller au fonctionnement général des services.

Cette organisation n'en permettrait pas moins au conseil économique de confier, à tout moment, à des commissions spéciales, dont il fixerait la composition, l'étude des questions inscrites à son ordre du jour.

En outre, pour établir une coopération continue et indispensable entre les services publics et le conseil national économique, les secrétaires généraux et les directeurs des ministères intéressés assisteraient, de plein droit, à ses séances et, comme au conseil d'État, auraient voix délibérative dans les affaires ressortissant de leur département. Il en serait de même pour les secrétaires généraux des conseils supérieurs institués auprès des mêmes ministères.

Cinq autres personnalités participeraient, dans les mêmes conditions, aux travaux du conseil;

Deux membres du conseil d'État, élus dans son sein, afin d'établir une collaboration précieuse avec l'assemblée chargée de la préparation des règlements et de l'examen des difficultés administratives en matière économique;

Le secrétaire général du conseil de la défense nationale qui y est déjà actuellement associé. Son concours répondra, au surplus, au vœu récememnt exprimé à la Chambre des députés au cours de la discussion de la loi sur l'organisation de l'armée; le délégué du Gouvernement au bureau international du travail, et le directeur de ce bureau à Paris, pour établir une liaison étroite entre le conseil national économique et l'organisme international où le Gouvernement est représenté.

Le Gouverneur général de l'Algérie, les résidents généraux de Tunisie et du Maroc pourraient, en outre, s'y faire représenter, chacun par un délégué chargé d'éclairer le conseil sur les questions de leur ressort.

Les quatre sessions actuellement prévues paraissent trop nombreuses, en tant qu'elles sont obligatoires. Il ne faut pas que le conseil travaille à vide. Il doit ne se réunir que lorsqu'il a matièrre à délibération: les membres du conseil actuel sont unanimes à cet égard. Il faut un minimum de réunions dans l'année pour éviter qu'il sommeille; il ne faut pas qu'il y en ait trop pour éviter qu'il s'agite. Deux sessions par an répondent à cette double nécessité. En outre, cela va de soi, il doit pouvoir se reunir toutes les fois qu'une convocation est utile.

Le secrétariat général doit continuer à dépendre exclusivement de la présidence du conseil et l'organisation de ses services ne peut être fixée que par un décret rendu sur le rapport du président.

Au contraire, le règlement intérieur du conseil national économique est arrêté par le conseil, en assemblée plénière.

Aux délibérations du conseil, quelles consécrations prévoir pour éviter, tout à la fois, que cet organe sorte de la sphère consultative, et que cependant son travail ait une suite pratique? On a beaucoup discuté, à cet égard, aussi bien dans la commission qui a préparé le décret constitutif du conseil en 1924, que dans les milieux autorisés.

Le plus expédient paraît être de donner au conseil national économique la garantie, et à l'opinion la certitude que toutes les études et tous les avis du conseil recevront une publicité appropriée. Rapports, avis, conclusions et vœux doivent être, sans doute, immédiatement adressés au président du conseil et aux ministres intéressés à qui ils sont destinés. Mais cette transmission, réduite à elle seule, risquerait d'ôter au conseil national économique sa véritable utilité, qui est d'éclairer le Parlement et l'opinion publique tout entière sur les besoins de l'économie nationale. Son caractère consultatif ne lui permet pas d'agir; mais ses travaux prennent l'importance qu'il convient, si on est assuré qu'ils ne sont pas exposés à rencontrer ou l'indifférence ou l'oubli. Une publication intégrale et officielle est, à cet égard, une garantie efficace et, semble-t-il, la seule qui ne puisse provoquer aucune susceptibilité légitime.

Les legislations étrangères ont inspiré une disposition nouvelle qui ne paraît sans doute pas superflue: c'est celle qui détermine les devoirs des membres du conseil. Bien que nommés par un groupement professionnel, ils représentent l'ensemble de l'économie nationale du pays, ils ne peuvent recevoir aucun mandat impératif; ils ne relèvent que de leur conscience; leurs fonctions leur imposent le secret professionnel. Cette double obligation est de nature, semble-t-il, à accroître leur autorité morale.

Tels paraissent être les points essentiels qu'il convient de traiter dans le projet de loi. Ces règles fixées, c'est un règlement d'administration publique qui en pourra utilement déterminer les modalités d'application.

Le désir du Gonuvernement a été de proposer aux Chambres un projet de statut équitable et rationnel, dont l'application lui paraît de nature à faire produire à l'institution nouvelle tous les effets utiles. En étroite collaboration avec lui, elles sauront rendre ce statut aussi parfait que possible.

Le Gouvernement est convaincu que le conseil national économique, sagement équlibré, prudemment dirigé, jouera dans le fonctionnement des institutions nationales un rôle fécond. Il appartient au Parlement de lui donner, avec sa consécration définitive, la place qui lui revient dans l'économie nationale.

XII.

Entwurf zu einem Gesetz über den Conseil national économique

PROJET DE LOI

Art. 1. — Conformément à la loi du 29 avril 1926, il est institué un conseil national économique ayant pour fonctions d'étudier les problèmes intéressant la vie économique du pays et d'en proposer les solutions au Gouvernement.

Composition.

Art. 2. — Le conseil national économique est composé de 150 membres représentant les intérêts économiques de la nation.

Ils sont désignés, à concurrence de 82, parmi les groupements et organes coopérant à la production nationale; 46 parmi ceux qui participent aux échanges, aux transmissions et aux transports; 22 parmi ceux qui représentent les formes diverses de la consommation.

Ils sont nommés par arrêté du président du conseil des ministres.

Leur répartition est fixée par le tableau ciaprès.

1° Groupements et organes coopérant à la production, 80 délégués.

a) Pour le capital foncier, 10 délégués:

1° Agricole, représenté par les chambres de l'agriculture, 3 délégués;

2° Industriel, représenté par les chambres le commerce, 3 délégués;

3° Urbain, représenté par les chambres de propriétaires, 2 délégués;

Offices d'habitations à bon marché, 1 délégué;

4° Domanial, représenté par les services du domaine de l'État et les eaux et forêts, 1 délégué;

b) Pour les matières premières l'outillage et les forces motrices, 30 déléguées;

1° Confédération générale des associations argricoles, 2 délégués;

2° Groupements professionnels des diverses branches de l'agriculture, 12 délégués;

4° Groupements professionnels des diverses branches de l'industrie, 12 délégués;

5° Manufactures de l'État, 2 délégués;

c) Pour le travail dans la production, 40 délégués:

1° Confédérations générales des travailleurs de l'agriculture et de l'industrie, 4 délégués;

2° Main-d'œuvre agricole, 10 délégués;

3° Main-d'œuvre industrielle, 10 délégués;

4° Main-d'œuvre artisanale, 2 délégués;

5° Coopératives de production, 1 délégué;

6° Agents des services publics, 2 délégués;

7° Confédération des travailleurs intellectuels, 2 délégués;

8° Ingénieurs, savants, économistes et juristes, 6 délégués;

9° Institutions d'hygiène et d'amélioration de la race, 1 délégué;

10° Institutions d'apprentissage et d'enseignement technique, 1 délégué;

11° Institutions d'immigration, d'émigration et de placement, 1 délégué;

II. — Groupements et organes participant aux échanges, transmissions et transports, 48 délégués.

a) Pour la monnaie et le crédit, 9 délégués:

1° Banques d'émission, 2 délégués;

2° Institutions de crédit foncier, d'amortissement et de dépôts, 2 délégués;

3° Banques autres que les banques d'émission, 2 délégués;

4° Bourses, 1 délégué;

5° Coopératives de crédit:

Crédit agricole, 1 délégué.
Crédit industriel, commercial et artisanal, 1 délégué.
b) Pour les moyens de transmission et de transport, 12 délégués:
1° Postes, télégraphes, téléphones, T. S. F., 2 délégués;
2° Presse, 2 délégués;
3° Outillage public, 2 délégués;
4° Transports par voie ferrée, 2 délégués;
5° Transports sur route, 1 délégué;
6° Transports par voie fluviale, 1 délégué;
7° Transports maritimes, 1 délégué;
8° Transports aériens, 1 délégué.
c) Pour le commerce, 9 délégués:
1° Commerce de gros, 3 délégués:
2° Commerce de demi-gros et de détail, 3 délégués;
3° Commerce extérieur, 3 délégués;
d) Pour le travail dans les échanges, les transmissions et les transports, 18 délégués:
Groupements professionnels représentant le personnel employé:
Dans les institutions de crédit, les bourses et les banques, 5 délégués.
Dans les transmissions et les transports, 8 délégués.
Dans le commerce, 5 délégués.

III. — Groupements et organes représentant les formes diverses de la consommation, 22 délégués.
a) Pour les intérêts généraux des consommateurs, 8 délégués:
1° Départements:
De moins de 300 000 habitants, 1 délégué.
De 301 000 à 500 000 habitants, 1 délégué.
De plus de 501 000 habitants, 1 délégué.
Seine, 1 délégué.
2° Communes:
De moins de 2.000 habitants, 2 délégués.
De plus de 2.000 habitants, 1 délégué.
Paris, 1 délégué.
b) Pour les groupements privés d'usagers, 6 délégués:
1° Coopératives de consommation, 2 délégués;
2° Ligues de consommateurs et d'acheteurs; associations d'usagers, groupements de locataires, 2 délégués;
3° Organismes et associations de tourisme, 2 délégués;
c) Pour l'épargne, la mutualité, l'assurance, 6 délégués:
1° Caisses d'épargne, 1 délégué;
2° Sociétés de secours mutuels, 2 délégués;
3° Compagnie d'assurances, 1 délégué;
4° Caisses d'assurances sociales, 2 délégués.
d) Pour le budget de l'État, 2 délégués:
1° Associations de contribuables, 1 délégué;
2° Direction générale du budget, 1 délégué.

Art. 3. — Les délégués des chambres d'agriculture, des chambres de commerce, des chambres de propriétaires et des offices d'habitations à bon marché sont désignés à la majorité par l'ensemble des présidents de ces institutions, respectivement réunis en collège électoral.

Le représentant des services du domaine de l'État et des eaux et forêts, ceux des manufactures de l'État, des postes, télégraphes et téléphones, de la direction générale du budget sont respectivement désignés par les ministres, sous l'autorité de qui le service intéressé se trouve placé.

Les délégués des banques d'émission, et ceux des institutions de Crédit foncier, d'amortissement et de dépôt sont respectivement désignés par les gouverneurs ou directeurs des établissements intéressés.

Les délégués des départements sont désignés par les conseils généraux et ceux des communes par les maires intéressés respectivement réunis en collège électoral à cet effet. Les délégués du département de la Seine et de la ville de Paris sont respectivement désignés par le conseil général de la Seine et par le conseil municipal de Paris.

Art. 4. — Dans chacune des autres catégories fixées par l'article précédent, les délégués au conseil national économique sont désignés par la ou les organisations les plus représentatives.

Ces organisations sont désignées par décret, contresigné par le président du conseil, sur la proposition de chacun des ministres intéressés.

Deux ou plusieurs organisations peuvent être groupées pour nommer un ou plusieurs représentants.

En cas de contestation sur les désignations des organisations prévues aux paragraphes précédents, les groupements directement intéressés peuvent saisir le conseil d'État d'une requête tendant, soit à leur propre inscription, soit à la radiation d'autres groupements. Cette requête doit être déposée au secrétariat du contentieux du conseil d'État dans le mois qui suit la publication du décret au *Journal officiel*. Il y est statué, comme en matière électorale, dans les deux mois de l'enregistrement de la requête.

Le conseil d'État apprécie, sur justifications produites par les groupements intéressés, l'importance respective des organisations et détermine la représentation des catégories économiques, de manière à assurer la représentation de la majorité au moins de ceux qui les composent.

Art. 5. — Les membres du conseil doivent être Français, âgés de vingt-cinq ans et jouir de leurs droits civils et politiques. Les femmes sont admises dans les mêmes conditions d'âge et de nationalité.

La durée du mandat des membres du conseil est fixée à six années. Il est procédé tous les trois ans au renouvellement du conseil, par moitié. Un tirage au sort détermine l'ordre de roulement.

Lorsqu'un des membres décède, démissionne, cesse d'appartenir aux catégories qu'il représente ou de remplir les conditions requises pour être membre du conseil, il est pourvu à son remplacement dans les mêmes formes qu'à sa nomination, et pour le laps de temps que l'exercice de son mandat comportait.

Lorsqu' un membre régulièrement convoqué s'est abstenu, sans motif légitime, d'assister à deux sessions consécutives, il est déclaré démissionnaire par le conseil national économique, et il est pourvu à son remplacement dans les mêmes conditions.

Attributions.

Art. 6. — Le conseil national économique peut être saisi par le Gouvernement de toutes questions économiques, financières et sociales, et invité par lui, soit à présenter des conclusions, soit à préparer des projets de loi ou de décret.

Il peut être appelé par le Gouvernement à donner un avis sur les projets de loi ou de règlement préparés par les départements ministériels intéressés et touchant aux mêmes questions.

Il peut de sa propre initiative, et avec l'assentiment du Gouvernement, inscrire à son ordre du jour les problèmes économiques sur lesquels il lui paraît utile d'adresser des vœux aux pouvoirs publics.

Fonctionnement.

Art. 7. — Le président du conseil des ministres est président de droit du conseil national économique.

Le conseil élit quatre vice-présidents, en assemblée plénière, à la majorité absolue des membres présents. La durée de leur mandat est fixée à trois ans.

Le président et, en son absence, les viceprésidents, à tour de rôle, président les séances du conseil.

Art. 8. — Le secrétariat général est chargé de recueillir les informations, de centraliser la documentation et de servir d'organe de liaison entre les divers membres du conseil national économique, les services publics et les organisations privées.

Le secrétaire général est nommé par décret, sur la proposition du président du conseil, après consultation des quatre vice-présidents.

Art. 9. — Le conseil national économique élit dans son sein cinq commissions permanentes, comprenant chacune quinze membres au moins et vingt-cinq au plus, respectivement chargées d'étudier les questions relatives:

A l'agriculture;
A l'industrie;
Aux commerces et transports;
A l'organisation du travail;
Aux mesures financières.

Chacune de ces commissions élit un président et deux vice-présidents.

Art. 10. — Le président et les deux vice-présidents des cinq commissions ainsi constituées forment, avec les quatre vice-présidents et le secrétaire général du conseil national économique, un comité permanent qui est chargé de coordonner les travaux préparés par les commissions compétentes et de procéder aux études urgentes.

Le comité permanent est, en outre, chargé de préparer les sessions du conseil, de veiller, dans l'intervalle des sessions, au fonctionnement des services du conseil, et de procéder à l'exécution des affaires courantes.

Art. 11. — Le conseil national économique peut, en outre, confier à des commissions spéciales, dont il désigne les membres dans son sein, l'étude des questions inscrites à son ordre du jour.

Le comité permanent, dans l'intervalle des sessions, peut procéder à la même mesure, à charge de la faire ratifier par le conseil à sa plus prochaine session.

Art. 12. — Les secrétaires généraux et directeurs des ministères, ainsi que les secrétaires généraux des conseils supérieurs institués auprès des départements ministériels, assistent aux séances du conseil et de ses commissions. Ils ont voix délibérative dans les affaires ressortissant de leur compétence.

Le gouverneur général de l'Algérie, les résidents généraux de Tunisie et du Maroc peuvent, en outre, se faire représenter aux séances du conseil et de ses commissions, par des délégués changés d'éclairer le conseil sur les questions de leur ressort.

Prennent part, en outre, aux délibérations du conseil et de ses commissions, deux membres du conseil d'État, désignés par cette assemblée, le délégué du gouvernement au bureau international du travail à Paris, et le directeur des services du secrétariat général du conseil supérieur de la défense nationale.

Art. 13. — Le conseil national économique, le comité permanent et les commissions peuvent faire appel, comme experts, à toutes les personnes qu'il leur paraît utile de consulter.

Sessions.

Art. 14. — Le conseil tient deux sessions plénières par an, en décembre et en juin. Il est convoqué en session extraordinaire, soit par le président du conseil, soit à la demande de son comité permanent ou d'un tiers de ses membres.

Art. 15. — Le secrétariat général du conseil national économique est rattaché à la présidence du conseil.

Art. 16. — L'organisation des services du conseil national économique et notamment ses cadres, le statut du personnel, le montant des traitements et indemnités qui lui sont alloués, sont fixés, sur la proposition du secrétaire général, par un décret rendu sur le rapport du président du conseil.

Art. 17. — Le règlement intérieur du conseil national économique est arrêté par le conseil en assemblée plénière, sur le rapport de son comité permanent.

Art. 18. — Les rapports, avis, conclusions et recommandations adoptés par le conseil national économique sont communiqués, sans délai, par le secrétaire général au président du conseil et aux ministres intéressés.

Ils sont, ainsi que le compte rendu analytique des délibérations des assemblées du conseil national économique, publiés au *Journal officiel*.

Art. 19. — Les membres du conseil national économique, une fois nommés, ne relèvent que de leur conscience et ne peuvent recevoir aucun mandat impératif des organisations qui les ont désignés.

Ils sont tenus de ne point divulguer les faits, renseignements et délibérations qui ont un caractère confidentiel.

Art. 20. — Il est pourvu aux dépenses du fonctionnement du conseil national économique par des crédits inscrits au titre du budget de la présidence du conseil.

Art. 21. — Un règlement d'administration publique déterminera toutes les modalités d'application de la présente loi.

FSC
www.fsc.org
MIX
Papier | Fördert gute Waldnutzung
FSC® C083411

Kolibri 360 GmbH
Ferdinand-Jühlke-Straße 7
99095 Erfurt, Deutschland
produktsicherheit@kolibri360.de